W0275203

Oliver Wiegert

Änderbarkeit durch Objektorientierung

Programm Angewandte Informatik

hrsg. von Paul Schmitz und Norbert Szyperski

Die Reihe hat es sich zum Ziel gesetzt, Studenten, Ingenieure und DV-Praktiker mit zentralen Fragestellungen der Angewandten Informatik vertraut zu machen. Auch wenn in Werken dieser Reihe theoretische Grundlagen vermittelt werden, so stehen sie doch stets in Zusammenhang mit konkreten Anwendungen.
Die Reihe umfaßt sowohl grundlegende Einführungen, die den State-of-the-Art eines aktuellen Fachgebietes zur Darstellung bringen, wie auch speziellere Monographien, sofern sie der o.g. Zielsetzung entsprechen.

Unter anderem sind bisher folgende Titel erschienen:

Agentensysteme
Verteiltes Problemlösen mit Expertensystemen
von M. v. Bechtolsheim

Wissensbasiertes CASE
Theoretische Analyse – Empirische Untersuchung – Prototyp
von G. Herzwurm

Methoden verteilter Simulation
von H. Mehl

Software-Wiederverwendung
Konzeption einer domänenorientierten Architektur
von K. Küffmann

Modellierung verteilter Systeme
Konzeption, formale Spezifikation und Verifikation mit Produktnetzen
von P. Ochsenschläger und R. Prinoth

Änderbarkeit durch Objektorientierung
von Oliver Wiegert

Vieweg

Oliver Wiegert

Änderbarkeit durch Objektorientierung

Mit einem Geleitwort von
Siegfried Wendt

Das in diesem Buch enthaltene Programm-Material ist mit keiner Verpflichtung oder Garantie irgendeiner Art verbunden. Der Autor und die Herausgeber sowie der Verlag übernehmen infolgedessen keine Verantwortung und werden keine daraus folgende oder sonstige Haftung übernehmen, die auf irgendeine Art aus der Benutzung dieses Programm-Materials oder Teilen davon entsteht.

Softcover reprint of the hardcover 1st edition 1995

Der Verlag Vieweg ist ein Unternehmen der Bertelsmann Fachinformation GmbH.

Gedruckt auf säurefreiem Papier

ISBN 978-3-528-05518-9 ISBN 978-3-322-88783-2 (eBook)
DOI 10.1007/978-3-322-88783-2

Geleitwort

Mit den Begriffen Hard– und Software verbindet man anschaulich die Vorstellung von Strukturen, die man nur sehr schwer bzw. ganz leicht ändern kann. Die Erfahrung hat aber gezeigt, daß auch Änderungen von Softwaresystemen unerträglich aufwendig werden können. Deshalb drängt sich die Frage auf, welche Konstruktionsmerkmale denn darüber entscheiden, ob ein Fall von schwerer oder leichter Änderbarkeit vorliegt. Nur wer sich diese Frage bewußt gestellt und beantwortet hat, kann eine Softwareentwicklung, die sich ihm als eine Sequenz von einzelnen Entwurfsentscheidungen darstellt, zielstrebig in Richtung auf ein möglichst leicht änderbares Produkt lenken.

Oliver Wiegert hat diese Frage in den letzten Jahren zum Schwerpunkt seiner wissenschaftlichen und praktischen Arbeit gemacht. Er gehört zweifellos zu den wenigen Fachleuten, die zu diesem aktuellen Thema maßgebliches zu sagen haben. Da er außerdem eine bestechend klare Sprache spricht, macht er es dem Leser leicht, in die dargestellte Erkenntniswelt einzudringen. Sowohl in meiner akademischen Lehre als auch in meiner industriellen Praxis ist mir dieses Buch äußerst nützlich.

Kaiserslautern, den 15. Mai 1995 Siegfried Wendt

Vorwort

Kaum eine Prognose im Bereich der Entwicklung ist sicherer als die, daß sich die Anforderung an ein zu erstellendes komplexes System ändert, noch bevor das fertige System an den Kunden ausgeliefert wird. Auch wenn sich Anforderungen nicht tatsächlich ändern, sondern geändert werden, ist man darum bemüht, die hiermit verbundenen Risiken – insbesondere finanzieller Art – zu reduzieren. Daher werden im Bereich der informationsverarbeitenden Systeme anstelle der reinen Hardware–Lösung immer größere programmierte Komponenten eingesetzt. Von ihnen verspricht man sich, daß sie sich mit geringem Aufwand ändern lassen. Doch auch hier zeigt sich, daß eine Änderung der Anforderung mit einem erheblichen Risiko – nicht nur finanzieller Art – verbunden ist.

Seit Anfang der 80er Jahre hat sich jedoch das Schlagwort des objektorientierten Ansatzes ausgebreitet als Träger der Hoffnung, "Änderbarkeit" zu garantieren. Manch einer fragt sich inzwischen jedoch: "Ist diese Hoffnung wirklich berechtigt?" Und gerade in letzter Zeit erhält man immer häufiger den Rat, große programmierte Systeme nicht objektorientiert zu entwickeln, da der objektorientierte Ansatz – insbesondere bei der Entwicklung größerer Systeme – erhebliche Risiken in sich berge.

In diesem Umfeld versucht die vorliegende Arbeit zu verdeutlichen, durch welche Elemente der objektorientierte Ansatz zur "Änderbarkeit programmierter Systeme" beiträgt, und durch welche er sie möglicherweise erschwert. Einschränkend werden dabei keine Systeme betrachtet, deren Aufgabe rein funktional beschrieben werden kann. In diesem Bereich sind funktionale und deklarative Ansätze sicherlich besser geeignet. Daher wird zum Vergleich der klassisch prozedurale Ansatz herangezogen.

Diese Arbeit soll den Leser dazu befähigen, bestimmte Gefahren im Bereich der Entwicklung komplexer programmierter Systeme zur Lösung prozeßorientierter Aufgabenstellungen zu erkennen, sie in ihrem Ausmaß einzuschätzen und gegebenenfalls zu umgehen. Andererseits soll sie auch helfen, positive Ansätze zu sehen und zu nutzen – auch dort, wo diese nicht direkt von der verwendeten Programmiersprache unterstützt werden. Hier und da mögen auch die Entwickler von Programmiersprachen und / oder Werkzeugen zur Unterstützung der Software–Entwicklung Impulse erhalten.

Um Argumente und Argumentationsketten verständlich und nachvollziehbar darstellen zu können, war es zunächst notwendig, einige bis dato noch etwas unscharfe Begriffe zu präzisieren. Nach einer Einführung in den Teil der Erkenntnistheorie, der für die gesamte Arbeit grundlegend ist (Kapitel 1), bildet daher die Präsentation einer tragfähigen, in sich konsistenten Begriffswelt in den Bereichen "Änderbarkeit" (Kapitel 2) und "Objektorientierung" (Kapitel 3) den ersten Schwerpunkt dieser Arbeit. Insbesondere die ersten drei Kapitel sind daher als Basis für nachfolgende theoretische Arbeiten geeignet. Kapitel 4 als eher praxisorientierter Teil zeigt – quasi als Nebenprodukt – die "Begehbarkeit" der in den ersten drei Kapiteln vorgestellten Begriffswelt. Dabei gelingt es, die positiven und negativen Einflüsse der einzelnen Elemente des objektorientierten Ansatzes auf die Änderbarkeit programmierter Systeme umfassend und verständlich darzulegen.

Danksagung

Diese Arbeit über den Einfluß objektorientierter Konzepte auf die Änderbarkeit komplexer programmierter Systeme entstand in den Jahren 1989 bis 1995 während meiner Tätigkeit als wissenschaftlicher Mitarbeiter am Lehrstuhl für Digitale Systeme der Universität Kaiserslautern. Sie wurde vom Fachbereich Elektrotechnik der Universität Kaiserslautern als Dissertation zur Verleihung des akademischen Grades Doktor–Ingenieur (Dr.–Ing.) genehmigt.

Mein Dank gilt in erster Linie Herrn Prof. Dr.–Ing. Siegfried Wendt, der die Anregung zu dieser Arbeit gab und der durch seine Vorlesungen, Veröffentlichungen und Diskussionen in seiner Arbeitsgruppe das geistige Umfeld schaffte, ohne das die vorliegende Arbeit sicherlich nicht entstanden wäre. Seine sorgfältige Durchsicht und seine zahlreichen Anregungen trugen wesentlich zum Gelingen dieser Arbeit bei.

Herrn Prof. Dr. rer. nat. Otto Mayer vom Fachbereich Informatik der Universität Kaiserslautern danke ich für die Übernahme des Koreferates und die gründliche Durchsicht meiner Arbeit.

Zugleich möchte ich auch meinen Kollegen Dank sagen für ihre jederzeitige Gesprächsbereitschaft, die zahlreichen anregenden Diskussionen und die Schaffung einer sicherlich außergewöhnlich guten Arbeitsatmosphäre.

Oliver Wiegert

Inhaltsverzeichnis

1 Erkenntnistheoretische Grundlagen und Begriffsbildung

Eine Untersuchung des Einflusses objektorientierter Konzepte auf die Änderbarkeit programmierter Systeme muß auf den zwei Säulen stehen, die die beiden Problembereiche Objektorientierung und Änderbarkeit verkörpern. Beide Säulen benötigen eine gemeinsame begriffliche Basis. Diese Basis zu legen, ist Aufgabe des vorliegenden Kapitels.

Im ersten Teil dieses Kapitels erfolgt eine Einführung in die Begriffswelt der allgemeinen Erkenntnis- und Wissenschaftstheorie, so weit sie für die vorliegende Arbeit von Bedeutung ist. Im Zentrum stehen dabei die Begriffe Objekt, Attribut und Beziehung, Klasse und Typ, hierarchische Klassifikation sowie Abstraktion und Konkretisierung. Abschließend werden die Begriffe Polymorphie und Typmehrdeutigkeit präzisiert und einander gegenübergestellt.

Der zweite Teil dieses Kapitels führt in die Begriffswelt der programmierten Systeme ein. Daten und Datenobjekte, abstrakte und konkrete Datentypen sowie Datenabstraktion und Datenkapselung werden erläutert.

1.1 Objekt – Attribut – Beziehung

Der Mensch als Subjekt vermag mit Hilfe seiner fünf Sinne, Reize seiner Umgebung wahrzunehmen. Seine Sinneseindrücke spiegeln eine primär unstrukturierte, also amorphe Welt wider; d. h. Objekte existieren nicht per se (nicht einmal Atome), sondern sind das Ergebnis einer subjektiven Strukturierung von Sinneseindrücken des wahrnehmenden Menschen (vgl. Bild 1.1). Denn von Anfang an, d. h. spätestens ab seiner Geburt, ist der Mensch darum bemüht, seine Sinneseindrücke zu strukturieren. Dies kann ihm nur dann gelingen, wenn er gewisse Invarianten (z. B. zeitlicher oder räumlicher Art) benutzt und diese zur Abgrenzung heranzieht. Er bildet sich in seiner Vorstellung ein Modell von seiner Umgebung, indem er das von anderem Abgegrenzte als eine Einheit auffaßt und dieser Einheit die innerhalb der Grenzen wahrgenommenen Sachverhalte einschließlich der damit verbundenen Invarianten zuordnet. Die abgegrenzte Einheit, den Weltausschnitt, bezeichnet man als *Objekt* oder *Individuum*. Individuen sind voneinander unterscheidbar und damit zählbar[1]. Die innerhalb der Grenzen festgestellten Sachverhalte einschließlich der damit verbundenen Invarianten werden als *Attribute* des Objektes bezeichnet. Unter dem *Erkennen* eines Objektes versteht man die Grenzziehung zu anderen Objekten und die Zuordnung von Attributen. *Objektbildung* und *Individuation* sind hierfür Synonyme. Man sollte sich bewußt machen, daß hier primär ein subjektiver Prozeß vollzogen wird, der erst dadurch gewisse "Objektivität" erlangt, daß die meisten Subjekte ihn in ähnlicher Weise vollziehen. Da ein Mensch aufgrund der Beschränktheit seiner Sinne nicht fähig ist, vollständig zu empfinden[2], und aufgrund der Beschränktheit seines Gehirns auch nicht fähig ist, vollständig zu erkennen, kann sein sich von einem Weltausschnitt gemachtes Bild immer nur unvollständig sein.

Bild 1.1 reale Welt und Weltbild eines Menschen

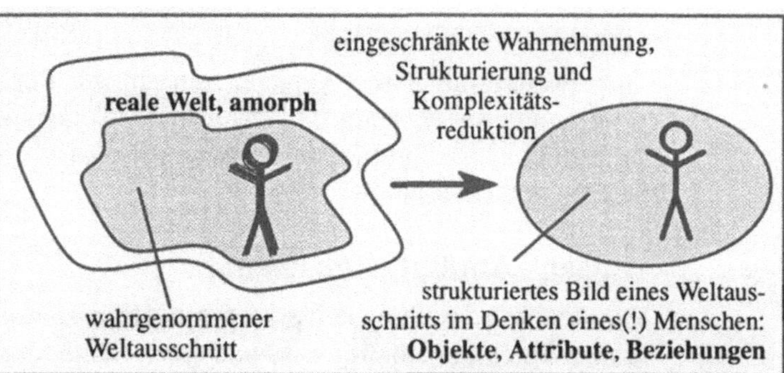

Betrachtet man z. B. einen Tisch aus unterschiedlichen Entfernungen und Blickwinkeln, nimmt man u. a. verschiedene Formen und Farbeindrücke wahr. Mehr oder weniger scharfe Linienzüge grenzen Gebiete, die sich durch Farb– und Helligkeitskontinuität auszeichnen, voneinander ab. Dadurch ist es uns einerseits möglich, den Tisch von seiner Umgebung abzugrenzen und ihn somit zu erkennen. Andererseits wird in uns – meist unbewußt – ein Bild in Form eines dreidimensionalen Modells entstehen, das wir mit Attributen wie Farbe und Form belegen.

1) vgl. [Wendt_91] S. 8 ff: "Objekt ist ein Synonym für das 'Zählbare'..."

2) z. B. besitzt er keine natürlichen Sensoren für elektrische und magnetische Felder

Unabhängig vom Ergebnis der Objektbildung, d. h. unabhängig davon, wie Objektgrenzen gezogen werden, gibt es immer neben den Sachverhalten, die eindeutig einem Objekt zugeordnet werden können, Sachverhalte, die sich nicht eindeutig einem Objekt zuordnen lassen. Sie beschreiben *Beziehungen* zwischen mehreren Objekten. Sie sind entscheidbar und damit primär binärer Natur, können aber auch mit Attributen belegt werden.

Die Frage z. B., ob sich Objekte berühren, kann erst gestellt werden, nachdem die Einteilung in Objekte festliegt. Für je zwei Objekte kann dann angegeben werden, ob eine Berührung vorliegt oder nicht. Genauso ist die räumliche Entfernung zweier Objekte voneinander sicherlich keinem der beiden Objekte eindeutig zuzuordnen. Sie wird erst dann sinnvoll, wenn beide Objekte zur gleichen Zeit existieren. Somit kann die räumliche Entfernung zweier Objekte voneinander als Attribut der ursprünglich binären Beziehung "sind zur gleichen Zeit existent" aufgefaßt werden.

1.1.1 Wahlfreiheit bei der Strukturierung des Weltbildes

Die Individuation konkreter Objekte wird durch die Zuordnung von wahrgenommenen Sachverhalten (also von Attributen und Beziehungen) zu Objekten vollzogen. (Die Frage nach der Reizursache wird in diesem Rahmen bewußt vernachlässigt.) Individuation ist also mehr als eine reine Zuordnung von Raum–Zeitpunkten zu Objekten. Außer den die Objekte definierenden Attributen und Beziehungen sind durch die Individuation gleichzeitig weitere Sachverhalte festgelegt. Nachdem z. B. zwei konkrete Objekte identifiziert sind, die zu gleichen Zeitpunkten existieren, kann man ihnen für diese Zeitpunkte einen Abstand zueinander zuordnen, auch ohne daß ihre absolute oder zueinander relative Raum–Zeitposition in die Objektdefinition explizit eingeht. Genauso besitzen sie Eigenschaften wie Masse und Wärmekapazität. Nachdem man einmal eine Individuation vollzogen hat, ist also die Freiheit der Zuordnung von Attributen und Beziehungen in vielerlei Hinsicht eingeschränkt. Wahlfreiheit besteht häufig nur noch in der Frage, ob man einen Sachverhalt erfaßt und in sein Weltbild aufnimmt.

Es gibt aber auch Beziehungsarten, die nicht direkt mit der Abgrenzung von Objekten festliegen. Wichtige Beispiele hierfür sind die Kompositions- und Typisierungsbeziehung, die zwar für die Komposition bzw. den Typ definierend wirken, nicht aber für die Komponenten bzw. die Exemplare.

Darstellung von Beziehungen durch Attribute

Sprachliche Gebilde (Formen), die Individuenvariablen – aber keine sonstigen Variablen – enthalten und durch die Belegung der Variablen in eine Aussage überführt werden, bezeichnet man als *Prädikate*.[3)] Attribute sind somit einstellige Prädikate; die Variable ist der Platzhalter für das attributierte Objekt, über das eine Aussage erfolgt. Ein mehrstelliges Prädikat zusammen mit einer Belegung, die das Prädikat in eine wahre Aussage überführt, beschreibt eine *Beziehung* zwischen den Individuen der Belegung. Ein mehrstelliges Prädikat zusammen mit der Menge *aller* Belegungen, die das Prädikat in eine wahre Aussage überführen, bezeichnet man als *Relation*. Im Rahmen dieser Arbeit werden die Begriffe Beziehung und Relation damit bewußt voneinander unterschieden: Eine Beziehung (engl.: relationship) spiegelt *einen* Sachverhalt zwischen mehreren Objekten wider. Die Zusammenfassung aller Beziehungen (desselben Typs) zwischen (nicht notwendigerweise verschiedenen) Objektmengen zu einer Menge wird als Relation (engl.: relation) bezeichnet. Durch die Teilbelegung eines n–stelligen Prädikats mit n–1 Identifikatoren für Individuen gewinnt man ein einstelliges Prädikat. Daraus resultiert die prinzipielle Möglichkeit, Beziehungen durch Attribute der beteiligten Objekte auszudrücken.

Objektifizierung von Beziehungen

Da Beziehungen einzelne Sachverhalte zwischen mehreren Objekten widerspiegeln, sind sie zählbar. Aus ihrer Zählbarkeit resultiert die Berechtigung, Beziehungen als Objekte anzusehen. Diesen Sachverhalt bezeichnet man als *Objektifizierung von Beziehungen*. Durch die Objektifizierung einer n–stelligen Beziehung entstehen n neue Beziehungen, nämlich jeweils zwischen einem der n an der ursprünglichen Beziehung teilnehmenden Objekte und der objektifizierten Beziehung.

3) vgl. [Wendt_91] S. 73

1.1.2 Identität und Wiedererkennen

"Zwei" Objekte sind genau dann *identisch*, wenn all ihre Prädikate identisch, d. h. für alle Zeit gleich sind. Für konkrete Objekte der realen Welt bedeutet dies u. a. , daß sie sich zu jeder Zeit am selben Ort befinden müssen. Beim Wiedererkennen eines Objektes werden die Prädikate eines erkannten Objektes mit den Prädikaten eines früher erkannten Objektes verglichen. Aufgrund der Tatsache, daß sich Attribute und Beziehungen zu anderen Objekten mit der Zeit ändern können, resultieren Probleme beim Wiedererkennen: Für "zwei" Objekte, die nie zur selben Zeit existieren oder nie zur selben Zeit wahrgenommen werden, kann ihre Identität oder "Nicht–Identität" nicht objektiv (sondern nur subjektiv) beantwortet werden.

1.1.3 Gleichheit

Sind die interessierenden Prädikate zweier nicht identischer Objekte zu einem Zeitpunkt oder über eine u. U. unendliche Zeitdauer gleich, so bezeichnet man die Objekte als *gleich*. Üblicherweise sind hierbei alle Prädikate mit Ausnahme der Ortsprädikate von Interesse. Zwei Tische desselben Modells unterscheiden sich nach ihrer maschinellen Fertigung zunächst nur durch ihren Ort. Es sind die gleichen Tische. Daß sie sich in ihrer Masse um wenige Gramm unterscheiden mögen, hält uns meist nicht davon ab, sie dennoch als gleiche Tische zu bezeichnen. Sie sind jedoch nicht identisch.

1.1.4 Kompositionen

Da ein Mensch nicht beliebig viele Objekte zugleich überschauen kann, ist es für ihn manchmal hilfreich, eine Struktur aus mehreren Objekten als eine Einheit aufzufassen. Für ihn ergibt sich dadurch eine ausgezeichnete Beziehung zwischen Objekten, die *Bestandteil–* oder *Kompositionsbeziehung*. Sie gibt als zweistellige Relation darüber Auskunft, ob ein Objekt B als Bestandteil eines anderen Objektes K aufzufassen ist. B bezeichnet man dann auch als *Komponente von K und K als Kompositionsobjekt, Kompositum* oder *Komposition*.

Die Kompositionsbeziehung kann zur Reduktion der Komplexität eines Problems genutzt werden, wenn es einem dabei gelingt, zwei Sichten voneinander zu trennen. Die eine Sicht erfaßt dabei die Interna des Kompositums, gibt also Auskunft darüber, aus welchen Komponenten sich das Kompositum zusammensetzt, welche Beziehungen die Komponenten zueinander haben und wie die Struktur der Komponenten die Attribute des Kompositums beeinflußt, die für die externe Sicht relevant sind. In der externen Sicht sind nur noch das Kompositum als Einheit und dessen Beziehungen zu externen Objekten, nicht aber dessen Aufbau von Interesse.

Als Fortsetzung der Objektbildung, nämlich des Kompositums, ist der Kompositionsprozeß, in dem die Zuordnung von Komponenten zum Kompositum vorgenommen wird, primär subjektiv. Materiell gesehen ist das Kompositum dagegen nicht mehr und nicht weniger als die Struktur seiner Komponenten. Es entsteht allein durch Grenzziehung.

Ein einfacher Tisch mag aus einer Platte mit weißem Kunststoffüberzug und vier schwarz lackierten Metallbeinen bestehen. Man wird Platte und Tischbeine als *Komponenten* des Tisches auffassen. Der Tisch ist dann als *Komposition* zu bezeichnen. Platte und Beine sind selbst Objekte, die attributiert sind und zwischen denen Beziehungen bestehen. Sie bilden demnach eine Struktur. Andererseits sind sie auch Merkmale des Tisches. Mit den zwischen ihnen definierten Beziehungen können sie so als *strukturiertes Attribut* des Kompositionsobjektes Tisch aufgefaßt werden. Verzichtet man auf die Notwendigkeit mindestens einer Relation zwischen den Komponenten einer Struktur, so besitzt jedes Kompositionsobjekt ein strukturiertes Attribut, nämlich seine Komponenten und die zwischen diesen definierten Beziehungen.

Wie jedes Objekt können auch Komponenten strukturierte Attribute besitzen und Kompositionen als Bestandteile komplexerer Objekte aufgefaßt werden. Beides führt zu einer baumartigen Hierarchie von Komponenten und Kompositionsobjekten, dem sogenannten *Komponentenbaum* (vgl. [Seewaldt_88] S. 13).

1.2 Klasse – Typ – Exemplar

Um die Außenwelt einfacher begreifen zu können, faßt man häufig *alle* konkreten Objekte, für die dieselben Merkmale gelten, zu einer *beschränkt homogenen* Gruppe zusammen, die man *Klasse* nennt.[4)] Zuweilen wird die Gesamtheit der Klassenmitglieder als *Extension* der Klasse bezeichnet und die Klassenmerkmale als die *Intention* der Klasse. In dieser Arbeit sei unter Klasse immer die Gesamtheit der Klassenmitglieder verstanden. Da alle Objekte dieselben Merkmale aufweisen, ist jede Klasse in gewisser Hinsicht homogen. Da sie sich aber in anderen Merkmalen unterscheiden können, ist die Homogenität beschränkt. Die Auswahl der Merkmale bestimmt die Zuordnung der *Klassenmitglieder* und legt somit die Klasse fest. Dagegen bezeichnet man eine willkürliche Auswahl von Objekten zu einer Menge nicht als Klasse. Auch wenn für alle ihre Mitglieder das Merkmal "gehört zur Menge" angegeben werden kann, ist dabei die Auswahl der Objekte zur Menge das Primäre und nicht ihre Zuordnung aufgrund der Klassenmerkmale.

Obwohl die Klassifikation ähnlich der Objektbildung in der konkreten Welt meist intuitiv und unbewußt vom Menschen vollzogen wird, ist es sinnvoll, sich etwas eingehender mit ihr zu befassen, damit eine spätere Übertragung der Begriffswelt aus dem Bereich der Erkenntnistheorie in den Bereich der informationellen Systeme möglich wird. Prädikate dienen einer formalen oder halbformalen Beschreibung von Klassenmerkmalen, können aber die für eine Klasse notwendige Homogenität nicht sicherstellen. Zwar kann die disjunktive Verknüpfung der Merkmale der Hunde und der Merkmale der Karpfen als Prädikat formuliert werden, das nur Hunde und Karpfen erfüllen. Die Zusammenfassung aller Hunde und Karpfen wird man dennoch nicht als eine Klasse bezeichnen.

1.2.1 Einfache Klassifizierung

Da, wie oben erläutert, die Objektbildung einschließlich der Zuordnung von Attributen primär vom erkennenden Subjekt abhängt, kann es nicht verwundern, daß verschiedene Subjekte –

4) In der Biologie bezeichnet man eine Gruppe ("Taxon"), die *alle* konkreten Objekte enthält, die die Gruppenmerkmale aufweisen, als *monophyletisch* (siehe z. B. [Czihak_et_al_92] S. 931ff).

trotz gleicher Grenzziehung zwischen Objekten – ein und demselben Objekt unterschiedliche Attribute zuordnen und unterschiedliche Relationen dieses Objektes zu anderen Objekten wahrnehmen. Der eine Betrachter mag einem Gegenstand vielleicht eine bläuliche, der andere eine grünliche und wieder ein anderer eine türkise Farbe zusprechen.

Daher kann bezüglich jedes denkbaren Merkmals über jedes Objekt genau eine der drei Aussagen gemacht werden:

- Das Objekt besitzt dieses Merkmal.
- Das Objekt besitzt dieses Merkmal nicht.
- Es ist nicht bekannt oder nicht eindeutig bestimmbar, ob das Objekt das entsprechende Merkmal besitzt.

Dies führt letztlich auf eine dreiwertige Logik, die Grundlage für die Klassifikation von Objekten ist. Durch die Auswahl einer Menge von Merkmalen wird die Gesamtheit aller Objekte in drei Blöcke partitioniert. Entweder besitzt ein Objekt alle ausgewählten Merkmale, oder es hat mindestens eines dieser Merkmale nicht. Schließlich kann es sein, daß es einen Teil davon besitzt, und für alle anderen Merkmale ist es nicht bekannt oder nicht eindeutig bestimmbar, ob das Objekt diese Merkmale besitzt. Alle Objekte, die die ausgewählten Merkmale besitzen, gehören zur selben *Klasse*. Die Menge der ausgewählten Merkmale werden als *Klassenmerkmale* bezeichnet. Von Objekten des dritten Partitionsblocks kann nicht eindeutig gesagt werden, ob sie der Klasse zugehören oder nicht. Ist dieser Block nicht leer, so zeigt dies die *Klassenunschärfe*.

Unter Vernachlässigung der Klassenunschärfe führt die Auswahl von n sich gegenseitig ausschließenden Sätzen von Klassenmerkmalen zu einer Partitionierung der Objekte in n+1 Blöcke. Jedes Objekt läßt sich entweder genau einer dieser n Klassen oder keiner von ihnen zuordnen.[5)] Es ergibt sich eine einstufige

5) Einen Block, der alle Objekte umfaßt, die keiner der n Klassen zuzuordnen sind, versucht man möglichst zu vermeiden, da er i. a. aufgrund negativ formulierter Prädikate nicht monophyletisch – sondern *para–* oder *polyphyletisch* – ist (siehe z. B. [Czihak_et_al_92] S. 933f). Gelingt dies nicht, so wird er häufig vernachlässigt oder wie eine Klasse behandelt.

Klassifikation. Eine Menge von sich gegenseitig ausschließenden Sätzen von Klassenmerkmalen wird als *Klassifikationskriterium* bezeichnet.

1.2.2 Hierarchische Klassifizierung

Meist ist es nicht befriedigend, nur eine Menge sich gegenseitig ausschließender Sätze von Klassenmerkmalen zuzulassen. Stattdessen ist es wünschenswert, zur mehrfachen oder hierarchischen Klassifizierung überzugehen, die man im wesentlichen auf zwei unterschiedliche Arten durchführen kann. Zum einen besteht die Möglichkeit, für jede durch eine Klassifikation erhaltene Klasse wiederum nach einer Menge interessierender Klassifikationskriterien zu suchen und nach diesen zu klassifizieren. Dabei ergibt sich eine baumartige Hierarchie der Klassen. Zum anderen besteht die Möglichkeit, nach mehreren Kriterien quasi gleichzeitig zu klassifizieren. Bei dieser allgemeinen hierarchischen Klassifikation erhält man eine i. a. nicht baumartige Partialordnung der Klassen. Die baumartige Klassifizierung ist dabei der häufigste Sonderfall der allgemeinen hierarchischen Klassifikation.

1.2.2.1 Baumartige Klassifizierung

Bei der baumartigen Klassifizierung führt man zunächst eine recht allgemeine Klassifikation durch und klassifiziert anschließend die dabei erhaltenen Klassen durch zusätzliche auf die jeweilige Klasse zugeschnittenen Kriterien. Die Mitglieder der dabei erhaltenen *Unterklassen* sind zugleich Mitglieder der weiter klassifizierten *Oberklasse*, denn sie erfüllen gezwungenermaßen auch deren Prädikate.

Gelten für alle Mitglieder einer Klasse A mindestens alle Prädikate, die auch für alle Mitglieder einer Klasse B gelten, so sind alle Klassenmitglieder von A auch in B enthalten und man bezeichnet A als *Subklasse* bzw. *Unterklasse* von B und B als *Superklasse* bzw. *Oberklasse* von A.[6)] Die dabei erhaltene Superklassen–Subklassen–Beziehung definiert eine reflexive Partialordnung, die sogenannte *Klassenhierarchie*. Gibt es keine

6) Im Bereich der objektorientierten Welt bezeichnet man dieses Prinzip als *Vererbung*. Die Klasse B "vererbt" die Prädikate auf ihren Mitgliedern an die Klasse A.

Prädikate, die für alle Klassenmitglieder von A gelten, nicht aber für alle Klassenmitglieder von B, so sind A und B identisch. Enthält B dagegen Klassenmitglieder, die nicht in A enthalten sind, so muß für alle Klassenmitglieder von A mindestens ein Prädikat gelten, das für die übrigen Klassenmitglieder von B nicht gilt.

In den Naturwissenschaften wählt man häufig die klassifizierenden Prädikate derart aus, daß – mit Ausnahme der Klasse, die alle (interessierenden) Objekte umfaßt, – jede Klasse A genau eine *echte direkte Superklasse* B besitzt.[7)] "Echt" meint hierbei, daß A und B nicht identisch sind, und mit "direkt" soll ausgedrückt werden, daß es keine Klasse C gibt, derart daß C eine echte Superklasse zu A und B eine echte Superklasse zu C darstellt. Stellt man die dabei erhaltene Klassenhierarchie als Graphen dar, so erhält man einen Baum, der als *Klassenbaum* bezeichnet wird. Bild 1.2 zeigt beispielhaft einen Ausschnitt aus einer baumartigen Klassifikation der Tiere.

In einem Klassenbaum stellen Klassen, die keine Subklassen besitzen, die Blätter im Baum dar. Daher ist es angebracht, diese Klassen als *Blattklassen* zu bezeichnen. In Analogie hierzu wird im folgenden der Begriff *Blattklasse* für alle Klassen benutzt, die keine weiteren Subklassen besitzen. Entsprechend bezeichnet der Begriff *Nicht–Blattklasse* eine Klasse, für die mindestens eine Subklasse angegeben ist.

Exemplare von Nicht–Blattklassen ergeben sich genau dann, wenn eine Klasse nicht vollständig partitioniert wird. In diesem Fall existieren Objekte oder sind Objekte denkbar, die einer Klasse aber keiner ihrer Subklassen zuzuordnen sind. Üblicherweise bilden diese Objekte eine inhomogene "Restmenge" oder eine unvollständige Sub–"Klasse"; denn sonst würden sie ja eine eigene Subklasse bilden, was zu einer vollständigen Partitionierung führen würde.

7) In der Fachsprache der objektorientierten Programmierung bezeichnet man diesen Sachverhalt häufig als *einfache Vererbung*.

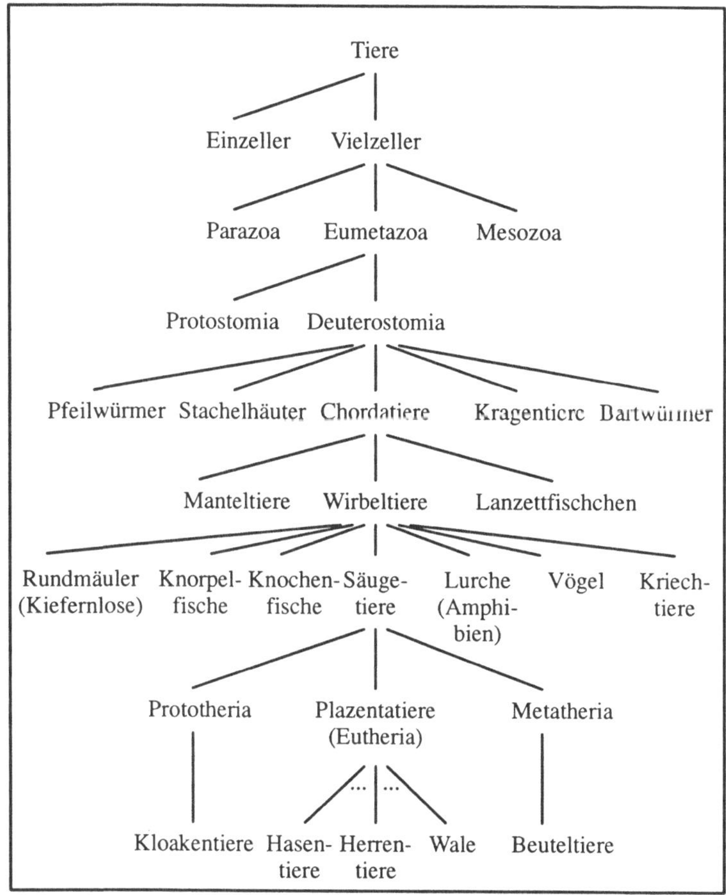

Bild 1.2 Ausschnitt aus einer baumartigen (evolutionären) Klassifikation der Tiere (nach [Czihak_et_al_92] S. 944f)

1.2.2.2 Allgemeine hierarchische Klassifizierung

Die baumartige Klassifikation geht einher mit einer baumartigen Ordnung der Klassifikationskriterien. Manchmal wäre auch eine andere Ordnung derselben Klassifikationskriterien denkbar, mit dem Resultat eines anderen Klassenbaums. In solchen Fällen ist die baumartige Klassifikation möglicherweise semantisch nicht angemessen. Häufig gibt es zwei oder mehrere Klassifikationskriterien, zwischen denen eine Ordnung semantisch nicht begründbar ist, sondern reine Willkür wäre. Unabhängig davon, nach welchem Kriterium man zunächst klassifiziert, können die (meisten oder alle) resultierenden Klassen auch nach den anderen

Kriterien klassifiziert werden, so daß sich nicht–leere Subklassen ergeben. Es kann demnach wünschenswert sein, nach mehreren Kriterien quasi gleichzeitig zu klassifizieren.

Üblicherweise partitionieren Biologen die Wirbeltiere in sieben Klassen, nämlich in Säugetiere, Vögel, Reptilien, Amphibien, Knochenfische, Knorpelfische und Kiefernlose. Einem biologischen Laien mag es vielleicht einleuchtender sein, die Wirbeltiere in solche zu unterteilen, die auf dem Land leben ("Landwirbeltiere"), und solche, deren natürlicher Lebensraum das Wasser ist, so daß sie nicht längere Zeit außerhalb des Wassers überleben können ("Wasserwirbeltiere"). Beide Klassifikationen sind mehr oder weniger gleichberechtigt. Bild 1.3 zeigt das Ergebnis einer Klassifikation der Wirbeltiere nach beiden Kriterien.

Sind zwei Klassifikationskriterien K1 und K2 gegeben, die in n1 bzw. n2 Klassen partitionieren, so ist es auch möglich, nach beiden Kriterien gleichzeitig zu klassifizieren. Formal ergeben sich hierbei n1 · n2 disjunkte Klassen. Abhängig von der Semantik der betrachteten Klassifikationskriterien kann es sein, daß nicht für alle dieser Klassen Exemplare denkbar sind (siehe Bild 1.4).

Unabhängig davon ist jedes Mitglied dieser (n1 · n2) Klassen sowohl in genau einer der (n1) Klassen enthalten, die durch das Kriterium K1 definiert werden, als auch in genau einer der (n2) Klassen, die durch das Kriterium K2 definiert werden. Entsprechend erfüllt es auch alle Prädikate dieser beiden Klassen. So gelten für alle Wale (Bild 1.3) sowohl die Merkmale der Säugetiere als auch die Tatsache, daß sie nicht längere Zeit außerhalb des Wassers überleben können.[8)]

Visualisierung von Klassifikationshierarchien

Da bei der baumartigen Klassifizierung jede Klasse nach maximal einem Kriterium subklassifiziert wird, ergeben sich nur disjunkte Subklassen. Im Bereich der allgemeinen hierarchischen Klassifikation kann aber eine Klasse nach mehreren Kriterien subklassifiziert werden. Dadurch sind nur diejenigen Subklassen

8) In der Fachsprache der objektorientierten Programmierung wird dieses Prinzip häufig als *multiple Vererbung* oder *Mehrfachvererbung* bezeichnet. Die Klasse der Wale "erbt" alle Prädikate von den Klassen der Säugetiere und der Wasserwirbeltiere.

Bild 1.3
Klassifikation der Wirbeltiere nach zwei gleichberechtigten Kriterien

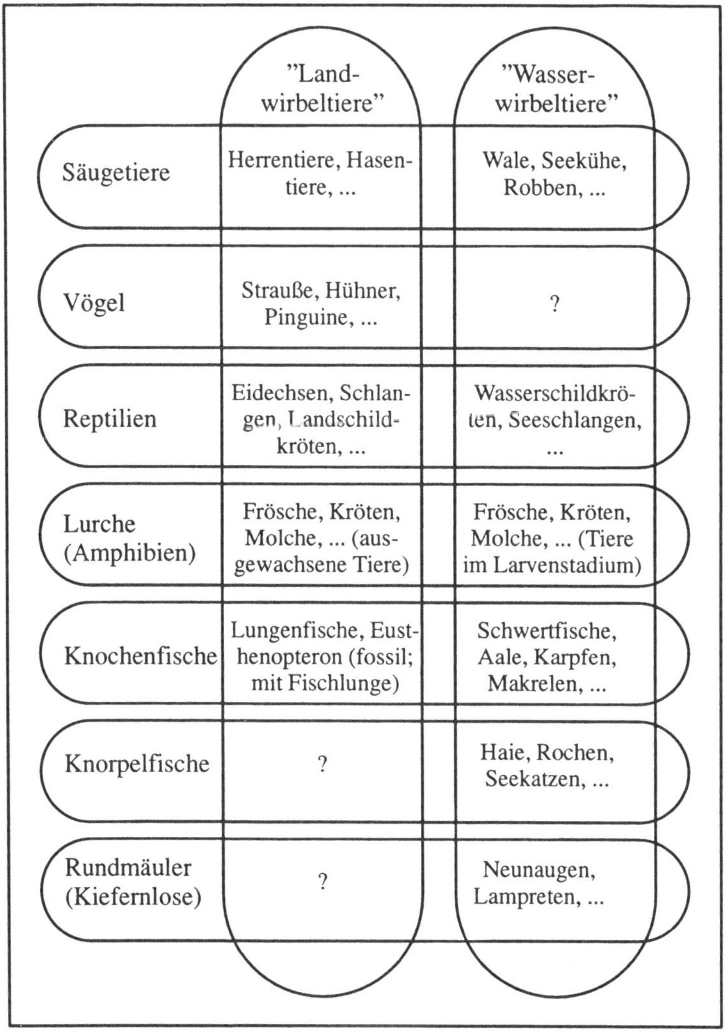

	"Landwirbeltiere"	"Wasserwirbeltiere"
Säugetiere	Herrentiere, Hasentiere, ...	Wale, Seekühe, Robben, ...
Vögel	Strauße, Hühner, Pinguine, ...	?
Reptilien	Eidechsen, Schlangen, Landschildkröten, ...	Wasserschildkröten, Seeschlangen, ...
Lurche (Amphibien)	Frösche, Kröten, Molche, ... (ausgewachsene Tiere)	Frösche, Kröten, Molche, ... (Tiere im Larvenstadium)
Knochenfische	Lungenfische, Eusthenopteron (fossil; mit Fischlunge)	Schwertfische, Aale, Karpfen, Makrelen, ...
Knorpelfische	?	Haie, Rochen, Seekatzen, ...
Rundmäuler (Kieferlose)	?	Neunaugen, Lampreten, ...

notwendigerweise disjunkt, die aufgrund desselben Klassifikationskriteriums entstanden. Die Klassenhierarchie läßt sich dann in einem gerichteten zyklenfreien Graphen darstellen, der Maschen enthalten darf.

Im Bereich der allgemeinen hierarchischen Klassifikation ist aber ein einfacher Graph zur Darstellung der Klassifikation nur bedingt geeignet. Da er keine Kantentypen unterscheidet, kann er

Bild 1.4 Klassifikation nach zwei nicht–orthogonalen Kriterien

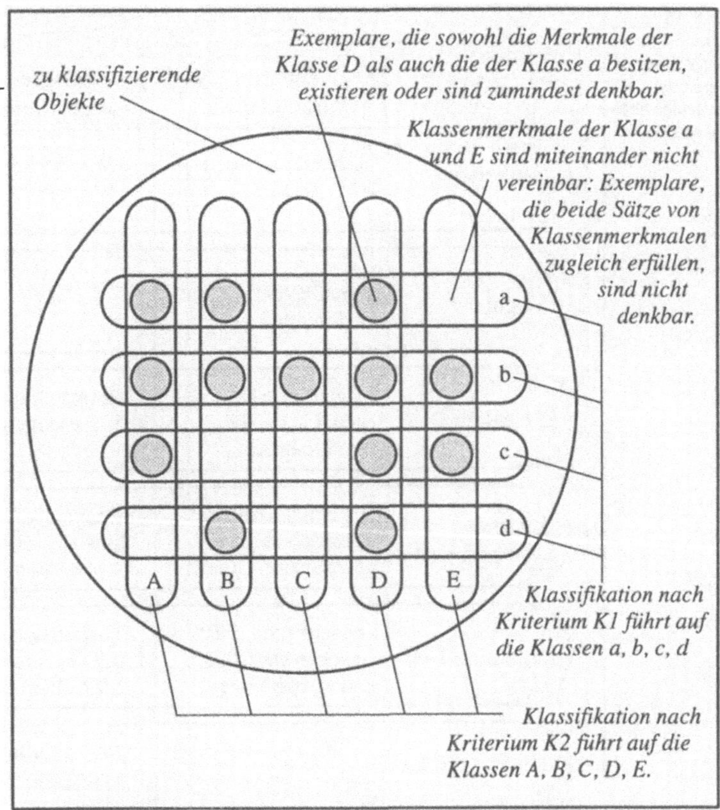

zwar die Superklassen–Subklassen–Relation veranschaulichen. Er kann aber nicht verdeutlichen, welche Klassen aufgrund desselben Klassifikationskriteriums entstanden und damit notwendigerweise disjunkt sind, oder welche Klassen, die durch die Anwendung unterschiedlicher Klassifikationskriterien entstanden, aufgrund ihrer Merkmale dennoch keine gemeinsamen Mitglieder haben können.

Orthogonale und nicht–orthogonale Klassifikation

Zwei Klassifikationskriterien K1 und K2, die in n1 bzw. n2 Blöcke partitionieren, sind *orthogonal* zueinander, wenn sich bei gleichzeitiger Klassifikation nach K1 *und* K2 n1 · n2 Klassen ergeben, für die Exemplare denkbar sind. D. h. die Kombination der Sätze der jeweiligen Klassenmerkmale dürfen sich nicht logisch widersprechen.

Häufig ist es nicht sinnvoll, nach einem Prädikat (P2) zu klassifizieren, wenn ein anderes (P1) nicht erfüllt ist (z. B. mag gelten: $\forall x: \neg P1(x) \rightarrow \neg P2(x)$). Werden die Prädikate P1 und P2 zu unterschiedlichen Klassifikationskriterien (K1 und K2) herangezogen, so folgt daraus, daß diese Klassifikationskriterien nicht orthogonal zueinander sind. Das Klassifikationskriterium K2 ist nur auf einen Teil der durch die Klassifikation K1 entstandenen Klassen sinnvoll anwendbar. P1 definiert somit eine Klasse von Objekten, bei denen es sinnvoll sein mag, danach zu fragen, ob sie das Prädikat P2 erfüllen.

1.2.3 Abstraktion und Konkretisierung

Unter der Abstraktion von einem oder mehreren Objekten versteht man die Auswahl einer Menge von (gemeinsamen) interessierenden Prädikaten und die Zuordnung dieser Prädikate zu einem neuen Objekt, das man als *abstraktes Objekt* oder *Begriff* bezeichnet. Insoweit meint *Abstraktion* einerseits den Vorgang der Objektbildung, den *Abstraktionsprozeß*, und andererseits das neu gewonnene Objekt, das *Abstraktionsergebnis.*

Das durch den Abstraktionsprozeß gewonnene abstrakte Objekt ist die Abstraktion (das Abstraktionsergebnis) der ursprünglichen Objekte. Die ursprünglichen Objekte werden als *Konkretisierungen* des neu gewonnenen Objekts bezeichnet. In der realen Welt existieren keine abstrakten Objekte. Typische ("abstrakte") Begriffe wie Liebe, Haß, Glaube, Hoffnung und Angst können als Abstraktionen von konkreten Empfindungsprozessen im Inneren von Subjekten aufgefaßt werden.

Ist die Menge der ausgewählten Prädikate einer Abstraktion gleich der einer Klassifikation, so bezeichnet man das durch die Abstraktion hervorgegangene Objekt als den *Typ* der Objekte der durch die Klassifikation hervorgegangenen Klasse[9)]. Der Typ ist in diesem Sinne ein abstraktes Objekt, dessen Prädikate die allen Klassenmitgliedern gemeinsamen Prädikate sind. Darüber hinaus können Prädikate auf ihn zutreffen, die ihn als Typ auszeichnen. Die Klassenmitglieder werden auch als *Exemplare* oder *Inkarnationen* des entsprechenden Typs bezeichnet (vgl. Bild 1.5). Dagegen scheint es sinnvoll, den Typ als abstraktes

9) Zwischen Typ und Klasse ist also immer eine 1:1–Abbildung möglich.

Objekt nicht als Mitglied der entsprechenden Klasse zu rechnen. Der Begriff "Hund" bzw. das abstrakte Objekt "Hund" ist zwar der Typ aller Hunde aber selbst nicht Mitglied der Klasse der Hunde.

Bild 1.5
Typen, Exemplare und Klassen bei hierarchischer Klassifikation

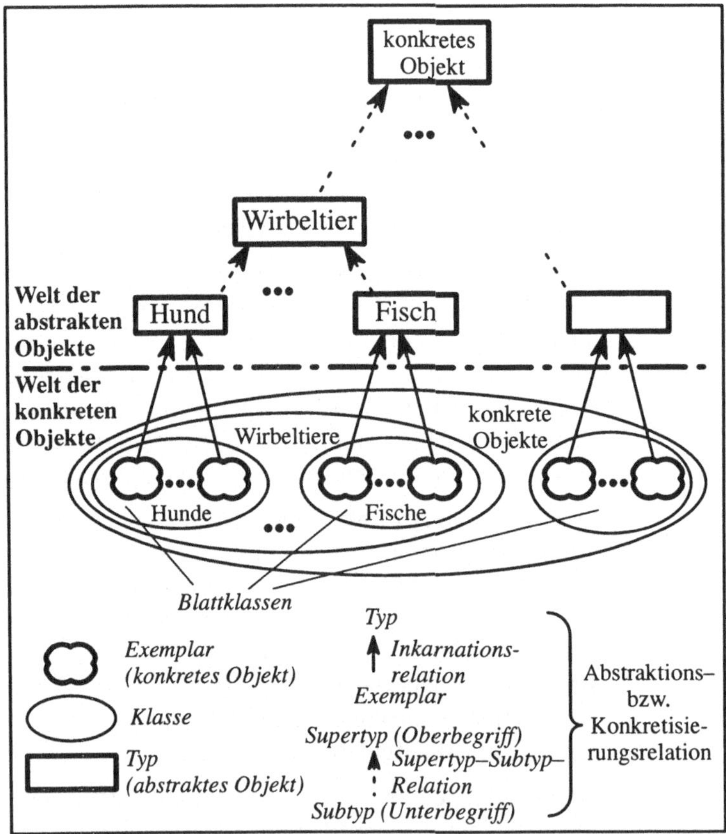

Wird von einem Begriff dadurch abstrahiert, daß man von den Prädikaten, die auch für die Exemplare dieses Typs gelten, einige vernachlässigt, erhält man einen neuen Begriff, der abstrakter als der ursprüngliche ist. Den neu erhaltenen Begriff bezeichnet man als einen Oberbegriff oder *Supertyp* zum gegebenen und den gegebenen als einen Unterbegriff oder *Subtyp* zum übergeordneten. Durch mehrfache Abstraktion ergibt sich eine *Abstraktionshierarchie*. Wie die Superklassen–Subklassen–Relation stellt auch die *Supertyp–Subtyp–Relation* eine reflexive Partialordnung dar. Jedes Exemplar eines Typs ist dabei gleichzeitig Exemplar jedes Supertyps dieses Typs. Beispielsweise ist jeder Hund sowohl ein Hund als auch ein Wirbeltier, d. h. sowohl ein Exemplar vom Typ "Hund" als auch ein Exemplar vom Typ "Wirbeltier".

Bild 1.6 Klassifizierung bzw. Typisierung von Begriffen

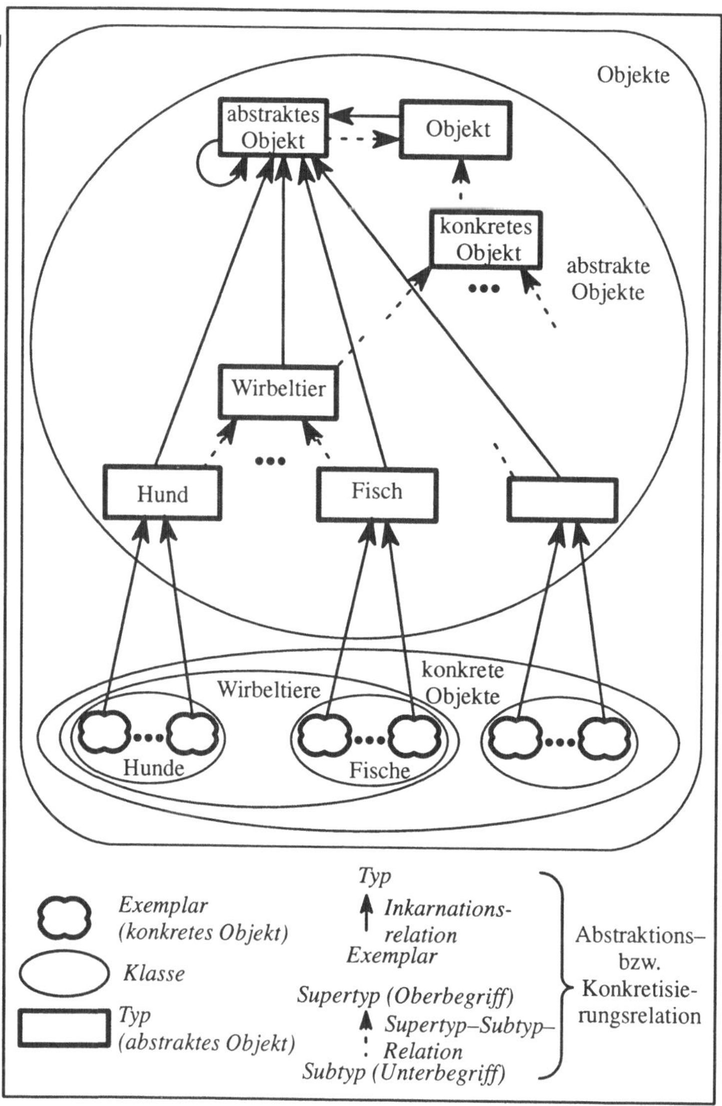

Da Begriffe als abstrakte Objekte selbst Objekte sind, ist es auch möglich, Begriffe als Exemplare von Typen aufzufassen (vgl. Bild 1.6), oder, was dasselbe ist, Begriffe zu klassifizieren. Wie in Bild 1.6 verdeutlicht, sind diese Begriffe mindestens genauso abstrakt wie alle ihre Konkretisierungen[10)].

1.3 Typmehrdeutigkeit und Polymorphie

1.3.1 Typmehrdeutigkeit

Wie der vorangehende Abschnitt verdeutlicht, gibt es bei hierarchischer Klassifizierung Exemplare, die nicht eindeutig einem Typ oder einer Klasse zuzuordnen sind. Jeder Rauhhaardackel ist u. a. zugleich ein Hund, ein Säugetier, ein Wirbeltier, ein Tier und ein Lebewesen. Wale und Delphine sind Säugetiere und können zugleich auch als Wasserwirbeltiere klassifiziert werden. Die Tatsache, daß ein konkretes Objekt nicht jederzeit genau einem Typ zuzuordnen ist, dessen Exemplar es darstellt, möchte ich im folgenden als *Typmehrdeutigkeit* bezeichnen.

Die Typen eines typmehrdeutigen Objektes unterscheiden sich in ihrem Abstraktionsgrad, so daß zwischen ihnen eine Partialordnung, bei baumartiger Klassifikation sogar eine Vollordnung besteht. Dabei zeichnen sich neben dem allgemeinsten Typ, der als Abstraktion aller Objekte gilt, besonders die konkretesten Typen aus. Die *konkretesten Typen* eines Objektes sind diejenigen Typen, zu denen es innerhalb der betrachteten Klassifikation keine weiteren Subtypen gibt, derart daß das Objekt ein Exemplar eines dieser Subtypen darstellt. Jedem Objekt kann mindestens ein konkretester Typ zugeordnet werden. Werden die Exemplare eines Typs z. B. nach zwei orthogonalen Klassifikationskriterien partitioniert, so sind all diesen Exemplaren zwei Subtypen zuzuordnen. Werden Objekte mit denselben Subtypzuordnungen nicht zu einer "Sub–Subklasse" zusammengefaßt ("Mehrfachvererbung"), so sind alle Subtypen, denen sich ein Objekt zuordnen läßt, als seine konkretesten Typen zu bezeichnen. Besitzt ein Objekt genau einen konkretesten Typ, so wird dieser häufig als *der* Typ des Objekts bezeichnet. Die *nicht–konkretesten Typen* eines Objektes sind folglich alle echten Supertypen seiner konkretesten Typen.

10) vgl. auch [Wendt_91] S. 13

In der objektorientierten Literatur wird Typmehrdeutigkeit häufig als Spezialfall der Polymorphie eingestuft.[11] Warum Typmehrdeutigkeit in der vorliegenden Arbeit nicht als eine spezielle Form der Polymorphie aufgefaßt wird, kann erst dargelegt werden, nachdem der Begriff der Polymorphie ausführlich erörtert worden ist.

1.3.2 Polymorphie

Polymorphie bzw. *Polymorphismus* (zu deutsch Vielgestaltigkeit) bedeutet die Fähigkeit von Objekten (oder Sammlungen von Objekten), mehr als eine Gestalt annehmen zu können (griech. morph = Gestalt, Form). Der Begriff entstammt der Chemie und der Biologie. "Chemie: die 1821 von E. Mitscherlich eingeführte Bezeichnung für die Erscheinung, daß ein chemisches Element oder eine Verbindung in zwei (Dimorphie) oder mehr (Tri–, Tetramorphie) kristallinen Phasen (polymorphen Modifikationen) auftreten kann, die nicht durch kontinuierliche Übergänge miteinander verbunden sind." ([Brockhaus_14_72]) Beispielsweise tritt Kalziumkarbonat ($CaCO_3$) in zwei unterschiedlichen kristallinen Formen auf, die als Kalkspat und Aragonit bezeichnet werden (vgl. [Enc_Sc&Tech_14_87] p. 149).

Im Bereich der Biologie bezeichnet Polymorphismus eine Form der diskontinuierlichen genetischen Variation. Die einzelnen Varianten (Formen) treten innerhalb einer Organismenart auf und existieren nebeneinander in derselben Population (vgl. [Enc_Sc&Tech_14_87] p. 149). Z. B. bezeichnet man die Tatsache, daß beim Menschen über 200 verschiedene Blutgruppen (aufgrund der im Blut enthaltenen Antigene) unterschieden werden können, als genetischen Polymorphismus. Jede dieser Blutgruppen kann bestimmt werden aufgrund ihrer Fähigkeit, selektiv und spezifisch mit einem Antikörper zu reagieren (vgl. [Enc_Sc&Tech_2_87] p. 626).

Die Definition von Polymorphismus, mehr als eine Form annehmen zu können, setzt implizit voraus, daß eine diskrete Anzahl von Formen existiert bzw. unterschieden werden kann. Der Übergang von einer zur anderen Form kann nicht kontinuier-

11) Cardelli und Wegner z. B. bezeichnen Typmehrdeutigkeit als "value sharing" und stufen sie als Wesenszug der parametrisierten Polymorphie ein (vgl. [Cardelli_Wegner_85] p. 477 f).

lich erfolgen. Die Unterscheidung von Formen steht in direktem Zusammenhang mit Klassifikation. Polymorphie von Objekten hängt also u. a. davon ab, welche diskreten Prädikate als formbestimmend *und* klassifizierend betrachtet werden.

1.3.3 Unterscheidung Typmehrdeutigkeit – Polymorphie

Einen bestimmten Rauhhaardackel wird man sicherlich nicht als polymorphes Objekt wahrnehmen. Ein Teil seiner Prädikate wird sich mit der Zeit ändern, sein Alter wird zunehmen, sein Fell mag etwas grauer werden, oder er mag einem neuen Besitzer zugeteilt werden. Üblicherweise wird man all diese von Modifikationen betroffenen Prädikate aber nicht als für das Tier klassifizierend betrachten, so daß seine Klassenzugehörigkeit nicht zeitvariant ist. Dann ist der Dackel nicht als polymorphes Objekt einzustufen. Sein Typ ist dennoch zu keinem Zeitpunkt eindeutig. Er verkörpert also ein monomorphes typmehrdeutiges Objekt. Typmehrdeutigkeit kann also nicht ein Spezialfall der Polymorphie sein, zumindest nicht in dem Sinne wie Polymorphie hier eingeführt wurde.

Unabhängig von den aktuellen Werten der Objektprädikate sind dem monomorphen Objekt bei einem vorgegebenen Klassifikationsschema immer dieselben Klassen zuzuordnen. Dagegen hängt beim polymorphen Objekt die Klassenzuordnung von den Werten formbestimmender Objektprädikate ab; die Klassenzuordnung kann sich also mit der Zeit ändern.

1.3.4 Migration

Ändern sich die Prädikate eines polymorphen Objektes derart, daß sich die Klassenzugehörigkeit dieses Objektes ändert, so bezeichnet man diesen Prozeß oder dieses Ereignis als *Migration* des Objektes.

Wird z. B. ein Kalkspat–Kristall eingeschmolzen oder aufgelöst, um daraus einen Aragoniten kristallisieren zu lassen, so kann diese Überführung als eine Migration des Kalziumkarbonatkristalls aufgefaßt werden. Die Komponenten des Kristalls – selbst unverändert – bilden zu verschiedenen Zeitpunkten verschiedene Strukturen und bewirken so eine unterschiedliche Klassenzuordnung des Kristalls.

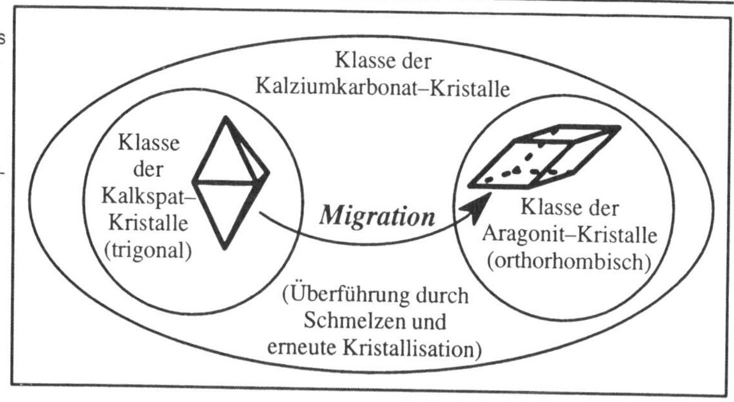

Bild 1.7 Migration eines Kalziumkarbonat–Kristalls (Überführung eines Kalkspat–Kristalls in einen Aragonit–Kristall)

Die Frage, ob die beiden Kristalle vor und nach der Überführung als identische Objekte zu betrachten sind, kann verschieden beantwortet werden. Das abstrakte Objekt Kalziumkarbonat–Kristall wird zu verschiedenen Zeitpunkten durch unterschiedliche Kristalle konkretisiert. Die Überführung zwischen den beiden kristallinen Phasen kann entweder als Modifikation des Kalziumkarbonat–Kristalls und damit als Migration oder als Kombination aus Destruktion des ursprünglichen Objektes (des Kalkspat–Kristalles) und der Entstehung eines neuen Objektes (des Aragonit–Kristalls) aufgefaßt werden.

1.4 Das programmierte System und seine Komponenten

Nachdem bisher erkenntnistheoretische und anwendungsunabhängige Sachverhalte angesprochen wurden, soll jetzt die Begriffsbildung im Bereich der programmierten Systeme erfolgen. Dazu werden zunächst programmierte Systeme als besondere Klasse dynamischer Systeme eingeführt und ihre aktiven und passiven Komponenten vorgestellt. Danach wird speziell auf das programmierte System eingegangen, indem grundlegende Begriffe definiert werden. Ein Schwerpunkt liegt dabei auf der Einführung und Realisierung von abstrakten Datentypen.

1.4.1 Das programmierte System

Der Begriff *System* umfaßt statische und dynamische Systeme, die voneinander zu unterscheiden sind. Unter einem *dynamischen System* soll ein Gebilde verstanden werden, bestehend aus

Komponenten, die durch ihr Zusammenwirken ein bestimmtes an den äußeren Schnittstellen beobachtbares Verhalten bewirken. Da im Rahmen dieser Arbeit nur dynamische Systeme von Interesse sind, sei im folgenden, falls nicht anders spezifiziert, mit System immer ein dynamisches System gemeint. Zum Begriff des statischen Systems siehe [Wendt_91] S. 136.

Die Definition des dynamischen Systems impliziert, daß jedes System von seiner Umgebung abzugrenzen ist und System und Umgebung über die äußere *Systemschnittstelle* miteinander verbunden sind (siehe Bild 1.8). Damit das System überhaupt ein Verhalten zeigen kann, muß es auf von der Umgebung oder dem System selbst herbeigeführte Änderungen an der Systemschnittstelle reagieren und/oder einen von außen nicht zugänglichen *Systemzustandsspeicher* besitzen. Dieser Systemzustandsspeicher vereinigt somit alle passiven Komponenten des Systems. Alle aktiven Systemkomponenten sind dann im *Systemkern* zusammengefaßt.

Bild 1.8
System und Umgebung

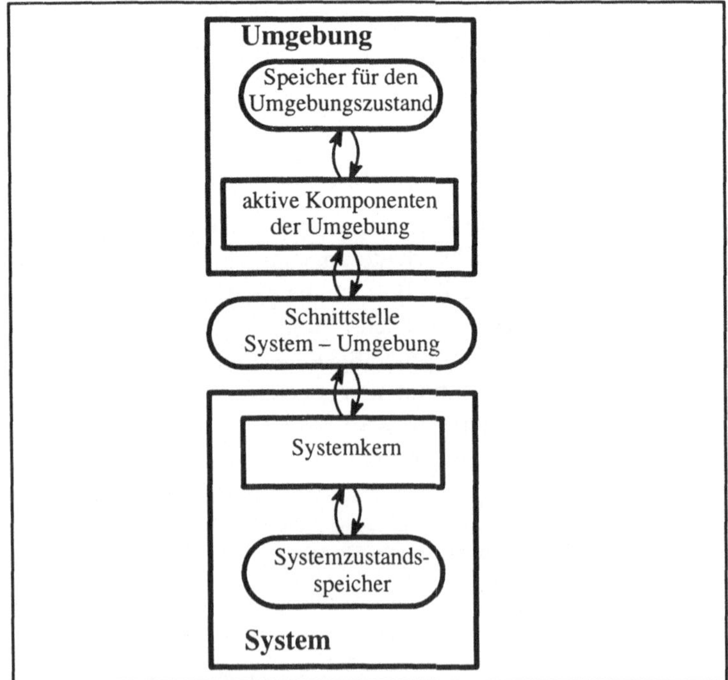

Das Verhalten eines Systems an seiner Schnittstelle zur Umgebung kann für einen Benutzer entweder von physikalischem (materiell–energetischem) Interesse sein, wie dies z. B. bei einem Verbrennungsmotor der Fall ist, oder die physikalischen Erscheinungen an der Schnittstelle System–Umgebung sind als Realisierung oder Codierung von sekundärem Interesse. Vielmehr interessiert die Interpretation der physikalischen Sachverhalte. Von einer Uhr muß es möglich sein, die Zeit zu erfahren. Ob dies über eine analoge oder digitale Anzeige oder eine Sprachausgabe erfolgt, ist dagegen von sekundärem Interesse. Ein System, dessen Verhalten primär als interpretierte Form von Interesse ist, wird als *informationelles System* bezeichnet (vgl. [Wendt_91] S. 244).

Bild 1.9 Abgrenzung von Auftrags–Rückmelde–Schnittstellen zwischen System und Umgebung

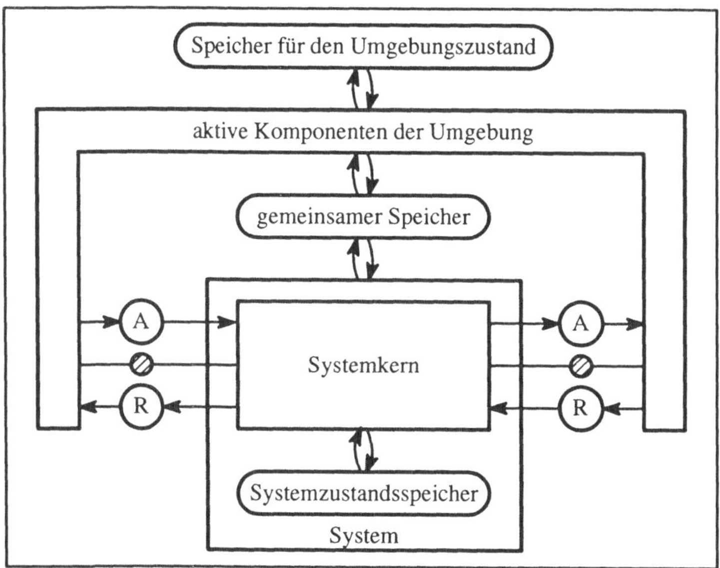

Bei informationellen Systemen ist es häufig möglich, die Schnittstelle zur Umgebung in drei Teile zu partitionieren, indem man die Aufträge der Umgebung an das System und die Aufträge des Systems an die Umgebung als besondere Komponenten der Schnittstelle darstellt. Der verbleibende Teil der Schnittstelle, falls es einen solchen gibt, kann dann als gemeinsamer Speicher für System und Umgebung aufgefaßt werden (siehe Bild 1.9).

Da bei einem informationellen System nur die Interpretation von Interesse ist, kann man ein System so universell gestalten, daß durch reine Parametrisierung eines Teils des Systemzustandes sich ein in weiten Grenzen spezifizierbares Verhalten erzeugen läßt. Das Einbringen einer neuen Verhaltensspezifikation durch Parametrisierung wird als *Programmierung* bezeichnet (siehe Bild 1.10). Die Programmierung kann während der Systemerzeugung (Bauzeit) über zur Systemlaufzeit nicht zur Verfügung stehende Schnittstellen erfolgen, z. B. durch manuelles Einbringen oder Austauschen eines Festwertspeichers. Oder die Programmierung kann während der Laufzeit über die im Bild eingezeichneten Schnittstellen erfolgen. Die Verhaltensspezifikation in Form einer Parametrisierung für ein programmiertes System bezeichnet man als *Programm* und das durch die Programmierung bewirkte Verhalten als *Rolle.* Den nicht–programmierbaren Teil des Systemzustandes einschließlich Systemkern kann man als *Programmabwickler* oder *Trägersystem* bezeichnen.

Bild 1.10
Das programmierte System

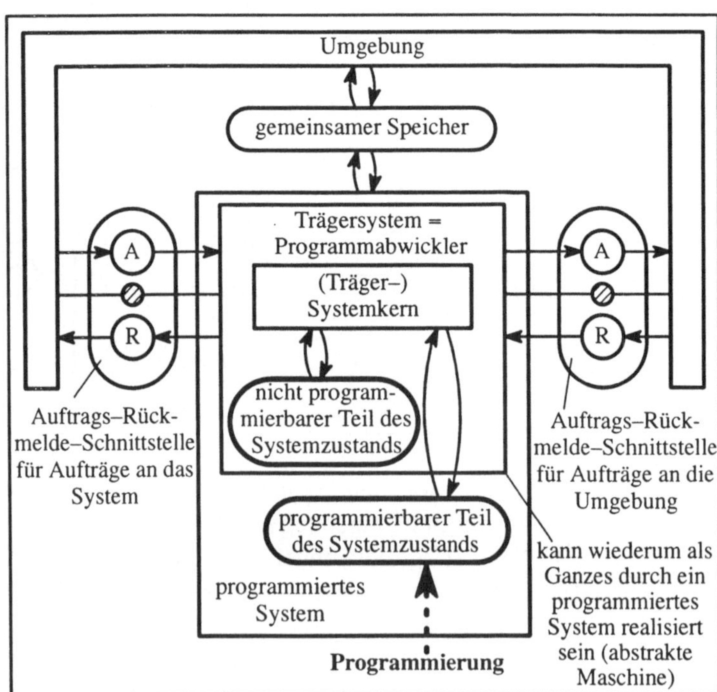

1.4.2 Komponenten programmierter Systeme

Mit der Einführung von Auftrags–Rückmelde–Schnittstellen zwischen aktiven Komponenten kann die Reaktion einer Komponente auf einen Auftrag[12], einen Prozeß durchzuführen[13] und / oder eine Ausgabe (Rückmeldung) zu erzeugen bzw. einen Zustandsübergang hervorzurufen[14], als *Operation* aufgefaßt werden. Die Operation besteht in der Durchführung einer Operationsmethode. Die *Operationsmethode* beschreibt, wie auf eine Operationsanweisung zu reagieren ist. Die an einer Operation beteiligten passiven Komponenten können explizit oder implizit gegeben sein und werden als *Operanden* bezeichnet. Explizit durch den Auftraggeber gegebene Operanden nennt man *Parameter.* Aufträge verfolgen einen Zweck. Üblicherweise wird mit einem Auftrag ein (möglicherweise zusammengesetztes) Symbol übertragen, das den Auftragstyp identifiziert. Dieses sogenannte *Operatorsymbol* läßt also erkennen, welcher Prozeßtyp durchzuführen ist, welche Rückmeldung erzeugt werden soll oder welcher Zustandsübergang erfolgen soll.

Daten und Datenobjekte

Ein *Datenobjekt* ist eine Speicherzelle mit einer Interpretationsvorschrift für die Belegung der Zelle (Daten). Als Träger von *Daten*, d. h. von Werten, enthalten Datenobjekte Informationen über beliebige Sachverhalte. Ein Datenobjekt kann als eine passive Systemkomponente betrachtet werden, die Daten aufnehmen kann, damit später – möglicherweise von anderer Seite – auf diese Daten wieder zurückgegriffen werden kann. Auch Datenobjekte, die dieselbe Belegung besitzen, können voneinander unterschieden werden. Ihre Identität ist folglich unabhängig von ihrer aktuellen Belegung. Die Werte ein und desselben variablen Datenobjektes, kurz einer *Variablen*, können sich mit der Zeit ändern, die Werte eines konstanten Datenobjektes, kurz einer *Konstanten*, dagegen nicht.

Wie die Speicherzelle (Datenobjekt) unterschieden werden muß von der Belegung der Zelle (den Daten), so sind auch prinzipiell die Typen der Datenobjekte zu unterscheiden von den Datenty-

12) auch Anweisung; mit Zweckbindung

13) prozeßorientierte (Operations–) Anweisung

14) ergebnisorientierte Anweisung

pen. Diese Unterscheidung entfällt meist, wenn jedes Datenobjekt zu jeder Zeit genau ein – möglicherweise zusammengesetztes – Datum enthält. Daten können charakterisiert werden durch die auf ihnen ausführbaren Operationen und den dabei erhaltenen Resultaten. Ein *Datentyp* stellt eine Abstraktion aller möglichen Werte dar, die bestimmte Prädikate erfüllen. Die Menge aller Werte eines Datentyps wird als *Wertebereich* bezeichnet.

Abstrakte und konkrete Datentypen

Nach F. L. Bauer wird ein *abstrakter Datentyp* beschrieben durch "a) die Angabe der 'Träger', d. h. der 'Sorte' oder der 'Sorten' der zu definierenden Objektmengen und allenfalls der generisch einzubringenden primitiven Objektmengen, sowie der Bezeichnungen für die einzelnen interessierenden Operationen – die *Signatur* Σ; b) die Angabe einer Menge G von Gesetzen, denen diese Operationen genügen. Das Paar (Σ,G) bezeichnet einen abstrakten Typ." ([Bauer_85] S. 32) Nach der in dieser Arbeit eingeführten Terminologie ist die Definition von F. L. Bauer folgendermaßen zu interpretieren: Ein *abstrakter Datentyp* kann beschrieben werden durch a) die Angabe des Namens des zu definierenden Datentyps bzw. der Namen der zu definierenden Datentypen und allenfalls der als Parameter einzubringenden bekannten Datentypen, sowie der Bezeichnungen (Operatorsymbole) für die einzelnen interessierenden Operationstypen – die *Signatur* Σ; b) die Angabe einer Menge G von Gesetzen, denen die Operationen dieser Typen genügen. Das Paar (Σ,G) bezeichnet einen abstrakten Typ. Exemplare von abstrakten Datentypen werden als *abstrakte Daten* bezeichnet.[15)] Ein abstrakter Datentyp führt abstrakte Daten ein und beschreibt Beziehungen zwischen den eingeführten abstrakten Daten; ein abstrakter Datentyp charakterisiert demnach Strukturen aus Daten. Können nur isomorphe Strukturen die Gesetze eines abstrakten Datentyps erfüllen, so bezeichnet man den abstrakten Datentyp als *monomorph*, andernfalls als *polymorph*.

15) Es muß betont werden, daß hier nur von Werten gesprochen wird, also von abstrakten Objekten – ohne kontinuierliche Eigenschaften. Dagegen ist hier von Datenobjekten, die als Raum–Zeit–Gebilde solche Werte aufnehmen können, keine Rede.

Ein *konkreter Datentyp* dagegen wird durch den Aufbau seiner Exemplare, den konkreten Daten, beschrieben. Von konkreten Daten ist ihr Aufbau aus Exemplaren bekannter Datentypen oder ihre physikalische Codierung bekannt und der Informationsverarbeitung zugänglich. So ist es i. a. möglich, einzelne Komponenten zu extrahieren und die auf ihnen definierten Operationen anzuwenden. Konkrete Daten, die aus Exemplaren bekannter Datentypen aufgebaut sind, werden auch als (konkrete) *Datenstrukturen* bezeichnet.

Information Hiding

Es ist wenig hilfreich, abstrakte Datentypen nur als mathematische Strukturen zu sehen. Da in der realen Welt nur konkrete Objekte existieren, können auch abstrakte Daten letztendlich nur durch konkrete Daten realisiert werden. Um die Vorteile abstrakter Datentypen im Bereich der programmierten Systeme nutzen zu können, muß es daher möglich sein, konkrete Datenobjekte zu schaffen, deren Werte abstrakte Daten repräsentieren, sowie aktive Komponenten, die auf diesen Datenobjekten operieren. Um solche konkreten Datenobjekte von üblichen konkreten Datenobjekten zu unterscheiden, muß man zwei Perspektiven auf Daten und Datenobjekte voneinander trennen. Die eine Sicht läßt erkennen, wie Daten bzw. Datenobjekte realisiert sind. Die andere zeigt nur, welche Operationen auf den Daten bzw. Datenobjekten definiert und anwendbar sind. D. h. aus Sicht der Realisierung existieren nur konkrete Daten, wogegen aus der Sicht der Anwendung von diesen konkreten Daten nicht mehr bekannt oder nutzbar ist als von den abstrakten Daten, die sie repräsentieren.

Es muß also jemanden geben, der den Aufbau konkreter Datenobjekte und darauf anwendbarer Operationsmethoden (er–)findet, die die Gesetze des abstrakten Datentyps erfüllen, wobei die den Operationsmethoden zugeordneten Operatorsymbole die Signatur des abstrakten Datentyps darstellen. Der Name des abstrakten Datentyps, dessen Signatur und die zugehörigen Gesetze werden dem Benutzer bekanntgegeben. Er weiß dagegen nicht, wie die Datenobjekte aufgebaut und welche Methoden den Operatorsymbolen zugeordnet sind. Dadurch kann er andere Operationen, insbesondere solche, die auf dem Aufbau der

Datenobjekte basieren, nicht anwenden. Diese Art, vor dem Benutzer den Aufbau der Datenobjekte zu verbergen, wird als *Datenabstraktion* bezeichnet.

Eine zweite Möglichkeit, die auf Datenobjekten anwendbaren Operationen einzuschränken und dadurch dieselbe Wirkung zu erzielen, besteht darin, die Realisierungen abstrakter Datenobjekte nicht in den Zugriffsbereich aller aktiven Systemkomponenten zu legen. Dadurch kann man dem Benutzer den Aufbau der bereitgestellten Datenobjekte bekanntgeben, ohne daß er dieses Wissen nutzen kann. Dieses Prinzip wird häufig als *Datenkapselung* (*encapsulation, data capsuling*) bezeichnet. Sie kann dadurch erreicht werden, daß der Compiler während der Übersetzung darauf achtet, daß auf den Datenobjekten nur die dafür explizit bereitgestellten Operationen ausgeführt werden. In beiden bisher vorgestellten Varianten liegen die Operanden im Zugangsbereich des Benutzers. Eine weitere Möglichkeit, Datenkapselung zu erzielen, besteht darin, durch die Verwendung verschiedener Adreßräume nicht allen aktiven Systemkomponenten einen direkten Zugang zu den Operanden zu geben (vgl. Bild 1.11). Stattdessen können die Operanden implizit durch die Operatorsymbole gegeben sein oder explizit über einen Identifikator. Auch in diesem Fall hat der Benutzer nur über die zur Verfügung gestellten Operationstypen Zugriff auf die Operanden.

Datenabstraktion und Datenkapselung können unter dem Begriff *Information Hiding* zusammengefaßt werden. Information Hiding verhindert, daß der Benutzer von abstrakten Datenobjekten auf deren Implementierung Bezug nimmt. So kann die Implementierung von abstrakten Datenobjekten z. B. aus technischen Gründen wie Rechenzeit und Speicherplatz geändert werden, ohne daß dies den Benutzer zu interessieren braucht. Die Entscheidung z. B., ob der Abstand zweier Gegenstände voneinander durch eine positive Ganzzahl in Millimetern oder durch eine Fließkommazahl in Metern codiert werden soll, ist eine Frage der Implementierung, die aufgrund technischer Randbedingungen wie Rechenzeit, Speicherplatz und Rechengenauigkeit eventuell nach der Systemfertigstellung und den ersten Probeläufen nochmals revidiert werden muß. Daher ist es sinnvoll, an möglichst wenigen Stellen im Programm von der implementierten Aufbaustruktur der Exemplare Gebrauch zu machen. Stattdessen definiert man wenige Operatorsymbole, die alle notwendigen Operationen auf den Exemplaren zulassen. Nur innerhalb der Methoden, die diesen Operatorsymbolen zugeordnet sind, greift man dann auf das Wissen um die Aufbaustruktur zurück. Ansonsten abstrahiert man von der Aufbaustruktur und den Operationsmethoden und bedient sich ausschließlich der definierten Operatorsymbole.

Bild 1.11 Information Hiding

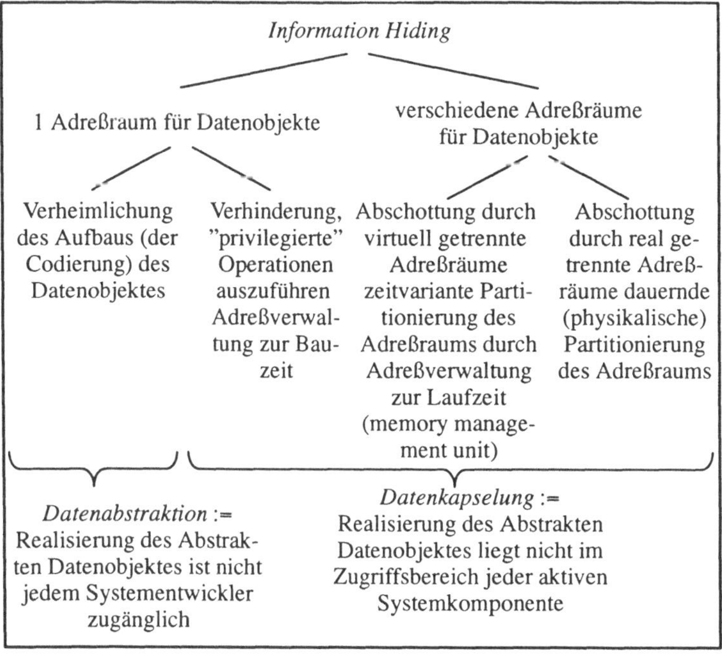

2 Änderbarkeit dynamischer Systeme

Bearbeitet man Gegenstände der realen Welt, so ändert man dadurch einen Teil ihrer Attribute oder Beziehungen untereinander. Im Extremfall können Objekte neu geschaffen oder zerstört werden. Verschiedene Gegenstände unterscheiden sich im Aufwand, der zur Änderung ihres Verhaltens oder Aufbaus notwendig ist. Gegenstände werden dann als änderbar oder flexibel bezeichnet, wenn es leicht möglich ist, ihre Attribute oder Beziehungen zueinander zu modifizieren.

Ein Gebilde bestehend aus Komponenten, die durch ihr Zusammenwirken ein bestimmtes an den äußeren Schnittstellen beobachtbares Verhalten bewirken, bezeichnet man als *dynamisches System* (vgl. Kapitel 1.5). Da statische Systeme hier außer Betracht bleiben, wird im folgenden mit dem Begriff "System" immer ein dynamisches System gemeint sein. *Änderbarkeit* eines dynamischen Systems kann somit zunächst verstanden werden als *"relative Leichtigkeit", das an seinen äußeren Schnittstellen beobachtbare Verhalten zu ändern.* Dieses erste intuitive Verständnis vom Begriff der Änderbarkeit muß in den folgenden Abschnitten enger gefaßt werden, damit es möglich wird, Entwicklungskonzepte bezüglich ihres Einflusses auf die Änderbarkeit resultierender Systeme zu beurteilen.

Hierzu muß der Begriff der Änderbarkeit, der in der einschlägigen Literatur sehr unterschiedlich verwandt wird, konkretisiert werden. Um den unterschiedlichen Gebrauch des Begriffes Änderbarkeit und damit verwandter Begriffe verstehen zu können, müssen zunächst grundlegende Begriffe im Zusammenhang mit Qualität erörtert werden. Erst dann ist es möglich, häufig zitierte Literaturstellen kritisch zu betrachten (Abschnitt 2.1).

Eine Untersuchung des Einflusses objektorientierter Konzepte auf die Änderbarkeit programmierter Systeme kann nicht erfolgen, ohne auch andere Einflüsse auf Änderungsaufwände und Änderbarkeit zu zeigen und diese von den konzeptionellen Einflüssen abzugrenzen. Dazu müssen zunächst die mit den Begriffen Änderungsaufwand und Änderbarkeit verbundenen

Sachverhalte eingehend dargelegt werden, bevor es möglich wird, die Problematik der Eliminierung bzw. Abgrenzung anderer Einflüsse zu erörtern (Abschnitt 2.2).

Da Änderbarkeit im Rahmen dieser Arbeit ein zentrales Thema darstellt, scheint es mir wegen der immer wieder gestellten Frage nach quantitativer Beweisführung notwendig, einige Probleme zu erörtern, die sich ergeben, wenn man ein sinnvolles und aussagekräftiges Maß für Änderbarkeit definieren möchte. In Abschnitt 2.3 wird auch dargelegt, warum im Rahmen dieser Arbeit auf die Verwendung einer quantitativen Bestimmung von Änderbarkeit zugunsten einer qualitativen Bestimmung verzichtet wird. In den folgenden Kapiteln wird "nur noch" qualitativ und damit subjektiv argumentiert werden. Eine gewisse Objektivität wird dadurch erreicht, daß die Mehrzahl der Subjekte, die diese Argumentation kritisch überprüfen, zum selben (subjektiven) Ergebnis kommen. Man wird sich dabei auf die Betrachtung signifikanter Einflüsse auf die Änderbarkeit eines Systems beschränken müssen.

Abschnitt 2.4 erörtert die Beziehung von Änderbarkeit zu verwandten Qualitätsmerkmalen. Grundlage hierfür bildet die Beschreibung der Entwicklungsprozesse programmierter Systeme. Damit wird es möglich, Änderbarkeit nicht nur bezüglich des Änderungsgrundes zu klassifizieren, sondern auch Änderungsaufwände phasenorientiert zu zerlegen. Anschließend werden wichtige Einflüsse bis dahin nicht betrachteter Qualitätsmerkmale auf Änderungsaufwände exemplarisch erörtert. Deren Beziehung zu Änderbarkeit und verwandten Begriffen bedarf sicherlich noch der weiteren Untersuchung.

2.1 Einführung in Software–Qualität und Änderbarkeit

Änderbarkeit wird häufig als ein Qualitätsmerkmal eines programmierten Systems bezeichnet. Jeder Mensch verbindet mit den Begriffen Merkmal und Qualität eine mehr oder weniger bestimmte Vorstellung, die sich häufig jedoch etwas von den Vorstellungen anderer unterscheidet. Um die Änderbarkeit dynamischer Systeme untersuchen zu können, ist es daher notwendig, solche grundlegenden Begriffe näher auszuleuchten.

Daher werden in Abschnitt 2.1.1 die üblichen Sprachgebräuche aufgezeigt und gegeneinander abgegrenzt, so daß sich schließlich ein konsistentes Begriffssystem für die restliche Arbeit ergibt.

In der Erkenntnistheorie werden prinzipiell induktive und deduktive Methode voneinander unterschieden. Entsprechend ist es möglich, zwei unterschiedliche Ansätze zu wählen, wenn man den konzeptionellen Einfluß auf die Änderbarkeit eines programmierten Systems bestimmen möchte. Beide Ansätze werden in Abschnitt 2.1.2 einander gegenübergestellt.

Im anschließenden Abschnitt (2.1.3) soll auf diesen Grundlagen der "Stand der Wissenschaft", wie er sich zu Beginn der vorliegenden Untersuchung zeigte, kritisch betrachtet werden.

2.1.1 Qualität – grundlegende Begriffe und Definitionen

Ein Objekt kann eine höhere oder niedrigere Qualität als ein anderes Objekt besitzen. Oder ein Objekt kann in einer Hinsicht qualitativ hochwertiger sein als ein zweites Objekt, in einer anderen Hinsicht aber qualitativ minderwertiger als jenes. Qualität wird in jedem Fall als ein Attribut eines Objektes angesehen werden. Bevor der Begriff Qualität weiter ausgeleuchtet wird, ist es daher notwendig, den Begriff Attribut zu konkretisieren.

Attribut, Attributwert, Attributtyp und Wertebereich

Drähte können z. B. durch ihren Durchmesser und ihr Material teilweise charakterisiert werden. Hat ein Kupferdraht z. B. einen Durchmesser von 1,55 mm, so kann man ihm die Attribute "Material = Kupfer" und "Durchmesser = 1,55 mm" zuordnen. Bei einem Silberdraht mag man vielleicht einen Durchmesser von 0,75 mm gemessen haben. Beide Drähte unterscheiden sich aufgrund ihrer Attribute, insbesondere aufgrund ihrer Attributwerte. Im Gegensatz zu einer Leiterplatte jedoch, die möglicherweise durch ihre Breite (12,4 cm), Länge (34,8 cm) und Dicke (1,55 mm) charakterisiert wird, besitzen sie Attribute desselben Typs. Ihre Attribute unterscheiden sich "nur" in ihren Werten bzw. Ausprägungen. Dagegen unterscheiden sich die Attribute Durchmesser des Kupferdrahtes (= 1,55 mm) und Dicke der Leiterplatte (= 1,55 mm) nicht in ihrem Wert, sondern nur in ihrem Typ. Verallgemeinert heißt dies, daß ein *Attribut* sich zusammensetzt aus einem *Attributtyp* und einem *Attributwert*, der auch als *Ausprägung des Attributs* bezeichnet wird.[16] Bei Attributen mit kontinuierlicher Ausprägung (nach [Wendt_91] als *Eigenschaft* bezeichnet) kann der Attributwert zerlegt werden in eine *Maßzahl* und eine *Maßeinheit*.

Bei üblichem Sprachgebrauch ist es häufig unklar oder dem Kontext zu entnehmen, ob mit einem Begriff das gesamte Attribut oder nur der Attributtyp bezeichnet wird. Z. B. kann man unter dem Begriff "Durchmesser des Silberdrahtes" den Attributtyp einer Klasse von Objekten oder das gesamte Attribut eines bestimmten Objektes bezeichnen. (Nach [Rösner_83] S. 47 stellen derartige Begriffe *Attributtypnamen* dar und bezeichnen damit eindeutig den Attributtyp, über den zu jedem Zeitpunkt bei gegebenem Objekt auch das zugehörige Attribut identifiziert wird.)

Die Gesamtheit aller Attributwerte desselben Attributtyps bezeichnet man als *Attributwertebereich* oder kurz *Wertebereich (engl.: domain)*[17]. Unterschiedlichen Attributtypen kann derselbe Wertebereich zugeordnet sein.

Merkmal, Qualität, Qualitätsmerkmal und Gütekriterium

Allgemein werden besonders charakterisierende Attribute als *Merkmale* bezeichnet[18]. Damit setzen sich auch Merkmale zusammen aus dem Typ des Merkmals und der Ausprägung oder dem Wert des Merkmals.

Im allgemeinen Sprachgebrauch werden mindestens zwei verschiedene Sachverhalte mit dem Begriff *Qualität* verbunden, nämlich entweder die Gesamtheit der charakteristischen Attribute oder die Güte eines Objektes[19]. Letztes stellt dabei eine Einschränkung des ersten auf einen allgemein wünschenswerten Bereich dar. Im ersten Fall ist Qualität gleichzusetzen mit Gesamtheit aller Merkmale eines Objektes, im zweiten Fall mit

16) vgl. auch [Rösner_83] S. 46 ff

17) nach [Rösner_83] S. 56 auch als *Skala* bezeichnet

18) vgl. [Brockhaus_14_91]: "Merkmal, 1) *allg.:* charakterist. Zeichen, Kennzeichen ..."

19) vgl. [Brockhaus_17_92]: "Qualtiät ... 1) *allg.:* Gesamtheit der charakterist. Eigenschaften (einer Person oder Sache), Beschaffenheit, Güte ..."

Gesamtheit aller allgemein wünschenswerter Merkmale. Nur bei der zweiten Definition kann von hoher und niedriger Qualität (bezüglich eines bestimmten Merkmals) gesprochen werden. In diesem Sinn wird Qualität meist auch im ingenieurwissenschaftlichen Bereich verstanden. Der Begriff *Qualitätsmerkmal* bezeichnet dann ein allgemein wünschenswertes Merkmal. Damit fallen z. B. "Korrektheit", "Änderbarkeit" und "Verständlichkeit" unter den Begriff Qualitätsmerkmal, nicht aber "Unverständlichkeit", da dies (mit Ausnahme des kryptologischen Bereichs) nicht wünschenswert ist, oder "Farbe", da jede Farbe prinzipiell gleich wünschenswert sein kann. Auch die Tatsache, daß ein Grafik–Editor eine Druckerausgabe im Postscript–Format erzeugen kann, mag ein wünschenswertes Merkmal eines Editors sein. Dieses Merkmal beschränkt sich jedoch auf eine sehr kleine Klasse von Objekten und ist daher nicht allgemein wünschenswert. Somit ist *Qualität* zu verstehen als Gesamtheit aller Qualitätsmerkmale. Dieses Begriffsverständnis soll auch im folgenden gelten.

Wenn also Qualität und Güte im gleichen Sinn verwandt werden können, so kann man den Typ eines Qualitätsmerkmals auch als *Gütekriterium* bezeichnen. Damit gibt die *Ausprägung eines Qualitätsmerkmals* an, in welchem "Maße" das beschriebene Objekt das betrachtete Gütekriterium erfüllt.

Änderbarkeit als innere Qualität des Entwicklungsergebnisses

Im Bereich der Entwicklung kann Qualität zur Attributierung zweier unterschiedlicher Sachverhalte herangezogen werden. Die Qualität des Entwicklungsergebnisses ist meist Gegenstand des primären Interesses. Jedoch wird sie oft nur dann erreicht, wenn auch der Entwicklungsprozeß selbst bestimmte Qualitäten, wie Nachvollziehbarkeit (Beobachtbarkeit) und Kontrollierbarkeit (Steuerbarkeit) aufweist[20)].

Anwender und Entwickler betrachten den Entwicklungsgegenstand aus unterschiedlichen Perspektiven und mit unterschiedlichem Interesse. Auch die möglichen Interaktionen zwischen Entwickler und Entwicklungsgegenstand einerseits und Anwen-

20) vgl. [Ghezzi_et_al_91] p. 19

Bild 2.1 innere und äußere Qualität

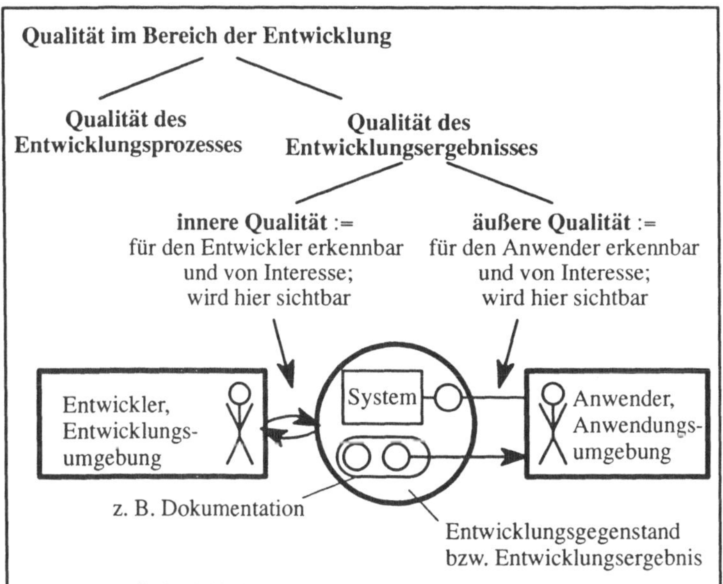

der bzw. Anwendungsumgebung und Entwicklungsergebnis andererseits unterscheiden sich wesentlich voneinander. Aus diesem Grund werden in der einschlägigen Literatur[21)] *innere Qualität* und *äußere Qualität* voneinander unterschieden (siehe auch Bild 2.1).

Die äußere Qualität ist für den Anwender erkennbar und von Interesse. Bei dynamischen Systemen kann äußere Qualität während der Laufzeit wahrgenommen werden. Sie ist Attribut des dynamischen Systems sowie der dem Anwender zugänglichen Dokumentation. Dies ist insbesondere das Benutzerhandbuch. Wichtige äußere Qualitätsmerkmale sind u. a. Korrektheit, Laufzeitökonomie und Softwareergonomie.

Die innere Qualität bleibt dagegen dem Anwender verborgen. Sie ist nur für den Entwickler, also während der Entwicklungs– bzw. Bauzeit erkennbar und von Interesse. Innere Qualität ist Attribut des erstellten Systems einschließlich aller zugehörigen Dokumente. Wichtige innere Qualitätsmerkmale sind u. a. Änderbarkeit und Wiederverwendbarkeit.

21) siehe z. B. [Ghezzi_et_al_91] p. 18 oder [Meyer_88] p. 3f

2.1.2 Erkenntnistheoretische Ansätze

Ziel dieser Arbeit ist die Beurteilung von Entwicklungskonzepten bezüglich ihres Einflusses auf die Änderbarkeit der entwickelten Systeme. Die Erkenntnistheorie unterscheidet prinzipiell zwei Methoden, Erkenntnisse zu gewinnen. Beide Methoden schließen sich nicht gegenseitig aus, sondern ergänzen einander. Bei der *induktiven* Methode versucht man, von einer Menge beobachteter (i. a. gemessener) Sachverhalte auf allgemeine Regeln zu schließen. Diese Methode wird auch als *empirisch* oder *synthetisch* bezeichnet. Der *deduktive*, auch als *analytisch* oder *rein logisch* bezeichnete, Ansatz dagegen versucht von gegebenen Regeln ausgehend Erklärungen und/oder Vorhersagen für Sachverhalte zu liefern. Sollen Aussagen über die reale Welt gemacht werden, setzt die deduktive Methode i. a. die empirische voraus. Da aber auch Beobachtungen, insbesondere Messungen erst dann sinnvoll durchgeführt werden können, wenn man weiß, was gemessen werden sollte, bedarf andererseits auch die empirische Methode des analytischen Ansatzes (in Verbindung mit Postulaten, Hypothesen und Theorien).

Der empirische Ansatz

Beim empirischen Ansatz versucht man, den Einfluß von Entwicklungskonzepten auf die Änderbarkeit der Entwicklungsergebnisse aufgrund von Experimenten und Messungen (allgemeiner: Beobachtungen) zu bestimmen. Dies erfordert zunächst eine Konkretisierung des Begriffes Änderbarkeit, der Definition eines Änderbarkeitsmaßes und/oder der Festlegung einer zugehörigen Meßvorschrift. Danach werden die Änderbarkeiten der bei unterschiedlichen Entwicklungskonzepten entstandenen Systeme gemessen. Eine anschließende mathematische und/oder statistische Analyse erlaubt dann (hoffentlich) Zusammenhänge in Form von universellen oder zumindest statistischen Gesetzen zu formulieren[22)].

Dabei treten mehrere Probleme zutage. Einerseits muß die Definition von Änderbarkeit zunächst ein *Maß* zulassen, das genügend *Aussagekraft* besitzt, das also dem intuitiven intersubjektiven Verständnis von Änderbarkeit entspricht.

22) Zur Unterscheidung von universellen und statistischen Gesetzen siehe [Carnap_66] p. 3f

Andererseits müssen "genügend" Messungen durchgeführt werden, um die *statistische Unsicherheit* möglichst gering zu halten, d. h. damit eine Induktion vom Einzelnen aufs Allgemeine erst möglich wird. Die Messungen müssen zudem an den unterschiedlichsten Systemen und unter den unterschiedlichsten Randbedingungen durchgeführt werden, um möglichst allgemeingültige Ergebnisse zu erzielen. Dabei stellt sich die nächste Frage: Worin unterscheiden sich die zu untersuchenden Systeme sowie die Randbedingungen im wesentlichen voneinander?

All diese Fragen und Probleme sind meines Erachtens bisher noch nicht ausführlich genug in der Wissenschaft untersucht worden. Daher müssen eingehende analytische Vorüberlegungen stattfinden, bevor der Einfluß von Konzepten auf die Änderbarkeit programmierter Systeme sinnvoll empirisch untersucht werden kann.

Es dürfte zudem auch einsichtig sein, daß ich im Rahmen dieser Arbeit die für eine empirische Untersuchung notwendige Datenmenge auf dem betrachteten Gebiet auch nicht nur annähernd erhalten könnte. Dies wird insbesondere deutlich, wenn man sich bewußt macht, daß ein besonderes Interesse an Änderbarkeit i. a. nur für mittelgroße bis sehr große programmierte Systeme vorliegt. D. h. es wird zunächst ein sehr hoher Aufwand (im Bereich vieler Mannjahre) an Entwurf und Programmierung unter kontrollierten Bedingungen notwendig, um Meßergebnisse für die anschließende mathematisch–statistische Analyse zu erhalten. Weitere Probleme, die mit dem empirischen Ansatz verbunden sind, können erst erläutert werden, nachdem die zugehörigen begrifflichen Grundlagen dargelegt wurden. Man beachte insbesondere Abschnitt 2.3 "Die Problematik quantitativer Maße".

Meiner Ansicht nach kann auch eine Definition eines Änderbarkeitsmaßes erst erfolgen, nachdem der Begriff der Änderbarkeit auf analytischem Wege konkretisiert wurde.

Der modellorientierte–analytische Ansatz

Auch beim analytischen Ansatz muß zunächst der Begriff Änderbarkeit konkretisiert werden. Es folgt die Feststellung der Prämissen und anschließend die Argumentation anhand dieser

Prämissen und der Deduktionsregeln[23]. Hier stellt sich vor allen Dingen die Frage: Wie kann oder muß die Menge der Prämissen aussehen, damit eine Schlußfolgerung möglich wird, die den Zusammenhang zwischen Entwicklungskonzept und Änderbarkeit des Entwicklungsergebnisses möglichst genau beschreibt?[24] Dabei ist neben der Akzeptanz der Argumentation vor allen Dingen die intersubjektive Akzeptanz der Prämissen entscheidend für die Akzeptanz der Schlußfolgerung (nachvollziehbare Kausalkette).

In der Literatur, die sich mit der Änderbarkeit dynamischer Systeme befaßt, unterscheiden sich die Prämissenmengen der einzelnen Autoren stark voneinander. Welche Prämissen der einzelne Autor auswählt, hängt in hohem Maße von seinen bis dahin gesammelten Erfahrungen ab. Dieser Erfahrungsschatz des einzelnen Autors ist aber gleichzeitig auch Voraussetzung für die Akzeptanz der Prämissen. Der Erfahrungsschatz stellt somit eine "Meta–Prämisse" dar[25]. Da es u. a. aus räumlichen und zeitlichen Gründen unmöglich ist, seinen gesamten Erfahrungsschatz – bzw. den Teil, der für die Prämissen relevant sein könnte – offenzulegen, und dies auch größtenteils unnötig wäre, bleibt die Meta–Prämisse meist gänzlich unerwähnt. Weil sich zudem die Erfahrungen unterschiedlicher Autoren und Leser nur teilweise miteinander decken, wird i. a. auch nur eine Teilmenge der Prämissen von "allen" akzeptiert werden. Daß eine Prämisse (P_k) nicht akzeptiert wird, liegt somit häufig nicht an ihr

23) Die Deduktionsregeln sind abhängig von der Form der Prämissen.

24) Allgemein sind Prämissen und Schlußfolgerungen beliebige Prädikate. Die Aussagenlogik (z. B. Prämissen = $\{A, B, A \rightarrow C, \overline{D}C \rightarrow \overline{B}\}$, Schlußfolgerung = D) wird zur Beschreibung der Prämissen sicherlich nicht ausreichen. Denn wünschenswert wäre eine Schlußfolgerung der Form:
$\forall$ Spezifikation:
$\forall$ sonst: Änderbarkeit(System(Konzept1, Spezifikation, sonst))
< Änderbarkeit(System(Konzept2, Spezifikation, sonst))

25) Menge der vollständigen Prämissen

$$= \{ (\prod_j \text{Erfahrung}_j) \rightarrow \text{Prämisse}_i \mid i \}$$

$$= \{ (\prod_k \text{Erfahrung}_k) \rightarrow \text{Prämisse}_i) \mid i \}$$

$$\text{mit} (\prod_i (\prod_k \text{Erfahrung}_{ki})) = (\prod_j \text{Erfahrung}_j)$$

selbst[26], sondern daran, daß sie ein Folgerung aus (dem Betrachter/den Lesern) unbekannten Meta–Prämissen darstellt. Häufig könnte eine nicht–elementare[27] Prämisse von einem größeren Leserkreis akzeptiert werden, wenn ihre Meta–Prämissen offen dargelegt würden. D. h. jede nicht–elementare Prämisse sollte als Schlußfolgerung einer anderen Prämissenmenge dargestellt werden, so daß idealerweise zuletzt die "Gesamtschlußfolgerung" auf elementare Prämissen zurückgeführt werden kann.

Wie oben schon beschrieben, ist es i. a. aus räumlichen und zeitlichen Gründen nicht möglich, alle nicht–elementaren Prämissen auf elementare Prämissen zurückzuführen. Dieselben Probleme tauchen häufig auch dann auf, wenn man sich darauf beschränkt, diejenigen nicht–elementaren Prämissen, die nicht von allen Fachleuten uneingeschränkt akzeptiert werden können, als Folgerung von elementaren Prämissen darzustellen.

Im Bewußtsein dieser Problematik sollte man versuchen, diejenigen nicht–elementaren Prämissen zu erläutern (als Folgerung darzustellen), von denen man erwartet, daß sie den meisten Lesern größere Schwierigkeiten bereiten könnten. Wenn man davon ausgeht, daß dies jeder Autor versucht, dann bleiben nur noch solche Prämissen, von denen der jeweilige Autor (aufgrund seines eingeschränkten Erfahrungsschatzes) überhaupt nicht erkennt, daß ihre Nicht–Akzeptanz auf der fehlenden Darstellung von Metaprämissen beruht.

Ein Hilfsmittel, um diese Problematik weiter zu entschärfen, kann ein Modell darstellen, mit dessen Hilfe man versucht, seinen Erfahrungsschatz zu beschreiben. Dieses Modell stellt eine zentrale Prämisse dar, die es zu erläutern gilt. Wird sie akzeptiert und erfolgt die restliche Argumentation im wesentlichen anhand

26) Dies wäre z. B. der Fall, wenn ihre Negation ($\neg P_k$) akzeptiert würde.

27) Eine elementare Prämisse kann nicht als Schlußfolgerung aus einer anderen Prämissenmenge betrachtet werden. Auch elementare Prämissen müssen nicht notwendigerweise intersubjektiv akzeptiert werden.

dieses Modells[28], so eröffnet sich ein Weg, die Akzeptanz oder Nicht–Akzeptanz der Schlußfolgerung aufgrund konkreterer Prämissen zu erhöhen.

Das grundlegende Modell dieser Arbeit, an dem Änderbarkeit betrachtet werden soll, ist das Modell des Software–Entwicklungsprozesses, das den Prozeß der Änderung von Software einschließt. In Abschnitt 2.4.1 "Der Prozeß der Systementwicklung" wird darauf näher eingegangen.

2.1.3 Die Darstellung der Beziehungen zwischen Qualitätsmerkmalen in der Literatur

Sucht man in der einschlägigen Literatur nach dem Begriff Änderbarkeit und sinnverwandten Begriffen, so stellt man fest, daß fast jeder Autor diese Begriffe etwas unterschiedlich benutzt, kein Begriffssystem aber uneingeschränkt für diese Arbeit übernommen werden kann. Helmut Balzert z. B. definiert *Änderbarkeit* als mittleren "Aufwand für die Lokalisierung und Durchführung von Änderungen in einem Produkt, wenn die Art der gewünschten Änderung festliegt."[29] Diese in der einschlägigen Literatur leider nicht unübliche Definition steht im Widerspruch zum intuitiven Verständnis des Begriffes Änderbarkeit als "Leichtigkeit, Änderungen durchzuführen"; denn nach Balzerts Definition ist die Änderbarkeit eines Objektes hoch, falls im Mittel großer Aufwand benötigt wird, das Objekt zu ändern. Da als *Maß* einer Größe auch eine andersartige Größe verstanden werden kann, "wenn zwischen beiden eine eindeutige Beziehung besteht" ([Lex_Phy], Band 2, S. 939), kann der mittlere Aufwand als *Maß der Änderbarkeit* dienen[30]. Änderbarkeit sollte aber nicht als mittlerer Aufwand definiert werden. Da mit steigendem

28) Sicherlich sind weitere Prämissen unverzichtbar; und auch nicht–elementare werden letztlich hier und da auftauchen.

29) (vgl. [Wix_Balzert_87] S. 42) Davon grenzt Balzert den Begriff der Wartbarkeit ab als mittleren "Aufwand zur Lokalisierung und Behebung von Fehlerursachen, wenn die Fehlerwirkung bekannt ist" (vgl. a. a. O. S. 29). Da aber auch die Behebung von Fehlerursachen als Änderung an einem Produkt verstanden werden muß, kann Änderbarkeit nur als Oberbegriff gesehen werden, der die Fehlerkorrektur mitumfaßt.

30) Zu der damit verbundenen Problematik siehe Abschnitt 2.3.2.

mittleren Aufwand die Änderbarkeit sinkt, ist es sinnvoller, Änderbarkeit über einen Reziprok des mittleren Aufwands zu definieren.[31)]

Aber auch dort, wo Definitionen verschiedener Autoren für dasselbe Qualitätsmerkmal einander sprachlich gleichen, bleibt es häufig unklar, ob auch inhaltliche Gemeinsamkeit vorliegt. Ursachen hierfür sind häufig zu abstrakte Definitionen. Vergleicht man z. B. die Definitionen von Änderbarkeit und Wartbarkeit von Balzert und Rombach[32)], so scheinen sie sprachlich dasselbe auszudrücken. Balzert jedoch stellt Änderbarkeit und Wartbarkeit nebeneinander ([Wix_Balzert_87] S. 28), während für Rombach Wartbarkeit direkt durch Änderbarkeit beeinflußt wird.

Übereinstimmung findet man in der Literatur zumindest in zwei Punkten. Einerseits bezeichnet Änderbarkeit ein Qualitätsmerkmal, also ein Attribut, eines möglicherweise zu ändernden Produkts. Andererseits ist es unbestritten, daß die qualitätsbeschreibenden Attribute (Qualitätsmerkmale) eines programmierten Systems nicht völlig losgelöst voneinander betrachtet werden können. Sie stehen in mehr oder weniger enger Beziehung zueinander. Dies ist zu berücksichtigen, wenn konzeptionelle Einflüsse auf die Änderbarkeit programmierter Systeme beschrieben werden sollen.

Die meisten Beiträge unterscheiden sich im wesentlichen in Auswahl und Definition der Qualitätsmerkmale und in der Auswahl der betrachteten Beziehungstypen zwischen den einzelnen Qualitätsmerkmalen. Ihre Autoren beschränken sich dabei i. a. auf die Implikation ("setzt voraus" oder "impliziert") oder den Einfluß ("beeinflußt positiv oder negativ") zwischen Qualitätsmerkmalen. Des weiteren unterscheiden sie sich durch ihre

31) An dieser Stelle wird nicht festgelegt, wie der reziproke Wert zu ermitteln ist. Denkbar ist u. a. die Bildung des multiplikativen oder additiven Inversen.

32) "Wartbarkeit: eines Systems oder Bausteins ist charakterisiert durch den mittleren Aufwand zur Lokalisierung und Behebung von Fehlverhalten, die nach Inbetriebnahme auftreten. ...
Änderbarkeit: eines Systems oder eines Bausteins ist charakterisiert durch den mittleren Aufwand für Lokalisierung und Durchführung von Änderungen." ([Rombach_84] S. 7f)

Vorgehensweise bei der Ermittlung der Beziehungen. Beispielhaft werden im folgenden drei Arbeiten ([Boehm_et_al_78], [McCall_et_al_77] und [Rombach_84]) betrachtet, in denen die Beziehung des Qualitätsmerkmals Änderbarkeit zu anderen Qualitätsmerkmalen erörtert wird.

Boehm

Boehm und seine Kollegen ([Boehm_et_al_78] p. *x*) erkannten, daß es nicht sinnvoll ist, ein universelles Software–Qualitätsmaß zu definieren. Daher schlugen sie vor, mit Checklisten und Prioritäten zu arbeiten[33)]. Die Checklisten geben an, nach welchen Gesichtspunkten Software entworfen werden soll oder muß, damit ein spezielles Software–Qualitätsmerkmal unterstützt wird. Da verschiedene Software–Qualitätsmerkmale im Widerspruch zueinander stehen und die Entwicklungskosten einen weiteren Tradeoff–Faktor darstellen, soll je nach Projekt eine Prioritätenliste vereinbart werden, die festlegt, welches Qualitätsmerkmal in welcher Ausprägung erreicht werden soll. Durch das Überprüfen der Checkliste kann man numerische Werte erhalten. Boehm und seine Kollegen bezeichneten die Elemente der Checkliste als Metriken[34)]. Vergleicht man die aus der Überprüfung der Checkliste erhaltenen Werte mit Sollwerten, die aus der Prioritätenliste stammen, so können die aus der Überprüfung der Checkliste erhaltenen Werte als Indikatoren für Anomalien (Abweichungen von den Sollwerten) genutzt werden. Boehm und seine Kollegen waren sich dabei bewußt, daß

33) "At best, a prospective user could receive a useful rating by furnishing the quality rating system with a thorough set of checklists and priorities" ([Boehm_et_al_78] p. *x*)

34) "The term 'metric' is defined as a measure of the extent or degree to which a product (here we are concentrating on code) possesses and exhibits a certain (quality) characteristic." ([Boehm_et_al_78] p. *xv*)

"Metric Number	Definition of Metrics to measure Structuredness
1	Have the rules for transfer of control between modules been established and followed?
...	...
5	Do all subprograms and functions have only one entry point?
...	..."

(a. a. O. Table 4–9 p. 4–23).

Software–Metriken z. Zt. in ihrer Eigenschaft als Indikatoren für Anomalien nicht mehr als Richtlinien für die Software–Entwicklung anbieten können.[35)]

Aus dieser Schlußfolgerung leiteten sie das Ziel ab, nach einer Menge zueinander in Bezug stehender Software–Merkmale und den dazugehörigen Mengen von Anomalien detektierenden Metriken zu suchen. Dabei gingen sie folgendermaßen vor: Zunächst suchten sie nach einer Menge von Qualitätsmerkmalen und nach zugehörigen Metriken (hier: = Checklisten, die erfüllt sein müssen, damit das zugehörige Qualitätsmerkmal optimal unterstützt wird). Anschließend überarbeiteten sie die Menge der Qualitätsmerkmale und die zugehörigen Checklisten, bis eine "Partitionierung von Software–Qualität" entstand. D. h. die einzelnen Checklisten(–Elemente) sollten sich eindeutig einem primitiven Qualitätsmerkmal zuordnen lassen und die einzelnen primitiven Qualitätsmerkmale sollten sich möglichst wenig überschneiden, während die Gesamtheit aller primitiven Qualitätsmerkmale (und möglichst auch die Gesamtheit der Metriken/ Checklisten) alle Aspekte der Software–Qualität erfassen sollten. Dabei wurde festgestellt, daß komplexere Qualitätsmerkmale primitivere implizieren.[36)] Es ergab sich demnach eine reflexive Partialordnung der Qualitätsmerkmale wie sie Bild 2.2 (vgl. [Boehm_et_al_78] Figure 1. p. xiii) zeigt.

Bei genauerer Betrachtung erkennt man, daß die Implikationsrelation zwischen den einzelnen Qualitätsmerkmalen auf unterschiedlichen Ursachen beruht: a) Klassifikation, b) Komposition und c) sonstige Ursachen: Die allgemeine Brauchbarkeit eines Systems läßt sich unterteilen in die Brauchbarkeit für den Benutzer und die Brauchbarkeit für den Entwickler, die sich

35) "Therefore, the best use for metrics at this point is as individual anomaly detecting indicators, to be used as guides to software development, test planning, acquisition, and maintenance." ([Boehm_et_al_78] p. *x*)

36) Ein Qualitätsmerkmal A impliziert ein Qualitätsmerkmal B genau dann, wenn Qualitätsmerkmal A nur dann erreicht wird, wenn auch Qualitätsmerkmal B erreicht wird. So impliziert "Maintainability" "Testability", "Understandability" und "Modifiability". D. h. um "Maintainability" zu erreichen, müssen auch "Testability", "Understandability" und "Modifiability" sichergestellt sein (vgl. Boehm_et_al_78] p. xi).

Bild 2.2 "Software Quality Characteristics Tree" nach [Boehm_et_al_78]

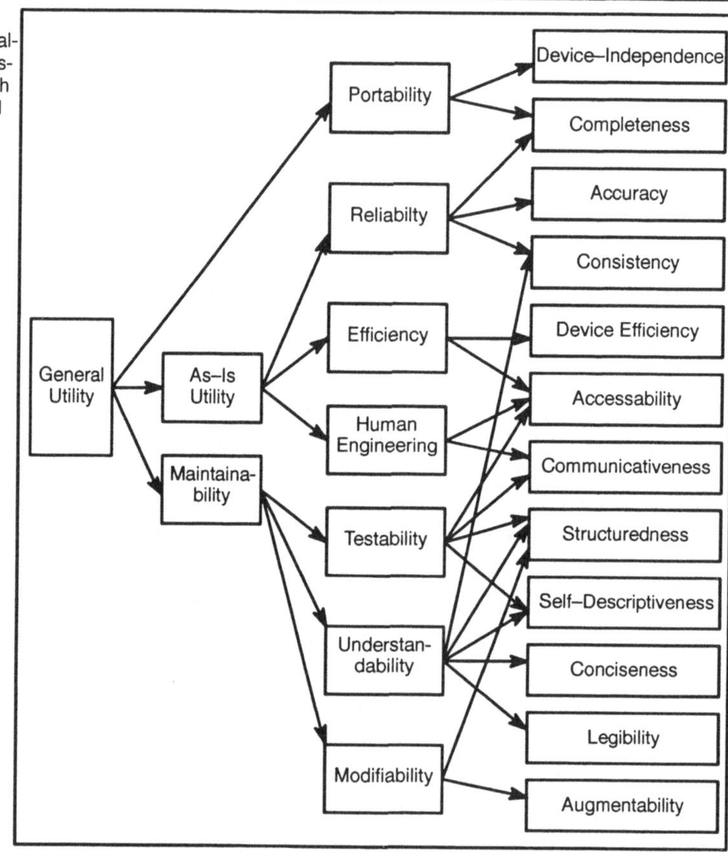

wiederum unterteilen läßt in Aspekte der Korrektur und in Aspekte der Portierung. Die Unterteilung der "General Utility" in "Portability", "As–Is Utility" und "Maintainability" ist eine klassifikatorische. Dagegen setzt sich "Wartung" (was auch immer genau darunter verstanden werden soll; i. e. S.: Fehlerkorrektur) zusammen aus Verstehen des Systems bzw. der zu ändernden Teile, Modifikation und Test. Die Unterteilung von "Maintainability" in "Testability", "Understandability" und "Modifiability" muß als eine kompositorische betrachtet werden.

Es besteht allgemeine Übereinstimmung darüber, daß ein komplexes System sich leichter ändern läßt, wenn es "wohl strukturiert" ist, als wenn man keine Struktur erkennen kann. Es ist auch einsichtig, daß ein Programm dann leichter geändert werden kann, wenn es unabhängig von der Größe des zur Verfügung stehenden Datenspeichers ist und sich funktionale Einheiten leicht hinzufügen lassen.[37)] Wieso aber gerade "Structuredness" und "Augmentability" die beiden einzigen Voraussetzung von "Modifiability" sein sollen, bleibt unklar. Es darf daher auch angenommen werden, daß die Summe der zu "Structuredness" und "Augmentability" gehörenden Checklisten nicht alles abdecken, was überprüft werden müßte, um Modifizierbarkeit zu gewährleisten. Ähnliche Plausibilitätsprobleme treten bei (fast) allen Beziehungen zwischen Qualitätsmerkmalen der beiden rechten Ebenen auf.

McCall

Die Untersuchung von McCall und seinen Kollegen erhebt im Gegensatz zu der von Boehm den Anspruch, sich nicht ausschließlich auf Programmcode zu konzentrieren, sondern auch die Dokumentation miteinzubeziehen, die beim Entwurf entsteht. Dadurch soll es möglich werden, die Qualität der entstehenden Software möglichst früh im Entwicklungsprozeß zu beurteilen, und gegebenenfalls entsprechende Korrekturmaßnahmen einzuleiten. Während Boehm nur positive Zusammenhänge zwischen Qualitätsmerkmalen beschreibt, versuchen McCall und seine Kollegen auch negative Beziehungen aufzudecken, wie die Tatsache, daß Flexibilität und Effizienz sich i. a. nicht gegenseitig unterstützen.

Bei der Bestimmung der Beziehungen zwischen Qualitätsmerkmalen wurde folgendermaßen vorgegangen:

1. Bestimmung einer Menge von "Qualitätsfaktoren", die zusammengenommen Qualität beschreibt. Dabei wurden synonyme und logisch ähnliche Begriffe zusammenfassend durch einen Faktor repräsentiert ([McCall_et_al_77] p. 2–3f und Table 2.4–1 p. 2–7).
2. Identifikation einer Menge von "Kriterien", die die einzelnen Faktoren genauer beschreiben. Dadurch soll sich eine hierarchische Definition der Qualitätsmerkmale ergeben ([McCall_et_al_77] p. 1–2 und p. 4–1)

37) "A software product possesses augmentability to the extent that it easily accommodates expansion in data storage requirements or component computational functions" (Boehm_et_al_78] p. 3–21)

3. Beurteilung: Wie beeinflussen die Kriterien die Faktoren – auch die, denen sie nicht zugeordnet sind? Dies führt zu einer Matrix, wie sie in Bild 2.3 dargestellt ist.

Bild 2.3
Wirkung der Kriterien auf Software–Qualitätsfaktoren (nach: [McCall_et_al _77] Table 4.2–2 p. 4–8)

Kriterien \ Qualitätsfaktoren	Correctness	Reliability	Efficiency	Integrity	Usability	Maintainability	Testability	Flexability	Portability	Reusability	Interoperability
Traceability	○					○	○	○		○	
Completeness	○	○			○						
Consistency	○	○				○	○	○		○	
Accuracy		○	●		○						
Error Tolerance	○	○	●		○						
Simplicity	○	○	○			○	○	○	○	○	
Modularity			●			○	○	○	○	○	○
Generality		●	●	●				○		○	○
Expandability			●					○		○	
Instrumentation			●		○	○	○				
Self–Descriptiveness			●			○	○	○	○	○	
Execution Efficiency			○						●		
Storage Efficiency			○				●		●		
Access Control			●	○	○			●			●
Operability			●		○					○	
Training					○					○	
Communicativeness			●		○	○	○	○		○	
Software System Independence			●					○	○	○	○
Machine Independence			●					○	○	○	○
Communications Commonality											○
Data Commonality				●						○	○
Conciseness	○		○			○	○				
Access Audit			●	○							

Die mit den Attributen assoziierten Kriterien haben einen
● negativen Einfluß auf Software–Qualitätsfaktoren
○ positiven Einfluß auf Software–Qualitätsfaktoren

4. Berechnung des Einflusses der Faktoren untereinander (aus Matrix):
   Beeinflussen alle Kriterien, die einen Faktor A positiv beeinflussen, einen anderen Faktor B nicht oder auch positiv und beeinflussen alle Kriterien, die Faktor B positiv beeinflussen, Faktor A nicht oder auch positiv, so wird ein positiver Zusammenhang zwischen beiden Faktoren festgestellt, falls mindestens ein Kriterium beide Faktoren positiv beeinflußt: Wenn einer der beiden Faktoren stark ausgeprägt ist, wird auch für den anderen Faktor eine starke Ausprägung erwartet.
   Beeinflussen umgekehrt alle Kriterien, die einen Faktor A positiv beeinflussen, einen anderen Faktor B nicht oder negativ und beeinflussen alle Kriterien, die Faktor B positiv beeinflussen, Faktor A nicht oder negativ, so wird ein negativer Zusammenhang zwischen beiden Faktoren festgestellt, falls mindestens ein Kriterium den einen Faktor positiv, den anderen aber negativ beeinflußt: Wenn einer der beiden Faktoren stark ausgeprägt ist, wird für den anderen Faktor eine geringe Ausprägung erwartet.
   Gibt es mindestens ein Kriterium, das Faktor A positiv und Faktor B negativ beeinflußt, und ein anderes, das auf beide in gleicher Weise (positiv oder negativ) Einfluß nimmt, so wird zwischen den Faktoren A und B eine anwendungsabhängige Beziehung festgestellt.
   Damit erhält man eine Halbmatrix nach Bild 2.4.
5. Erstellung von Subkriterien und 1:1–Zuordnung von Kriterien, zu Metriken. Kommen bei einem Kriterium mehrere Metriken in Frage, so ist das Kriterium in Subkriterien zu unterteilen, die eineindeutig auf Metriken abzubilden sind. Auch bei McCall sind Metriken auf Checklisten aufgebaut, lassen sich aber im Gegensatz zu Boehm auf verschiedene Ergebnisse im Entwicklungsprozeß anwenden ("Requirements", "Design" und "Implementation"; siehe Table 6.2–1 p. 6–7ff).

Beim Versuch, das Vorgehen von McCall und seinen Kollegen nachzuvollziehen, ergeben sich mehrere Probleme: Die Beziehung zwischen Kriterien und Faktoren scheint rein intuitiv

Bild 2.4 Beziehung zwischen Software–Qualitätsfaktoren nach [McCall_et_al_77]

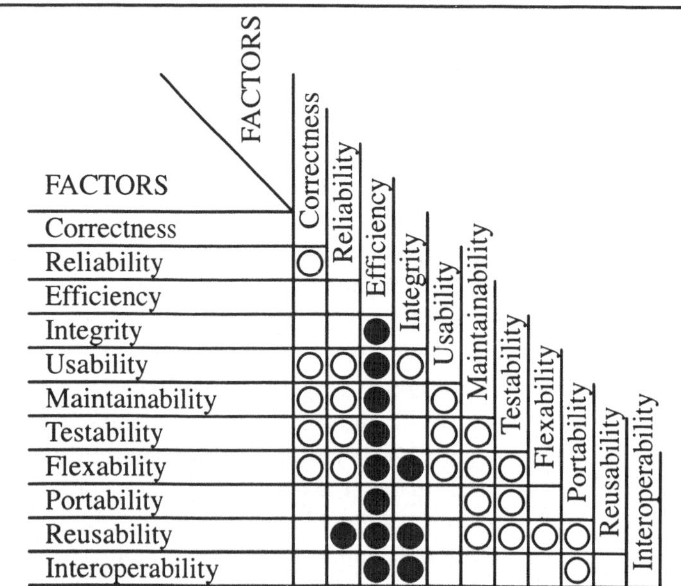

FACTORS	Correctness	Reliability	Efficiency	Integrity	Usability	Maintainability	Testability	Flexability	Portability	Reusability	Interoperability
Correctness											
Reliability	○										
Efficiency											
Integrity			●								
Usability	○	○	●	○							
Maintainability	○	○	●		○						
Testability	○	○	●		○	○					
Flexability	○	○	●	●	○	○	○				
Portability			●			○	○				
Reusability		●	●	●		○	○	○	○		
Interoperability			●	●					○		

Falls der eine Qualitätsfaktor stark ausgeprägt ist, wird für den anderen eine
● starke
○ schwache Ausprägung erwartet.
<kein Eintrag> Die beiden Qualitätsfaktoren sind voneinander unabhängig, oder es ist anwendungsabhängig, ob sich die Faktoren gegenseitig positiv oder negativ beeinflussen.
(vgl. [McCall_et_al_77] Table 4.2–3 p. 4–10)

festgelegt worden zu sein. Zumindest ist sie rein intuitiv überwiegend nachvollziehbar. Die Frage nach den Ursachen der Beziehungen wird jedoch nicht angesprochen. Deshalb ist es nicht einsichtig, wieso z. B. die Liste der Kriterien alle Einflüsse auf die Qualitätsfaktoren umfassen sollte (Vollständigkeit der Kriterienliste). Auch ist es unverständlich, wieso Zugriffssteuerung ("Access Control") die Flexibilität negativ beeinflussen soll, während Zugriffskontrolle ("Access Audit") dies nicht sollte. Genauso fraglich ist es, wieso Laufzeit– und Speicherplatzeffizienz keinen negativen Einfluß auf die Flexibilität haben sollten, obwohl sie intuitiv dem Kriterium der Generalität widersprechen.

Rombach

Ohne jegliche Begründung gibt Rombach die in Bild 2.5 beschriebene Relation zwischen Qualitätsmerkmalen an. Damit beschränkt er den Begriff der Qualität auf innere Qualität und definiert ihn über den Entwicklungsaufwand: Zur Entwicklung zählt die Erstellung, die Fehlerkorrektur nach Inbetriebnahme ("Wartung"), die Portierung auf andere Trägersysteme ("Anpassung") und die Weiterentwicklung. Daraus resultieren die entsprechenden Qualitätsmerkmale: Erstellbarkeit, Wartbarkeit, Anpaßbarkeit und Weiterentwickelbarkeit. Es sollte aber darauf aufmerksam gemacht werden – was Rombach leider unterläßt – , daß Erstellbarkeit im Gegensatz zu den anderen hier aufgeführten Qualitätsmerkmalen kein Attribut eines (programmierten) Systems ist, sondern ein Attribut einer Systembeschreibung, z. B. einer Systemspezifikation.

Bild 2.5
"Abhängigkeiten zwischen den Qualitätsmerkmalen" nach [Rombach_84] (vgl [Rombach_84] Abb. 2–1 S. 6)

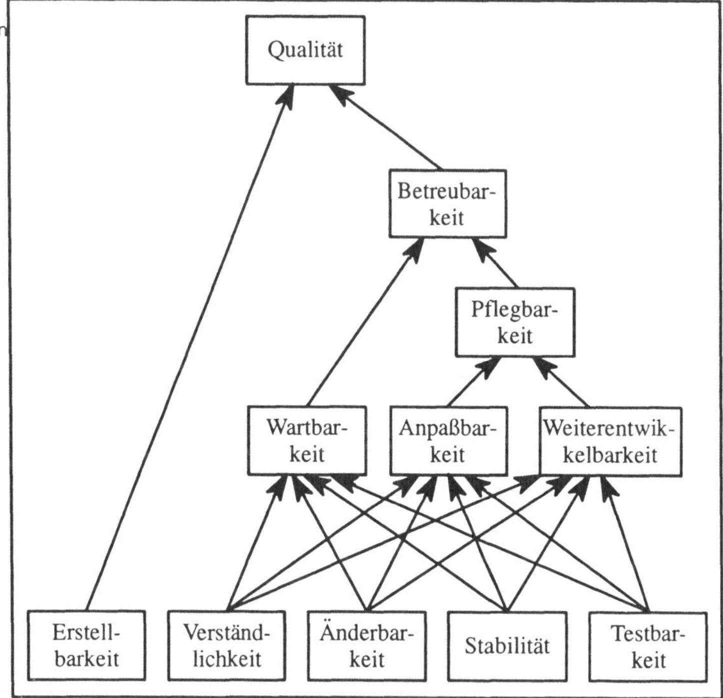

Der gerichtete Graph in Bild 2.5 symbolisiert eine transitive antisymmetrische binäre Relation. Rombach interpretiert diese Relation sehr abstrakt: "Ein Pfeil von einem Q(ualitäts–)Merkmal_i zu einem Q(ualitäts–)Merkmal_j in Abb. 2–1 bedeutet, daß (das) Q(ualitäts–)Merkmal_i das Q(ualitäts–)Merkmal_j beeinflußt." Bei näherer Betrachtung zeigt sich, daß die Interpretation dieser Relation nicht einheitlich ist. So stellt beispielsweise der Ausschnitt des Graphen in Bild 2.5, der die Qualitätsmerkmale Betreubarkeit, Pflegbarkeit, Wartbarkeit, Anpaßbarkeit und Weiterentwickelbarkeit umfaßt, eine Klassifikation dar. Außerdem kann jede Art des "Betreuens" zeitlich gegliedert werden in Verstehen, Ändern und Testen. Aufgrund von Änderungen von Software–Komponenten können darüberhinaus Folgeänderungen notwendig werden, deren Einfluß auf die "Betreubarkeit" bzw. den "Betreuungsaufwand" in dem Qualitätsmerkmal "Stabilität" erfaßt wird.

Zusammenfassende Kritik und Konsequenzen

Bei der Arbeit von Boehm und seinen Kollegen erfolgt die Auswahl der Qualitätsmerkmale und die Beziehungen zwischen ihnen als Konsequenz der Zusammenfassung von Checklistenelementen (also Bottom–Up). Dabei wurde nicht beachtet, daß die Beziehungen, die sich zwischen den Qualitätsmerkmalen ergeben, von unterschiedlichem Typ sind. McCall und seine Kollegen unterscheiden zwar positive und negative Beziehungen zwischen den Qualitätsmerkmalen. Beides sind genaugenommen aber Beziehungen desselben Typs ("hat Einfluß auf") mit der auf drei Werte ("+", "–", " ") quantifizierten, primär kontinuierlichen Eigenschaft "Einflußstärke". Auch bei Rombach werden die einzelnen Arten von Beziehungen nicht unterschieden. Mir scheint es notwendig, die unterschiedlichen Beziehungstypen zwischen Qualitätsmerkmalen zu berücksichtigen, um die Beziehung von Änderbarkeit zu verwandten Qualitätsmerkmalen präziser beschreiben zu können und damit auch den Begriff der Änderbarkeit besser zu verstehen. Zuvor jedoch ist es notwendig, das Verhältnis zwischen Änderungsaufwand, Änderbarkeit und Entwicklungskonzept näher auszuleuchten.

2.2 Das Verhältnis zwischen Änderbarkeit und Entwicklungskonzept

Es gibt wohl kein größeres Produkt (bzw. keinen Typ eines größeren Produkts), das – einmal fertiggestellt – nicht mehr modifiziert werden müßte (oder in Zukunft modifiziert werden muß). Häufig ist der Modifikationsaufwand für ein Produkt (auch im Software–Bereich) genauso groß wie der Erstellungsaufwand oder übertrifft diesen sogar (siehe z. B. [Lientz_Swanson_80] p. 9).

Ein Ziel bei der Software–Entwicklung könnte z. B. die Minimierung des Gesamtentwicklungsaufwandes (der Summe von Erstellungsaufwand und summierten Änderungsaufwänden) sein (siehe Bild 2.6). Daß bei Softwareprojekten nicht immer dieses Ziel verfolgt wird, kann z. B. daran liegen, daß Marketing–Strategien, z. B. das Produkt möglichst früh auf den Markt zu bringen, dem entgegenstehen können. Die Abwägung solcher ökonomischen Ziele hängt häufig vom jeweiligen Projekt, der Marktsituation und ähnlichem ab, und wird im Rahmen dieser Dissertation nicht weiter betrachtet. Hier soll vielmehr untersucht werden, nach welchen Prinzipien Programme und sonstige Dokumentationen gestaltet sein sollten und welche Konzepte Trägersysteme unterstützen sollten, um künftige Änderungsaufwände an programmierten Systemen zu minimieren. Besonderes Interesse gilt dabei dem Vergleich von objektorientierten mit klassisch prozeduralen Entwicklungskonzepten.

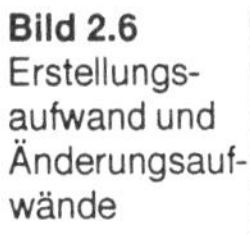

Bild 2.6 Erstellungsaufwand und Änderungsaufwände

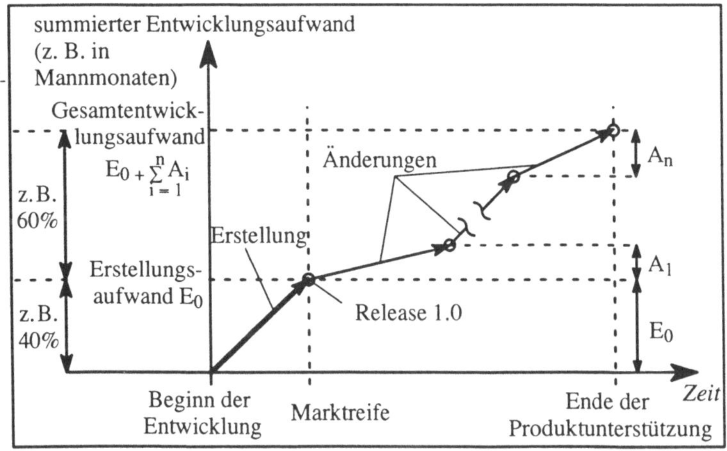

Gegeben sei eine Produktspezifikation S_i und zwei Produkte $P1_i$ und $P2_i$, die nach den Konzepten K1 bzw. K2 entwickelt wurden (vgl. Bild 2.7). Wird später die Produktspezifikation von S_i in S_j geändert, dann sind die Produkte $P1_i$ bzw. $P2_i$ nach dem jeweiligen Konzept K1 bzw. K2 so zu modifizieren, daß die sich daraus ergebenden Systeme $P1_j$ und $P2_j$ die neue Spezifikation S_j erfüllen. Die dabei auftretenden Änderungsaufwände seien mit $A1_{ij}$ bzw. $A2_{ij}$ bezeichnet.

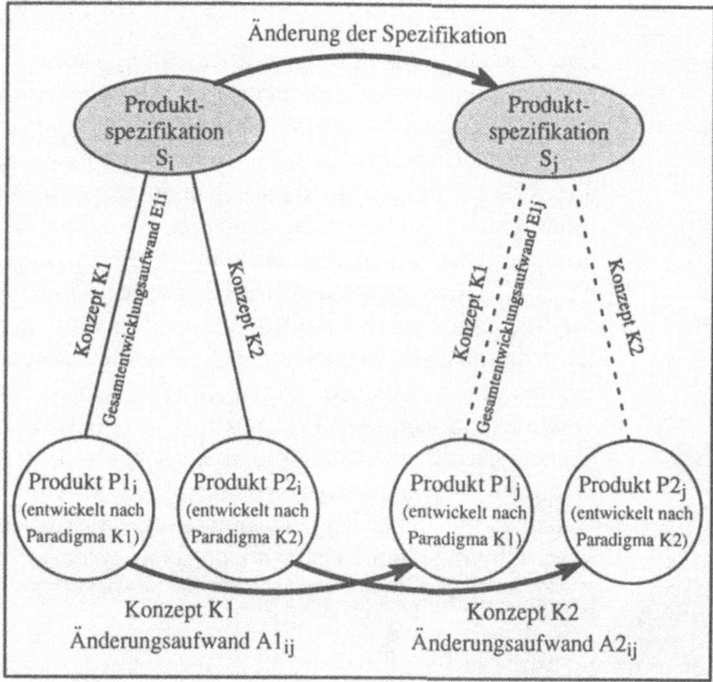

Bild 2.7 Vergleich von Entwicklungskonzepten bezüglich der Änderbarkeit der resultierenden Systeme

Der Vergleich der Änderungsaufwände $A1_{ij}$ und $A2_{ij}$ stellt ein erstes Indiz für das Verhältnis der Änderbarkeiten von $P1_i$ und $P2_i$ dar. Da außer Änderbarkeit auch andere Faktoren den Änderungsaufwand beeinflussen, kann aber nicht direkt von Änderungsaufwand auf Änderbarkeit geschlossen werden. Außerdem stellt auch das Entwicklungkonzept nicht den einzigen Einflußfaktor auf die Änderbarkeit eines Systems dar. Deshalb versucht dieser Abschnitt zunächst, das Verhältnis zwischen Änderungsaufwand und Änderbarkeit näher auszuleuchten. Die Änderung eines programmierten Systems, der eine primär ergebnisorientierte Aufgabenstellung zugrunde liegt, stellt einen Sonderfall eines allgemeinen Bearbeitungsprozesses dar. Daher beschreiben die Abschnitte 2.2.1 und 2.2.2 allgemeine Einflüsse auf Bearbeitungsaufwände. Ein wichtiges Resultat ist die Definition von Änderbarkeit als der produktimmanente Einfluß auf die mit der Änderung dieses Produktes verbundenen Aufwände. Anschließend kann die Problematik der Bestimmung der Einflüsse von Entwicklungskonzepten auf Änderungsaufwand und Änderbarkeit erörtert werden (Abschnitt 2.2.3).

2.2.1 Bearbeitungsspezifische Einflüsse auf Änderungsaufwände

Da die Änderung eines programmierten Systems einen Sonderfall eines allgemeinen Bearbeitungsprozesses darstellt, werden zunächst allgemeine Einflüsse auf Bearbeitungsaufwände betrachtet. Ein Bearbeitungsprozeß ist festgelegt durch

1) die *Bearbeitungsgegenstände*, die passiv am Bearbeitungsvorgang teilnehmen, dabei verändert werden können und später Komponenten des Bearbeitungsergebnisses sind (z. B. Rohmaterial, Halbzeug, zu änderndes Produkt),
2) die *Bearbeitungs–* bzw. *Verbrauchsmittel*, die passiv am Bearbeitungsvorgang teilnehmen, dabei verändert werden, so daß ohne Wiederaufbereitung die Häufigkeit ihres Einsatzes beschränkt ist, ohne daß sie als Teil des Bearbeitungsergebnisses betrachtet werden können (z. B. Putzwasser, Kühlmittel, Energie),
3) *Werkzeuge*, die (wie Handbohrer, Bohrmaschine und Bohrautomat, evtl. auch abhängig von der Sichtweise des Betrachters) aktiv oder passiv am Bearbeitungsvorgang teilnehmen, dabei abgesehen von Abnutzungserscheinungen i. a. nicht verändert werden und auch nicht zu einem Teil der Lösung (des Ergebnisses) werden[38),]

38) Da im Bereich der Software–Entwicklung fast ausschließlich informationelle Werkzeuge benötigt werden und informationelle Werkzeuge prinzipiell durch Menschen ersetzbar und damit aktiv sind, wäre es auch möglich, werkzeugspezifische und menschliche Faktoren (siehe auch unten) unter dem Begriff "bearbeiterspezifische Faktoren" zusammenzufassen. Dies ist hier jedoch nicht geschehen, um die Klassifikation möglichst allgemein zu lassen.

4) die *menschlichen Bearbeiter*, deren Know–How sich aufgrund ihrer aktiven Teilnahme am Bearbeitungsprozeß eventuell erhöht,
5) die *Bearbeitungsmethode*, die eine Abstraktion des Bearbeitungsprozesses darstellt, indem z. B. von den Punkten 1) bis 4) abstrahiert wird, sowie
6) den zeitlichen Verlauf der Bearbeitung.

Je nach Bearbeitungsprozeß kann es sein, daß keine menschlichen Bearbeiter oder keine Werkzeuge an dem Bearbeitungsprozeß teilnehmen. Fehlt aber ein menschlicher Bearbeiter, so muß mindestens ein aktives Werkzeug am Bearbeitungsprozeß beteiligt sein.

Durch den Bearbeitungsprozeß sind das Bearbeitungsergebnis, das aus den Bearbeitungsgegenständen hervorging, die modifizierten Verbrauchsmittel und gegebenenfalls auch die Modifikationen der Werkzeuge festgelegt.

Im Rahmen dieser Arbeit interessieren "zufällige" Bearbeitungen von Gegenständen nicht. Daher kann die Bearbeitung eines Gegenstandes als ein Lösungsprozeß einer Aufgabe angesehen werden. Die Bearbeitung, der Lösungsprozeß also, ist mit einem Bearbeitungsaufwand verbunden, der, wie später (in Abschnitt 2.4) erläutert werden wird, eng mit dem zeitlichen Verlauf der Bearbeitung zusammenhängt. Der Schwierigkeitsgrad bzw. die Komplexität der Aufgabe ist ein wichtiger Faktor, der den zur Lösung benötigten Aufwand mitbestimmt. Daher ist es sinnvoll, diesem *aufgabenimmanenten* Faktor die *bearbeitungsspezifischen* Faktoren gegenüberzustellen (vgl. Bild 2.8).

Eine allgemeine Aufgabenstellung ist dadurch charakterisiert, daß der Bearbeitungsprozeß und/oder das Bearbeitungsergebnis spezifiziert sind.[39)] Im Rahmen dieser Arbeit ist eine Änderungsaufgabe immer eine primär ergebnisorientierte Aufgabe. Zumindest das Bearbeitungsergebnis ist daher spezifiziert und somit Teil des aufgabenimmanenten Faktors. Da zusätzlich alles, was

39) Spezifikation eines Prozesses und/oder eines Ergebnisses bedeuten hier, daß ein Prozeßtyp und/oder ein Ergebnistyp identifiziert werden. Dabei gilt eine Spezifikationsaufgabe als gelöst, falls der realisierte Prozeß ein Exemplar des Prozeßtyps und/oder das aus ihm hervorgegangene Bearbeitungsergebnis ein Exemplar des Ergebnistyps darstellen.

auf den Bearbeitungsprozeß Einfluß nimmt, prinzipiell als Teil der Aufgabenstellung formuliert werden kann, hängt es von der Aufgabenstellung ab, ob ein Faktor als aufgabenimmanent oder bearbeitungsspezifisch zu betrachten ist (aufgabenimmanent <–> Teil der Aufgabenstellung). Da auf die spezielle Aufgabenstellung zunächst nicht eingegangen werden soll, kann es sein, daß Faktoren oder Teile von Faktoren, die zunächst als bearbeitungsspezifisch eingestuft werden, im speziellen Fall als aufgabenimmanent angesehen werden müssen.

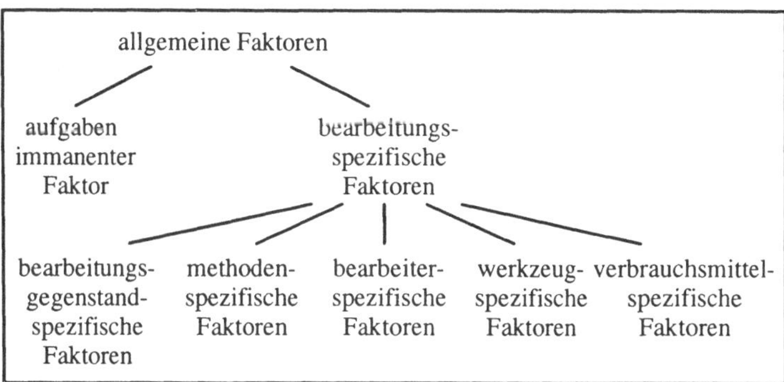

Bild 2.8 Klassifikation der Faktoren, die den Aufwand zur Bearbeitung eines Gegenstandes beeinflussen

Im folgenden sollen unabhängig von einer speziellen Aufgabenstellung die einzelnen bearbeitungsspezifischen Faktoren untersucht werden, die den Aufwand zur Bearbeitung von Gegenständen beeinflussen können. Dabei wird der Blick nicht auf die Software–Entwicklung eingeschränkt bleiben, sondern auf möglichst verschiedenartige Bearbeitungsprozesse gelenkt werden.

Eine Reparatur an einer mechanischen Uhr z. B. ist mit weniger Aufwand verbunden, wenn die benötigten Federn, Achsen und Zahnräder zur Verfügung stehen, als wenn diese zunächst aus Rohmaterial gewonnen werden müssen. Ähnlich wird im Software–Bereich eine Änderung in einem Programm, das in einer Hochsprache formuliert ist, aufgrund des leistungsfähigeren Trägersystems i. a. weniger Aufwand benötigen als die entsprechende Änderung in einem Programm, das zwar dasselbe leistet, aber in einer Maschinensprache geschrieben ist. Dies zeigt an zwei Beispielen die Einflüsse von zur Verfügung stehenden Bearbeitungsgegenständen, wie Rohmaterial und Halbzeug bzw.

Trägersystem auf Bearbeitungsaufwände, die daher als *bearbeitungsgegenstandspezifische* Faktoren bezeichnet werden (vgl. Bild 2.8).

Fast immer ist es möglich, an eine Aufgabe in verschiedenster Art und Weise heranzugehen, wobei nicht jeder gewählte Weg zum Ziel führt und dadurch einen zumindest teilweisen Neuansatz erfordert. Aber auch die verschiedenen zur Lösung führenden Ansätze können sehr unterschiedliche Aufwände benötigen. Beides spiegelt den Einfluß *methodenspezifischer* Faktoren auf den Änderungsaufwand wider.

Da die Bearbeitung nicht nur von der Bearbeitungsmethode, sondern auch von den Bearbeitern und den ihnen zur Verfügung stehenden Werkzeugen abhängt, nehmen auch *bearbeiterspezifische und werkzeugspezifische* Faktoren Einfluß auf den bearbeitungsspezifischen Änderungsaufwand.[38)]

Die Zeit, die ein Mensch aufwenden muß, um eine vorgegebene Aufgabe zu lösen, ist individuell sehr verschieden. Seine Ausbildung und Erfahrung, sein Abstraktionsvermögen und seine Fähigkeit, komplexe Zusammenhänge zu verstehen, seine Kreativität und seine Problemlösungsstrategien, seine Motivation und Leistungsbereitschaft nehmen hierauf Einfluß. Diese Faktoren, die mit die "Leistungsfähigkeit" des einzelnen bestimmen, sind aber nicht nur individuell sehr verschieden, sondern für jedes Individuum zusätzlich noch zeitabhängig. Dies wird besonders deutlich, wenn z. B. ein Entwickler dieselbe oder eine sehr ähnliche Aufgabe ein zweites Mal lösen soll. Für ihn wird die Problemlösung zur Routinearbeit. Allgemein steigt beim Lösen einer neuartigen Aufgabe das Know–How der am Lösungsprozeß beteiligten Personen und damit auch deren Leistungsfähigkeit für weitere Aufgaben.

Bei der Entwicklung komplexer Systeme treten neben diese individuellen Aspekte noch teambezogene Faktoren, die den menschlichen Gesamtaufwand zur Lösung einer bestimmten Aufgabe beeinflussen. Jede Arbeitsteilung ist mit zusätzlichem Aufwand in Form von Organisation (Management–Overhead) und Kommunikation (Koordination) zwischen denjenigen, unter denen die Arbeit verteilt wird, verbunden. D. h. Arbeitsteilung auf verschiedene Individuen und Parallelisieren erhöhen den

Gesamtaufwand zur Lösung einer Aufgabe. Beides wird aber umso wichtiger, je komplexer die Aufgabenstellung ist und je früher das Ergebnis vorliegen muß. Komplexe und besonders arbeitsintensive Aufgaben können häufig ohne Arbeitsteilung nicht gelöst werden. Daneben eröffnet oft erst die Arbeitsteilung die Möglichkeit zur Spezialisierung des einzelnen.

Die Zusammenarbeit im Team stellt einen weiteren Faktor dar, der bei Arbeitsteilung den Aufwand zur Lösung einer Aufgabe beeinflußt. Hierunter sind sowohl die Teamfähigkeiten der einzelnen Mitglieder zu rechnen als auch die "passende Konstellation". D. h. die einzelnen Personen sollten sich in ihren Fähigkeiten ergänzen und untereinander gut verstehen.

Ähnliches gilt für das Zusammenspiel der vorhanden Werkzeuge und der benutzten Methoden, die aufeinander abgestimmt sein sollten. D. h. sie sollten sich ergänzen und problemlos miteinander kombinierbar sein.[40)]

Im Bereich der Software–Erstellung kann die Verwendung von Energie und Materie (z. B. Strom, Papier und Druckerschwärze) i. a. vernachlässigt werden. Der Einfluß verbrauchsmittelspezifischer Faktoren auf Änderungsaufwände bleibt daher in dieser Arbeit unberücksichtigt.

Der Klassenbaum *Änderungsaufwand beeinflussender Faktoren* nach Bild 2.8 stellt eine Vereinfachung der wirklichen Problematik dar, indem er suggeriert, daß diese Änderungseinflüsse voneinander entkoppelt sind. Die schon angesprochenen Begriffe "Routinearbeit" und "Know–How" sind genau genommen Beispiele für übergreifende Faktoren zwischen Aufgabenstellung bzw. Aufgabentyp, angewandten Methoden, Bearbeitern und gegebenenfalls benutzten Werkzeugen. Hierunter zählt auch die Vertrautheit des Personals mit den zu ändernden Produkten sowie den zur Lösung zur Verfügung stehenden Entwicklungsmethoden und Werkzeugen, die Fähigkeiten von Maschinen, bestimmte Entwicklungsmethoden zu unterstützen und die Anwendbarkeit der Methoden auf die spezielle Aufgabenstellung.

40) In der Fachsprache wird die Kombinierbarkeit von Werkzeugen häufig als "*Interoperabilität*" bezeichnet.

Im Zusammenhang mit übergreifenden Einflußfaktoren auf den Aufwand zur Lösung einer Aufgabe stellt die Einrechnung von Einarbeitungszeiten eine besondere Problematik dar. Bei Arbeitsteilung steigt z. B. die Gesamteinarbeitungszeit in das zu ändernde Produkt in etwa proportional zur Teamgröße. Daher kann es sinnvoll sein, die Einarbeitungszeit getrennt zu betrachten, wie dies z. B. Balzert in seiner Definition von Änderbarkeit fordert: "Es wird vorausgesetzt, daß derjenige, der das Produkt ändert, sich im Produkt auskennt, d. h. entweder bereits Produktspezialist ist oder sich in das Produkt eingearbeitet hat." ([Wix_Balzert_87] S. 42) Praktisch ist es jedoch unmöglich, den Einfluß der Einarbeitungszeit ganz zu eliminieren; denn je gründlicher die Einarbeitung ist, desto geringer wird später der zeitliche Änderungsaufwand werden. Ähnliches gilt für die Vertrautheit des Personals mit den Werkzeugen und den Entwicklungsmethoden.

Daneben haben die Existenz und die Qualität der vorhandenen Werkzeuge (wie Programm- und Dokumenteneditoren, Browser, Debugger) einen wesentlichen Einfluß auf die vom Menschen zu erbringende Arbeit, z. B. indem den Entwicklern Routinearbeiten abgenommen werden.

Muß andererseits z. B. nach einer Änderung einer Variablenvereinbarung das gesamte Programm neu übersetzt werden, ergeben sich daraus auch Wartezeiten für den Entwickler, die stark von den vorhandenen Werkzeugen abhängen. Die Größe solcher Wartezeiten, die auch von der aktuellen Technologie der verwandten Maschinen abhängt, sowie die Frage, ob diese Zeiten vom Entwickler anders sinnvoll genutzt werden können, beeinflußt die Kopplung zwischen bearbeiterspezifischen und werkzeugspezifischen Einflußfaktoren.

2.2.2 Aufgabenspezifische Einflüsse auf Änderungsaufwände

Im vorangehenden Abschnitt wurde festgestellt, daß sich allgemeine Faktoren, die den Aufwand zur Bearbeitung eines Gegenstandes beeinflussen, einteilen lassen in bearbeitungsspezifische und aufgabenimmanente Faktoren. Dabei wurde darauf hingewiesen, daß diese Trennung genaugenommen erst erfolgen kann, nachdem die Aufgabenstellung festliegt. Aus diesem

Grund wurden bisher schwerpunktmäßig bearbeitungsspezifische Einflußfaktoren zur Lösung allgemeiner Probleme erörtert. Aufgabenimmanente Faktoren werden in diesem Abschnitt näher untersucht werden, nachdem die Art der Aufgabenstellung konkretisiert ist.

Gegenstand der vorliegenden Arbeit ist der Vergleich von Änderungsaufwänden für verschiedene programmierte Systeme. Jede Änderungsaufgabe ist gegeben durch das zu ändernde Produkt und die Zielspezifikation. Entsprechend läßt sich auch der aufgabenimmanente Faktor auf den Änderungsaufwand einteilen in den Faktor, der von der Zielspezifikation beeinflußt wird, und denjenigen, der den Einfluß des Ausgangsproduktes widerspiegelt (vgl. Bild 2.9).

Bild 2.9 Klassifikation der Faktoren, die den Aufwand zur Änderung von Produkten beeinflussen

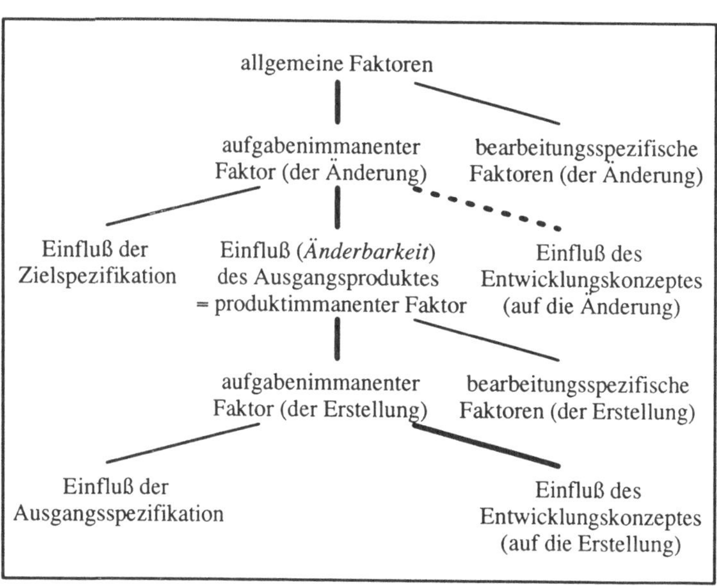

Ausgangsprodukt ist ein programmiertes System, das sich zusammensetzt aus Trägersystem und einem Programm, das von dem Trägersystem abgewickelt werden kann. Als Trägersystem ist die abstrakte Maschine zu sehen, die z. B. die Anweisungen einer prozeduralen Programmiersprache ausführen kann. Eventuell vorhandene Standardbibliotheken sollten dabei als Erweiterung der Programmiersprache betrachtet werden. Der bearbeitungsgegenstandspezifische Faktor (vgl. vorangehenden Abschnitt) wird somit zu einem aufgabenimmanenten Faktor.

Während Änderungsaufwand außer von dem Ausgangsprodukt auch von der Zielspezifikation und der Bearbeitung abhängt, sollte Änderbarkeit als Attribut des zu ändernden Produktes verstanden werden. Daher scheint es mir sinnvoll, den Einfluß des Ausgangsproduktes auf den Änderungsaufwand (kurz: den produktimmanenten Einfluß) als *Änderbarkeit* des Ausgangsproduktes aufzufassen.

❍ *Änderbarkeit bezeichnet den Einfluß des Ausgangsproduktes*[41)] *auf den Änderungsaufwand (kurz: den produktimmanenten Einfluß).*

Ein zu änderndes Produkt kann selbst wieder als das Ergebnis einer Entwicklungsaufgabe verstanden werden. Die Änderbarkeit eines Produktes ist somit im wesentlichen von zwei Faktoren beeinflußt, nämlich einem aufgabenimmanenten Faktor der Erstellung und einem bearbeitungsspezifischen Faktor der Erstellung (vgl. Bild 2.9).

Im Fall einer allgemeinen Entwicklungsaufgabe kann das Entwicklungskonzept als Teil der Produktspezifikation oder als Teil der Bearbeitungsmethode aufgefaßt werden. Besonderes Interesse gilt in dieser Arbeit dem Vergleich verschiedener Entwicklungskonzepte bezüglich ihres Einflusses auf zukünftige Änderungen. Wie später noch erläutert werden wird, können sinnvollerweise nur Produkte, die dieselbe Spezifikation erfüllen, bezüglich ihrer Änderbarkeit miteinander verglichen werden. Daher ist es im Rahmen dieser Arbeit angebracht, die Einflüsse des Entwicklungskonzeptes auf Erstellung und Änderung getrennt von der Ausgangs– bzw. Zielspezifikation als Teil der jeweiligen Aufgabenstellung zu betrachten. Somit ist eine Entwicklungsaufgabe erst festgelegt, wenn neben der Produkt-

41) Im Bereich der Software–Entwicklung besteht das zu ändernde Ausgangsprodukt aus Gesamtdokumentation, Halbzeug und programmiertem System (siehe Bild 2.13).

spezifikation auch das Entwicklungskonzept gegeben ist. Bei einer Änderungsaufgabe muß zusätzlich das zu ändernde Produkt gegeben sein.[42)]

Jetzt ist auch erkennbar, wodurch das Entwicklungskonzept Einfluß auf Änderungsaufwände nimmt. Einerseits trägt es bei der Erstellung der zu ändernden Produkte als Teil des aufgabenimmanenten Faktors bei der Erstellung zur Änderbarkeit des Produktes bei. Andererseits wird durch die zusätzliche Forderung, daß die Änderung nach demselben Konzept erfolgen soll wie die Erstellung, auch der aufgabenimmanente Faktor der Änderung durch das Entwicklungskonzept beeinflußt.

2.2.3 Die Problematik der Bestimmung konzeptioneller Einflüsse

Bild 2.10 präsentiert die wesentlichen Ergebnisse des vorangehenden Abschnitts, indem es die Einflüsse auf zu ändernde und geänderte Produkte darstellt. Dabei vereinfacht es durch seine Anschaulichkeit die Konkretisierung bestimmter Probleme und Fragestellungen, die im weiteren Verlauf der vorliegenden Arbeit untersucht werden müssen.

Da es möglich ist, nach demselben Konzept beliebig viele Produkte zu entwicklen, die dieselbe Spezifikation erfüllen, nimmt die Auswahl der Produkte ($P1_{in}$ und $P2_{im}$) schon Einfluß auf den späteren Änderungsaufwand. Dadurch stellt sich beim Vergleich der späteren Änderungsaufwände die Frage, ob nicht der bearbeitungsspezifische Einfluß bei der Erstellung des "zufällig" ausgewählten Ausgangsproduktes die jeweiligen Änderungsaufwände mehr beeinflußt als das Entwicklungskonzept. Hätte eine andere Auswahl von $P1_{in}$ und $P2_{im}$ vollkommen andere Änderungsaufwände zur Folge gehabt, müßte versucht werden, den bearbeitungsspezifischen Einfluß bei der Erstellung zu eliminieren.

Ähnliches gilt für den bearbeitungsspezifischen Faktor bei der Änderung, wenn trotz gegebenen Ausgangsprodukten ($P1_{in}$ und $P2_{im}$) sich unterschiedliche Endprodukte ($P1_{jk}$ und $P2_{jl}$) und damit unterschiedliche Änderungsaufwände ergeben. Bild 2.10

42) Allgemein kann die Erstellung als Sonderfall einer Änderung angesehen werden, bei der kein zu änderndes Produkt existiert.

Bild 2.10
Einfluß von Entwicklungskonzepten und bearbeitungsspezifischen Faktoren auf zu ändernde und geänderte Produkte und damit auf die zugehörigen Änderungsaufwände

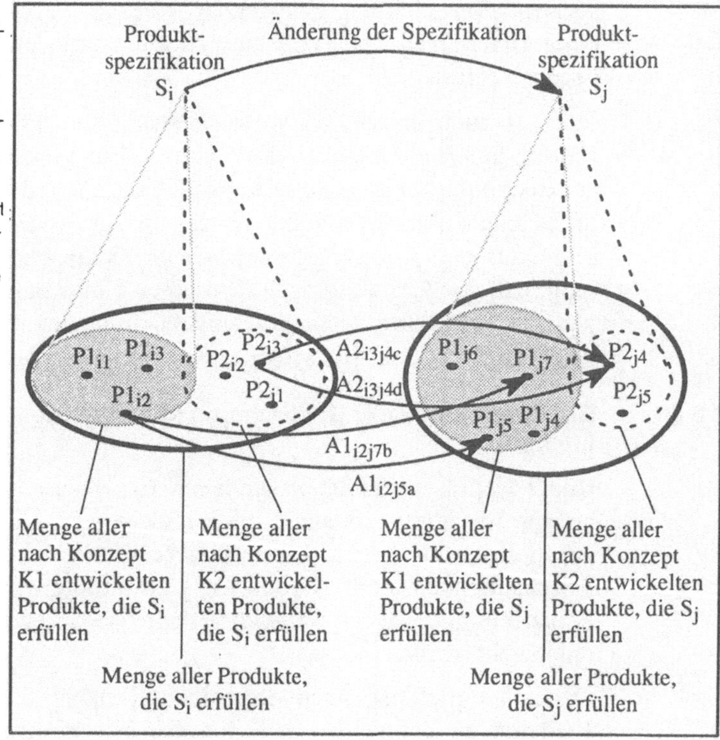

macht zudem deutlich, daß Ausgangs- und Endprodukt (z. B. $P2_{i3}$ und $P2_{j4}$) nicht allein den zu erbringenden Änderungsaufwand bestimmen. D. h. das Bearbeitungsergebnis repräsentiert nur einen Teil des bearbeitungsspezifischen Einflusses.

Das zu ändernde programmierte System stellt den produktimmanenten Faktor dar. Es schließt Trägersystem, Programm und lokale Datenräume ein. Damit unterschiedliche Entwicklungskonzepte (Entwurfs- und Implementierungskonzepte) optimal unterstützt werden, benötigen sie möglicherweise unterschiedliche Trägersysteme (Hardware, Betriebssystem, Programmiersprache, Bibliotheken), Werkzeuge und Methoden, die nicht notwendigerweise dieselbe Leistungsfähigkeit aufweisen müssen. Dann stellen sich die Fragen: Beruhen die unterschiedlichen Änderungsaufwände im wesentlichen in der unterschiedlichen Leistungsfähigkeit der vorgegebenen Trägersysteme oder sind sie unabhängig von den Trägersystemen Folge des Einflusses des jeweiligen Entwicklungskonzeptes auf Programm und Datenräume bzw. auf Programm- und Datenstruktur? Existieren für die jeweiligen Konzepte geeignete Methoden und Werkzeuge oder sind geeignete Methoden und Werkzeuge in absehbarer Zukunft entwickelbar?

Auch die Erfahrung des Entwicklungsteams mit dem jeweiligen Paradigma beeinflußt den zu erbringenden Änderungsaufwand. Dieser faktorübergreifende Einfluß stellt (ähnlich der Erfahrung des Entwicklungsteams mit der Bearbeitungsmethode) einen Sonderfall der im vorangegangenen Abschnitt (2.3.2) behandelten Einarbeitungsproblematik dar. Man kann somit den Standpunkt vertreten, das Entwicklungskonzept sollte dem Änderungsteam möglichst gut bekannt sein, um den Einfluß der Einarbeitung auf Änderungsaufwände zu minimieren. Dann bleibt eine zentrale Frage, die es näher zu untersuchen gilt, inwieweit das jeweilige Konzept für menschliche Entwickler geeignet ist.

Vereinfacht läßt sich der Einfluß der Zielspezifikation in der Frage konkretisieren: Gibt es bei gegebenen Ausgangsprodukten ($P1_i$ und $P2_i$) zwei Produktspezifikationen S_j und $S_{j'}$ derart, daß $A1_{ij} > A2_{ij}$ und $A1_{ij'} < A2_{ij'}$? Ähnlich könnte man auch die Frage nach dem Einfluß der Ausgangsspezifikation (S_i) formulieren. Etwas allgemeiner ausgedrückt müssen folgende Fragen untersucht werden: Gibt es Ausgangs- und Zielspezifikationen derart, daß in Bezug auf den sich ergebenden Änderungsaufwand einmal das eine Konzept, ein anderes mal das andere Konzept besser abschneidet? Wie lassen sich gegebenenfalls solche Spezifikationen klassifizieren? Sind vielleicht bei einem Konzept leichter kleinere Änderungen möglich, während größere Änderungen sehr schwierig werden im Vergleich zu einem anderen Konzept?

Bisherige Entwicklungsaufwände nehmen Einfluß auf die Änderbarkeit der Ausgangsprodukte und damit auf zukünftige Änderungsaufwände. Besonderes Interesse gilt dabei einem Teil des bearbeitungsspezifischen Faktors. Versucht man alle anderen Einflüsse einschließlich der bearbeiter- und werkzeugspezifischen Faktoren unverändert zu lassen, wird eine Erhöhung der Änderbarkeit i. a. eine Erhöhung des Erstellungsaufwandes erfordern (vgl. Bild 2.11). In der vorliegenden Klassifikation kann dieser Sachverhalt als Teil des methodenspezifischen Faktors gewertet werden.

Bild 2.11
Einfluß bisheriger Entwicklungsaufwände auf Änderbarkeit und Änderungsaufwand

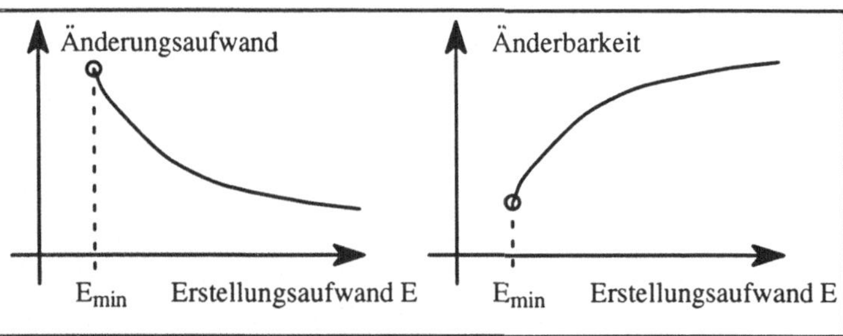

2.3 Die Problematik quantitativer Maße

"Falls wir eine Qualität als wichtig erachten, sind wir dazu verpflichtet, sie zu messen, um festzustellen, inwieweit wir sie erreichen. Dies wiederum erfordert, daß wir eine Qualität präzise definieren, so daß ersichtlich wird, was wir messen sollten. Ohne Messungen sind jegliche Verbesserungsansprüche ohne Fundament. Aber ohne Qualität präzise zu definieren, gibt es keine Hoffnung, präzise geschweige denn quantitativ messen zu können."[43] Mit diesen Worten setzen sich Carlo Ghezzi und seine Kollegen für die Definition von Software–Qualitätsmaßen ein. Diese Sätze beschreiben aber auch den Konflikt, in dem sich die Softwaretechnik heute befindet. Einerseits sieht man sich zu Messungen gezwungen, um zu einer "objektiveren" Wissenschaft zu gelangen. Andererseits fehlen in vielen Bereichen noch immer die gedanklichen Voraussetzungen, um Software–Qualitätsmaße präzise und aussagekräftig definieren zu können.

Nachdem im vorangegangenen Abschnitt dargestellt wurde, daß Änderbarkeit den produktimmanenten Einfluß auf den Änderungsaufwand verkörpert und das Entwicklungskonzept einen (vielleicht wesentlichen) Einfluß auf die Änderbarkeit eines programmierten Systems besitzt, könnte man versucht sein, Änderbarkeit über den mittleren Änderungsaufwand[44] quantitativ zu erfassen, um daraus den Einfluß des Entwicklungskonzeptes zu bestimmen.

43) siehe [Ghezzi_et_al_91] p. 40

44) vgl. [Rombach_84] S. 8

Bei a_s Ausgangsspezifikationen mit je a_l Ausgangslösungen ergeben sich $a = a_s \cdot a_l$ Ausgangssysteme. Will man jedes Ausgangssystem auf z_s Zielspezifikationen hin ändern, wobei je Ausgangssystem und Zielspezifikation z_l Lösungen der Änderungsaufgabe betrachtet werden sollen, so müssen insgesamt $a_s \cdot a_l \cdot z_s \cdot z_l$ Änderungen durchgeführt werden. Bei nicht zu kleinen Werten für a_s, a_l, z_s und z_l, darf man hoffen, durch Mittelung die nicht vom Entwicklungskonzept abhängigen Einflußfaktoren auf Änderungsaufwände zu eliminieren.[45)]

Im Rahmen dieser Arbeit konnte (aufgrund des damit verbundenen hohen Entwicklungsaufwandes) eine derart hohe Datenmenge nicht gesammelt werden. Daher wird in den folgenden Abschnitten "nur noch" qualitativ und damit subjektiv argumentiert werden. Eine gewisse Objektivität wird dadurch erreicht, daß die Mehrzahl der Subjekte, die diese Argumentation kritisch überprüfen, zum selben (subjektiven) Ergebnis kommen. Man wird sich dabei auf die Betrachtung signifikanter Einflüsse auf die Änderbarkeit eines Systems beschränken müssen.

Da es aber prinzipiell möglich ist, Aufwände zu messen und zu Änderbarkeitsmaßen zu verrechnen (z. B. durch Mittelung), führt dieser Abschnitt in die damit verbundene Problematik ein. Abschnitt 2.3.1 erläutert die Probleme, die mit der Definition von Aufwandsmaßen verbunden sind, und die Abschnitte 2.3.2 und 2.3.3 behandeln Fragen bezüglich der Aussagekraft von Änderbarkeitsmaßen.

Da im Rahmen dieser Arbeit aber nicht quantitativ argumentiert werden wird, stellt der vorliegende Abschnitt (2.3) keine notwendige Voraussetzung für das Verständnis der restlichen Arbeit dar. Er ermöglicht aber ein präziseres Verständnis der – für diese Arbeit zentralen – Begriffe Änderungsaufwand und Änderbarkeit und verleiht daher diesen Begriffen erhöhte Aussagekraft für den Rest der Arbeit.

45) Dabei muß man sich bewußt sein, daß Fragen wie "Gibt es Ausgangs– und Zielspezifikationen derart, daß in Bezug auf den sich ergebenden Änderungsaufwand einmal das eine Konzept, ein anderes mal das andere Konzept besser abschneidet?" und "Wie lassen sich gegebenenfalls solche Spezifikationen klassifizieren?" nach der Mittelung nicht mehr beantwortbar sind.

2.3.1 Die Problematik von Aufwandsmaßen

Da Änderbarkeit auf der Basis von Änderungsaufwand definiert wird, muß man sich zunächst über den Begriff Aufwand Klarheit verschaffen. Umgangssprachlich wird Aufwand in etwa mit Verbrauch oder Einsatz gleichgesetzt, z. B. der Aufwand an Zeit, Kosten oder Energie. Die Literatur im Bereich der Software–Entwicklung quantifiziert Aufwand meist nur als relativen Aufwand. Hier und da läßt aber ein Hinweis oder der Kontext erahnen, daß die Größe für den absoluten Aufwand die menschliche Arbeitszeit (z. B. der Mannmonat) darstellt. Sie ist auch die Ausgangsbasis für die Berechnung der (Personal–) Kosten. In der Literatur über betriebswirtschaftliche Aspekte der Software–Entwicklung wird Aufwand zudem manchmal mit Kosten insbesondere Personalkosten gleichgesetzt. Maschineller Aufwand, woraus die Maschinenkosten resultieren, wird meist vernachlässigt. Auch wenn die Maschinenkosten bei der Software–Entwicklung i. a. deutlich geringer ausfallen als die personellen Entwicklungskosten, so ist die Vernachlässigung des maschinellen Aufwandes zumindest aus betriebswirtschaftlicher Sicht nicht immer gerechtfertigt.

Es scheint etwas problematisch, Aufwand mit (kumulierter) Arbeitszeit gleichzusetzen. Dies wird besonders deutlich, wenn man bedenkt, daß unterschiedliche Teilaufgaben unterschiedliche Qualifikationen erfordern (wie fachspezifisches Wissen, analytisches Denkvermögen oder Kreativität – im Gegensatz zur Routinearbeit), was auch wirtschaftlich durch unterschiedliche Bezahlung der einzelnen Mitarbeiter zum Ausdruck gebracht wird. Entwicklungsaufwand sollte daher, wenn möglich, nur unter Voraussetzung konstanter (fixer) "Leistung" mit Arbeitszeit gleichgesetzt werden. Ist diese Voraussetzung nicht (zumindest näherungsweise) erfüllt, müßte das zeitliche Integral über die "Leistung" herangezogen werden. Ähnlich verhält es sich, wenn z. B. dieselbe Rechenzeit unterschiedlicher Rechner sehr unterschiedliche Maschinenkosten verursacht. Dann kann aus betriebswirtschaftlicher Sicht auch die Maschinenarbeitszeit (Rechenzeit) nicht als skalare Größe für Aufwandsmaße herangezogen werden.

Daher wäre es sinnvoll, Aufwand als ein Synonym für "Arbeit" im weiten Sinne zu verstehen. Meines Wissens existiert aber kein geeignetes Maß für die menschliche "Leistung" oder menschliche "Arbeit" im kognitiven Bereich. Angesichts dieser Problematik, die im folgenden nicht ganz aus dem Blickfeld verloren gehen darf, scheint die (kumulierte) Arbeitszeit von Mensch und/oder Maschine als einziges praktikables und näherungsweise geeignetes Maß für den Entwicklungs– und damit auch den Änderungsaufwand von Software. Denn auch Kosten – sowohl Personal– als auch Maschinenkosten – sind sekundär gegenüber der erbrachten Arbeit bzw. der benötigten Arbeitszeit.

Maschineller und personeller Aufwand als erbrachte Arbeit oder Arbeitszeit (der Einfachheit halber z. B. in Maschinenstunden und Mannmonaten) sind offenbar nicht direkt ineinander umzurechnen.[46] Es ist demnach sinnvoll, beide Aspekte getrennt voneinander zu betrachten, auch wenn maschineller und menschlicher Aufwand nicht vollkommen voneinander entkoppelt werden können: Muß z. B. nach einer Änderung einer Variablenvereinbarung das gesamte Programm neu übersetzt werden, ergeben sich daraus auch Wartezeiten für den Entwickler, die stark von den vorhandenen Werkzeugen abhängen. Die Größe solcher Wartezeiten, die auch von der aktuellen Technologie der verwandten Maschinen abhängt, sowie die Frage, ob diese Zeiten vom Entwickler anders sinnvoll genutzt werden können, beeinflußt die Kopplung zwischen maschinellem und personellem Aufwand. Diese Problematik soll hier nicht weiter vertieft werden.

Während Rechenzeit und damit maschineller Aufwand im allgemeinen reproduzierbar ist, kann menschlicher Aufwand fast nicht reproduziert werden. Zu groß ist hierfür die Abhängigkeit vom einzelnen Individuum, wie Erfahrung, Ausbildung etc. (vgl. Abschnitt 2.2.1). Zusätzlich ist die Leistungsfähigkeit des einzelnen noch zeitabhängig. Denn beim Lösen einer neuartigen Aufgabe steigt das Know–How der am Lösungsprozeß beteiligten Personen und damit auch deren Leistungsfähigkeit für ähnliche Aufgaben.

46) Als sinnvolle indirekte Umrechnungsgröße würden sich z. B. die Entwicklungskosten (z. B. in DM oder US Dollar) eignen.

Bei der Entwicklung komplexer Systeme treten neben diese individuellen Aspekte noch teambezogene Faktoren, die den menschlichen Gesamtaufwand zur Lösung einer bestimmten Aufgabe beeinflussen. Z. B. steigt die Gesamteinarbeitungszeit in etwa proportional zur Teamgröße. Daher kann es sinnvoll sein, die Einarbeitungszeit getrennt zu betrachten (vgl. Abschnitt 2.2.1). Aber auch unter dieser Voraussetzung bleibt es schwierig, Änderungsaufwand zu quantifizieren; denn je gründlicher die Einarbeitung ist, desto geringer wird später der zeitliche Änderungsaufwand.

2.3.2 Die Problematik eines absoluten Änderbarkeitsmaßes

Die Überlegungen des vorangehenden Abschnittes (2.3.1) zeigen, wie problematisch es ist, ein geeignetes Aufwandsmaß zu definieren. Volle Aussagekraft besitzen nur Aussagen über Projekte der Vergangenheit. Sollte ein dynamisches System mehrmals von derselben Abteilung oder von verschiedenen Abteilungen nach derselben Spezifikation modifiziert werden, so ergäben sich praktisch immer verschiedene Lösungen und unterschiedliche Änderungsaufwände. Zumindest theoretisch kann man sich vorstellen, daß mehrmals die gleiche Lösung gefunden würde. Dennoch würden sich die zugehörigen Aufwände unterscheiden.

Sind also eine Spezifikation S und ein Produkt P gegeben, so ist es unabhängig von der Definition eines Änderbarkeitsmaßes unmöglich, den Änderungsaufwand anzugeben, der benötigt wird, um P derart zu modifizieren, daß es die Spezifikation S' erfüllt. Es kann aber ein Schätzwert für den Änderungsaufwand gewonnen werden. Im folgenden möchte ich der Frage nachgehen, wie ein Änderbarkeitsmaß definiert werden müßte, damit es sinnvoll zur Schätzung zukünftiger Änderungsaufwände herangezogen werden kann.

Eine Produktspezifikation S beschreibt die Klasse $\mathcal{K}(S)$ der Produkte P, die die Spezifikation S erfüllen ($P \in \mathcal{K}(S) \Leftrightarrow$ "P erfüllt S"). Wie in den vorangegangenen Abschnitten gezeigt wurde, ist der Aufwand zur Änderung eines Produktes P, das die Spezifikation S erfüllt, in ein Produkt P', das die Spezifikation S' erfüllt, nicht allein von P und S' abhängig. Es darf aber vermutet werden, daß in erster Näherung der zu erwartende Änderungsaufwand davon abhängt, wie weit das zu ändernde Produkt P von der Klasse der durch die neue Spezifikation S' beschriebenen Produkte $\mathcal{K}$(S') entfernt ist. Dies wiederum ist primär davon abhängig, inwieweit sich alte und neue Spezifikation voneinander unterscheiden. Da der mittlere Änderungsaufwand diesen Einfluß von Spezifikationsabständen auf (bisherige) Änderungsaufwände nicht berücksichtigt, halte ich den mittleren Änderungsaufwand auch nicht für geeignet, als Basis für zukünftige Änderungsaufwände zu dienen.[47)] Im folgenden sei der "Abstand" von P zu $\mathcal{K}$(S') mit $\Delta(P, \mathcal{K}(S'))$[48)] bezeichnet. Siehe hierzu Bild 2.12.

Andererseits wird der Änderungsaufwand mit der Änderbarkeit Ä(P) des zu ändernden Produktes sinken. Unter der Annahme, (zukünftige) Änderungsaufwände seien als Funktionen darstellbar, scheint mir folgender Ansatz angemessen:

$$A(P, S', \text{sonst}) = f\,(\,\ddot{A}(P)\,,\, \Delta(P, \mathcal{K}(S'))\,,\, \text{sonst}\,)$$

Hierbei bezeichnet 'sonst' den Einfluß bearbeitungsspezifischer Faktoren, sowie den Einfluß des Entwicklungskonzeptes auf die Änderung (vgl. Bild 2.9). Ist $\mathcal{K}$(S') nicht allzuweit von P entfernt, so kann unter der Annahme eines "isotropen Spezifikationsraumes" und der (mehrfachen) Differenzierbarkeit von A in P der Änderungsaufwand A(P, S', sonst) in der Umgebung von P als Taylor–Reihe angenähert werden:

$$A(P, S', \text{sonst}) = \Sigma_i\, g_i(\ddot{A}(P)\,,\, \text{sonst}) \cdot \Delta(P, \mathcal{K}(S'))^i,$$

wobei P und 'sonst' als Konstanten zu betrachten sind. Wenn P in $\mathcal{K}$(S') enthalten ist ($\Delta(P, \mathcal{K}(S') = 0$), wird keine Änderung notwendig (A = 0), so daß sich $g_0(\ddot{A}(P)\,,\, \text{sonst}) = 0$ und damit folgende lineare Approximation ergibt:

47) Auf die Berücksichtigung von Spezifikationsabständen kann nur verzichtet werden, wenn bisherige und zukünftige Spezifikationsabstände in derselben Größenordnung liegen.

48) vgl. auch [Gilb_89] p. 371: "Extendability is a measure of the ease of adding new factors to an existing system. In order to define it you will need to consider the degree of extension (functions, lines of logic, data) the cost for the extension in resources invested, and the impact (side–effects) of the extension on any critical properties of the system, such as performance, security, reliability, running cost." und p. 380 "Extendability measures ... The ease of adding a certain degree of new function to an existing system without degrading critical attributes."

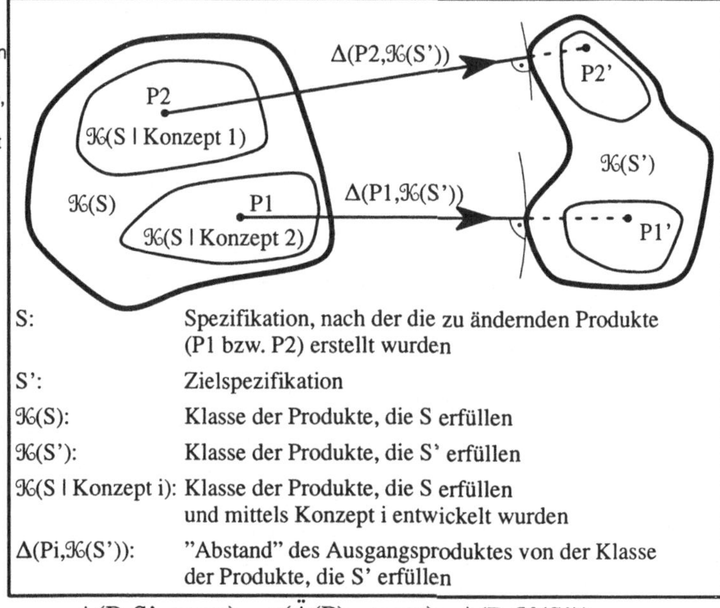

Bild 2.12 "Abstand" der Zielspezifikation von der Spezifikationsmenge, die das zu ändernde Produkt erfüllt

$$A(P,\ S',\ \text{sonst}) = g(\ddot{A}(P)\ ,\ \text{sonst}) \cdot \Delta(P,\ \mathcal{K}(S')).$$

Allgemein müßte ein anisotroper m–dimensionaler "Spezifikationsraum" angenommen werden, so daß $\Delta(P, \mathcal{K}(S'))$ ein m–stelliger Vektor und $g(\ddot{A}(P), \text{sonst})$ ein m–stelliger transponierter Vektor sein müßten.

❍ *Um zukünftige Änderungsaufwände abschätzen zu können, ist als Maß der Änderbarkeit nicht eine Mittelung des absoluten Änderungsaufwandes hilfreich, sondern nur eine Mittelung des Änderungsaufwandes relativ zum "Spezifikationsabstand" $\Delta(P,\mathcal{K}(S'))$.*

Da ich nicht sehe, wie Spezifikationsdifferenzen direkt oder indirekt zu messen sind[49)], bleibt meines Erachtens nur die Möglichkeit, sie durch Vergleichswerte (Erfahrung) zu schätzen. Dies kann aber nicht Ziel dieser Arbeit sein. Da andererseits die Sammlung einer ausreichend großen Menge von Vergleichswerten den Rahmen dieser Arbeit sprengen würde, wird dieser hier skizzierte Weg nicht weiter beschritten.

49) Im Rahmen dieser Arbeit war es mir nicht möglich zu untersuchen, inwieweit für diesen Zweck eine Abschätzung über "Function Points" oder mittels COCOMO–Modell als Näherung hilfreich sein kann.

2.3.3 Die Problematik eines relativen Änderbarkeitsmaßes

Während die Definition eines Änderbarkeitsmaßes z. Zt. in weiter Ferne scheint, wenn nicht sogar unmöglich ist, so kann man möglicherweise in absehbarer Zukunft ein mehr oder weniger aussagekräftiges relatives Änderbarkeitsmaß entwickeln – analog zu einem inzwischen wohl etablierten Maß für die Korrektheit von Systemen oder Systemkomponenten:

Als Maß für Korrektheit wird häufig die mittlere Zeit zwischen zwei aufgetretenen Fehlern (mean time between failure = MTBF) herangezogen. MTBF kann erst im Laufe des Betriebes gemessen werden. Ein Vergleich von MTBF–Werten ist nur sinnvoll für Produkte bzw. Systeme, die ähnliche Aufgaben erfüllen und ähnlich betrieben werden (z. B. ähnliche Auslastung). Entsprechend kann der mittlere Änderungsaufwand nur für Systeme Aussagekraft haben, die dieselbe Spezifikation erfüllen und denselben Änderungsanforderungen unterliegen.

Bei der Definition eines absoluten Änderbarkeitsmaßes stellt die Eliminierung von Spezifikationsdifferenzen ein wohl erhebliches Problem dar. Sollen dagegen zwei oder mehrere Objekte, die dieselbe Spezifikation erfüllen, bezüglich ihrer Änderbarkeit miteinander verglichen werden, so ist es prinzipiell denkbar, zu diesem Zweck den Einfluß der Spezifikationsdifferenz zu eliminieren. Die zu vergleichenden Objekte sind alle entsprechend der neuen Spezifikation zu ändern und die dafür benötigten Änderungsaufwände zueinander in Beziehung zu setzen. Aber auch bei diesem Vorgehen bleiben viele Fragen offen: Kann dabei trotz Vernachlässigung des sonstigen Einflusses (s. o.) die Größenordnung der Änderbarkeit der Objekte relativ zueinander so genau bestimmt werden, daß Aussagen bezüglich des Einflusses der Entwicklungskonzepte möglich sind?

Denkbar wären z. B. Aussagen der Art "Bei einer Menge sehr unterschiedlicher Änderungen (experimentell gemessen) war A(P1, S') durchschnittlich um 20% geringer als A(P2, S'). Die Varianz lag bei ..." Dies liefert ein *Maß* für die Änderbarkeit eines Produktes *relativ* zur Änderbarkeit eines anderen Produktes, falls sich zeigt, daß eine lineare Approximation (wie in Abschnitt 2.3.2 vermutet) ausreichend ist.

Um solche Aussagen nicht nur über einzelne Systeme machen zu dürfen, sondern auch auf Entwicklungskonzepte übertragen zu können, muß eine sehr große Datenmenge gesammelt werden. Dieser Ansatz ist insbesondere wegen des damit verbundenen zeitlichen Aufwandes aufgrund der geforderten Systemkomplexität, aber auch wegen der mangelnden Reproduzierbarkeit aufgrund des menschlichen Einflusses für die vorliegende Arbeit nicht geeignet.

2.4 Konkretisierung der Begriffe Änderungsaufwand und Änderbarkeit

Ziel dieses Abschnittes ist es, den Begriff der Änderbarkeit, der – wie in Abschnitt 2.1 dargelegt – in der einschlägigen Literatur sehr unterschiedlich verwandt wird, zu konkretisieren. Dazu scheint es mir notwendig, die Begriffe Änderungsaufwand und Änderbarkeit im Rahmen der allgemeinen Produktentwicklung insbesondere der Entwicklung programmierter Systeme zu betrachten. Hierzu wird Abschnitt 2.4.1 den Prozeß der Software–Entwicklung als einen Sonderfall der Entwicklung allgemeiner dynamischer Systeme beschreiben. Dadurch wird es möglich, Änderbarkeit nach der Änderungsursache zu klassifizieren (Abschnitt 2.4.2) und den Änderungsaufwand in Komponenten zu zerteilen, was letztlich wiederum eine Konkretisierung des Begriffes Änderbarkeit erlaubt (Abschnitt 2.4.3). Abschnitt 2.4.4 beschreibt den Einfluß sonstiger Qualitätsmerkmale auf Änderungsaufwände exemplarisch. Deren Beziehung zur Änderbarkeit ist weder eine Kompositionsbeziehung noch eine Konkretisierung.

2.4.1 Der Prozeß der Systementwicklung

Da programmierte Systeme einen Sonderfall dynamischer Systeme darstellen, sollte der Software–Entwicklungsprozeß auch als Sonderfall des Entwicklungsprozesses allgemeiner dynamischer Systeme betrachtet werden. Die Flexibilität der Software im Vergleich zur Hardware ist mit ein Grund dafür, daß gewisse

Unterschiede zur Systementwicklung z. B. im Maschinenbau existieren.[50)]

Systeme werden i. a. auf einen Bedarf, prognostizierten Bedarf, eine Idee oder einen Wunsch hin entwickelt. Von der Idee zum fertigen System können grob vier Phasen voneinander unterschieden werden: die *Problemanalyse und die Anforderungsspezifikation*, der *Systementwurf*, die *Erstellung der Fertigungsdokumente* und die *Fertigung*. Zwischen ihnen existiert keine streng sequentielle Ordnung (siehe hierzu Ende dieses Abschnittes).

Analyse und Spezifikation

Ziel der Problemanalyse und der Anforderungsspezifikation ist es, die noch unscharfe Idee von einem zu realisierenden System zu konkretisieren. Dazu ist es notwendig, zunächst den Anwendungsbereich und dessen Problematik möglichst gut kennenzulernen, bevor man eine *Anforderungsspezifikation* erstellt, die das Systemverhalten an den interessierenden Schnittstellen möglichst genau und möglichst abstrakt beschreibt (vgl. Bild 2.13). Dabei ist es wichtig, zunächst eine strukturierte Sicht auf diesen sogenannten *Problembereich* zu gewinnen und in der Anforderungsspezifikation festzuhalten. (Siehe hierzu auch Abschnitt 3.1.) Das Problem bei der Erstellung einer solchen Anforderungsspezifikation besteht u. a. darin, möglichst wenig an Entwurfs- und Implementierungsentscheidungen vorwegzunehmen, aber dennoch möglichst genau die Anforderungen festzuhalten. Dabei ist es wichtig, daß die Entwicklungsabteilung in Absprache mit dem Auftraggeber die Anforderungsspezifikation solange modifiziert, bis sie die (wesentlichen) Wünsche des Auftraggebers eindeutig erfaßt. Die Anforderungsspezifikation wird damit zur Grundlage der Gespräche zwischen Auftraggeber und Entwicklungsabteilung. Daneben stellt sie die Ausgangsbasis für den Entwurf dar. Nach Wendt können Anforderungsspezifikationen für komplexe Systeme bzw. für Systeme mit komplexen Schnittstellen zu ihrer Umgebung weder formal noch

50) Während im Maschinenbau üblicherweise Entwicklung als Zusammenfassung von Analyse, Entwurf und Erstellen der Fertigungsdokumentation, aber getrennt von Fertigung und Test gesehen wird, schließt die Software–Entwicklung den Fertigungsprozeß und den Test mit ein.

vollständig sein (siehe [Wendt_93] S. 35). Formale Spezifikationssprachen, wie SDL (Specification and Description Language, [CCITT_88]) dienen eher dem Entwurf.[51)]

Entwurf

Ziel der folgenden Phasen ist die Konstruktion eines Systems, das die Anforderungsspezifikation erfüllt. Bei der Entwicklung komplexer Systeme ist es unmöglich, aus der Anforderungsspezifikation – auch wenn sie vollständig wäre – direkt Dokumente zu erstellen, die die Fertigung erlauben. Zunächst wird man gröbere Entwürfe erarbeiten und dabei das Problem in kleinere Einheiten aufteilen und anschließend versuchen, die dabei erhaltenen Teilprobleme in ähnlicher Weise getrennt voneinander zu lösen.[52)] Die Entwurfsdokumente werden solange verfeinert, bis aus ihnen in relativ einfacher Weise die Fertigungsdokumente erstellt werden können.

Die Anforderungsspezifikation läßt i. a. viele Freiheitsgrade für Entwurf und Implementierung offen, so daß Zweckmäßigkeitsentscheidungen zu fällen sind. Erkannte Alternativen sollten aufgezeigt und gegeneinander abgewogen werden. Jede Entscheidung sollte möglichst mit Begründung und den sich aus ihr ergebenden Konsequenzen in der *Entwurfsdokumentation* fixiert werden. Somit kann man später leicht erfahren, welche Pfade aus welchen Gründen nicht zum Ziel führen, welche Pfade mit welchen Problemen verbunden sind oder aus welchen anderen Gründen gewisse Pfade nicht beschritten wurden. Diese Informationen dienen in erster Linie der zwischenmenschlichen Kommunikation innerhalb der Entwurfsgruppe. Am wichtigsten aber ist es, die gewählten Pfade ausführlich mit Texten und beschreibenden Plänen zu dokumentieren. Solche Entwurfsdokumente ermöglichen, das Gesamtverständnis des Systems zu vermitteln, und dienen sowohl der Kommunikation innerhalb der Entwurfs-

51) Da die Entwurfsdokumentation i. a. hierarchisch strukturiert ist, stellt jedes Entwurfsdokument eine Spezifikation für die nächstniedrigere Ebene innerhalb der Entwurfsdokumentation bzw. für die Fertigungsdokumentation dar.

52) Dieses prinzipielle Top–Down–Vorgehen kann von einer Bottom–Up–Entwicklung begleitet werden, sobald man erkennt, welche Komponenten unabhängig von anderen noch zu treffenden Entwurfsentscheidungen in jedem Fall benötigt werden.

gruppe als auch der Kommunikation zwischen Entwurfs- und Implementierungsgruppe. Für die spätere Fertigung werden sie aber nicht mehr benötigt.

Im Maschinenbau könnten diese Entwurfsdokumente Skizzen oder Blockschaltbilder sein, die auch in der abschließenden Montage nicht benötigt werden. I. a. werden sie durch zugehörige Texte näher erläutert. Auch im Bereich der informationellen Systeme setzen sich die Entwurfsdokumente aus Texten und Plänen zusammen, die nicht zur Parametrisierung universeller Trägersysteme geeignet sind.

Implementierung

Sind die Entwurfsdokumente soweit hierarchisch verfeinert, daß man erkennen kann, wie die einzelnen Systemkomponenten gefertigt werden könnten, bzw. wie aus den einzelnen Komponenten das Gesamtsystem zusammengesetzt werden kann, sollte damit begonnen werden, die *Fertigungsdokumente* zu erstellen. Im Gegensatz zur Entwurfsdokumentation, die noch recht viele Freiheitsgrade besitzt, ist die von Freiheitsgraden im wesentlichen freie Fertigungsdokumentation[53)] für die Systemrealisierung notwendig und dient im Bereich der Software–Entwicklung erst in zweiter Linie der zwischenmenschlichen Kommunikation.[54)]

53) verbleibende Freiheitsgrade bei Quellprogrammen in einer höheren prozeduralen Programmiersprache:
- Abbildung von logischen Speichern (Variablennamen) auf reale bzw. physische Speicher
- Optimierung in Richtung Laufzeit oder Speicherplatz
- Sequentialisierung
- bei Mehrprozessorsystemen: Verteilung paralleler Teilprozesse auf Abwickler
- ...

54) Mit dem Aufkommen graphischer Entwicklungsumgebungen (wie SDL/OSDL, Prograph etc.) können Dokumente, die früher ausschließlich der zwischenmenschlichen Kommunikation gedient haben, zunehmend als Fertigungsdokumente genutzt werden. Die damit verbundene Problematik (unterschiedliche Zielgruppen der Dokumente, verschiedene Sichten auf dieselbe Realisierung, Behandlung von Präzisierung, Weglassen von Details etc.) soll hier nicht behandelt werden.

Zu ihnen zählen im Maschinenbau alle Arten von Fertigungsplänen einschließlich Montageanleitungen etc.. Im Bereich der programmierten Systeme sind hierunter einerseits Quellprogramme, aber auch weitere Informationen bezüglich des Trägersystems und des zu benutzenden Halbzeugs zu verstehen. Unter Umständen können auch die zu benutzenden Werkzeuge (Compiler, Linker, Optimierer etc.) festgelegt sein.

Die Erstellung von Fertigungsdokumenten ausgehend von der Entwurfsdokumentation bezeichnet man im Bereich der Software-Entwicklung als *Implementierung oder Codierung*.

Fertigung

Nicht das Programm ist das eigentlich interessierende Produkt, sondern das programmierte System[55]. Dessen Realisierung besteht letztendlich in der *Fertigung* eines programmierbaren Trägersystems ausgehend von den Hardware–Konstruktionsplänen und dem Laden des Trägers mit einem Programm. Dem entspricht in der Hardware die Fertigung des Produkts aus den Fertigungsplänen.

Gefertigt wird bottom–up. Komponenten einer Stufe werden dadurch gefertigt, daß auf Basiskomponenten und fertige Komponenten niedrigerer Stufen zurückgegriffen wird. In Anlehnung an den Sprachgebrauch im Maschinenbau wurden in Bild 2.13 Basiskomponenten und fertige Komponenten zusammenfassend als "*Halbzeug*" bezeichnet. Im Bereich der Software–Entwicklung sind hierunter in Maschinencode übersetzte Programmeinheiten (evtl. in Bibliotheken verwaltet), ausführbare Maschinenprogramme und ähnliches zu verstehen. Fertigung hat einerseits die Erstellung höherwertigen Halbzeugs zum Ziel, andererseits aber auch die Fertigung des Gesamtsystems. Während letzteres im Maschinenbau meist als Endmontage bezeichnet wird, ist im Bereich der Software–Entwicklung hierunter die Programmierung und Initialisierung von Trägersystemen (das Laden und Starten von Programmen) zu verstehen. Dadurch ist aus dem programmierbaren System ein programmiertes System entstanden, das in der Lage ist, mit seiner Umgebung Kontakt

55) vgl. S. Wendt: "Modellierung programmierter Systeme", Vorlesung an der Universität Kaiserslautern

aufzunehmen, und sich an seinen äußeren Schnittstellen so verhält, wie sein Programm es vorgibt, vorausgesetzt, die Fertigung wurde fehlerfrei ausgeführt.

Anwendung

In Bild 2.13 ist als Systemumgebung ein menschlicher Anwender dargestellt. I. a. kann die Umgebung des programmierten Systems auch weitere Systeme beinhalten, so daß ein menschlicher Anwender nur indirekt mit dem programmierten System verbunden ist. Ganz ohne menschlichen Anwender ist die Umgebung jedoch nicht denkbar; denn Systeme werden letztendlich nur zum "Nutzen" des Menschen hergestellt. Damit das System und seine Umgebung sinnvoll miteinander interagieren können, muß ein Protokoll zwischen ihnen vereinbart sein. Es stellt einen wesentlichen Teil des *Benutzerhandbuchs* (engl.: *manual*) des Systems dar. Bei komplexen Protokollen werden häufig Teile des Anforderungskatalogs[56)] und der Entwurfsdokumentation[57)] sowie ausschließlich für das Benutzerhandbuch erstellte Dokumente hinzugefügt, um das Protokoll für den Menschen verständlicher darzustellen. Für das Benutzerhandbuch zeichnet letztlich die gesamte Entwicklungsabteilung verantwortlich.

Während der Anwendung stellt sich oft ein Fehlverhalten des Systems heraus, d. h. das System verhält sich an seinen äußeren Schnittstellen nicht so, wie es von ihm erwartet wird (insbesondere wie es das Benutzerhandbuch beschreibt). In diesem Fall sollte der Anwender diesen Widerspruch als allgemeine Fehlermeldung an die Entwicklungsabteilung zurückmelden, die ihn zu bearbeiten versucht.

Dagegen liegt eine indirekte Rückkopplung vom Anwender über den Auftraggeber an die Entwicklungsabteilung vor, wenn das System zwar kein Fehlverhalten zeigt, aber z. B. aus ergonomischen Gründen der Wunsch aufkommt, die Schnittstelle System–Umgebung zu verändern.

56) Meist sind zumindest Teile des Protokolls im Anforderungskatalog enthalten. Einfache Protokolle können auch vollständig im Anforderungskatalog enthalten sein.

57) vor allem grobe Beschreibung des Systemaufbaus

Bild 2.13
Systementwicklung

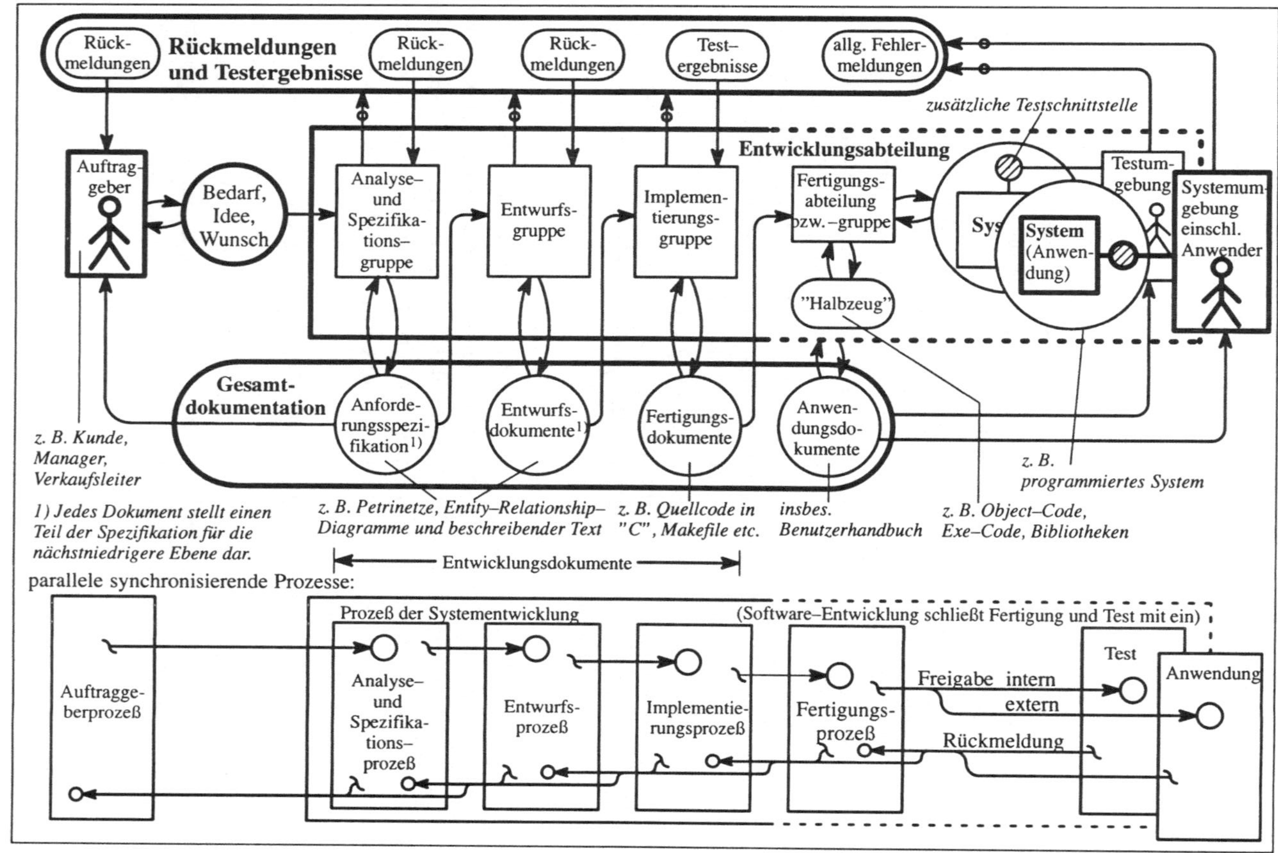

Test

Es kann davon ausgegangen werden, daß kein halbwegs komplexes System bei der ersten Erstellung fehlerfrei arbeitet, wenn es nicht aus fehlerfreien Komponenten relativ einfach zusammengesetzt ist. Daher wird man ein System bzw. seine Komponenten testen, bevor es in seine Zielumgebung eingebettet wird. Eine Testumgebung kann im einfachen Fall der Anwendungsumgebung gleichen. Häufig besteht aber zwischen Testumgebung und zu testendem System eine zusätzliche Testschnittstelle, so daß sich mehr Interaktionsmöglichkeiten als in der späteren Anwendung ergeben. Dadurch wird ein schnellerer gezielter Test von einzelnen Komponenten oder von Teilverhalten des Gesamtsystems möglich. Im Bereich der Hardware kann dies z. B. das Beobachten von Spannungsverläufen an bestimmten Meßpunkten bedeuten. Beim Testen von Software fällt jede Art von Debugging hierunter. Wie diese beiden Beispiele zeigen, besitzt bei zusätzlicher Testschnittstelle die Testumgebung i. a. auch einen anderen Aufbau als die spätere Anwendung.

Die Rückkopplung von der Testumgebung an die Entwicklungsabteilung kann detaillierter sein als von der Anwendungsumgebung; denn der Testumgebung steht nicht nur das Benutzerhandbuch, sondern die Gesamtdokumentation zur Verfügung. Es sind dadurch konkrete Rückmeldungen an die einzelnen Gruppen innerhalb der Entwicklungsabteilung möglich.

Wird während des Tests ein Fehler detektiert, so sollte zunächst dessen Ursache näher lokalisiert werden. Dies erfolgt i. a. durch weitere Tests, wozu das Trägersystem (durch Laden des Programms) möglicherweise erneut programmiert werden muß. Ist das Fehlverhalten genügend lokalisiert, so können Testergebnisse an die Implementierungsgruppe zurückgemeldet werden, um die Fertigungsdokumente entsprechend zu modifizieren.

Rückkopplung und Rückmeldungen

Allgemein können im wesentlichen drei Ursachen für Rückkopplungen im oder in den Entwicklungsprozeß unterschieden werden, nämlich geänderte Wünsche aufgrund der Systemanwendung, explizite oder implizite Widersprüche sowie Unvollständigkeiten in der Gesamtdokumentation. Häufig zeigt erst die Systemanwendung, daß der ursprüngliche Wunsch modifiziert oder doch zumindest konkretisiert werden muß (z. B. Probleme in Handhabung, Ergonomie und Benutzerfreundlichkeit). Während der Entwicklung können sich Widersprüche in bereits freigegebenen Dokumentationen bzw. deren Unvereinbarkeiten mit Naturgesetzen oder (zeitabhängiger) technologischer Realisierbarkeit herausstellen. Die Unvollständigkeit des Anforderungskatalogs oder der Entwurfsdokumentation können es aber auch unmöglich machen, sinnvolle Entwurfs– bzw. Implementierungsentscheidungen zu treffen, so daß zunächst nochmals in den Analyse– bzw. Entwurfsprozeß eingetreten werden muß, bevor der Entwurfs– bzw. Implementierungsprozeß fortgesetzt werden kann. Auch um die Wünsche des Auftraggebers möglichst detailliert erfassen zu können, wird die Analysegruppe während der Erstellung des Anforderungskatalogs des öfteren mit dem Auftraggeber Kontakt aufnehmen.

Änderungen

Werden z. B. aufgrund eines Änderungswunsches oder einer Fehlerkorrektur, die Idee oder Teile der Gesamtdokumentation geändert, so muß der Entwicklungsprozeß von dieser Änderung beginnend top–down nachvollzogen werden. Es kann sich z. B. trotz unveränderten Bedarfs die Notwendigkeit ergeben, den Anforderungskatalog zu modifizieren. Diese Modifikation muß eine Anforderungsspezifikation hinterlassen, die in sich und zum Bedarf konsistent ist. Erst danach – dies wird i. a. durch eine entsprechende Freigabemitteilung für den modifizierten Anforderungskatalog an die Entwurfsgruppe gemeldet – kann damit begonnen werden, die Entwurfsdokumente zum neuen Anforderungskatalog und in sich konsistent zu machen. Es muß also entschieden werden, welche Entwurfsdokumente im Anforderungskatalog zunächst betroffen sind. Nach deren Modifikation werden sich i. a. zunächst Inkonsistenzen zu anderen Entwurfsdokumenten ergeben, die hierarchisch auf gleicher oder niedriger Ebene angesiedelt sind. Sukzessive Modifikationen sollten letztlich zu einer in sich und zum Anforderungskatalog konsistenten Entwurfsdokumentation führen. Eine entsprechende Freigabemeldung bezüglich der Entwurfsdokumentation wird die Implementierungsgruppe veranlassen, die Fertigungsdokumente zu modifizieren, die von der Änderung der Entwurfsdokumentation betroffen sind. Gegebenenfalls muß das Benutzerhandbuch angepaßt werden, bevor wieder eine konsistente Gesamtdokumentation vorliegt. Auch hier werden sich Fertigung und Test anschließen, um die Korrektheit der Änderungen bzw. des geänderten Systems zu überprüfen.

Freigabe, Parallelisierung und Synchronisation

Der Prozeß der Systementwicklung wird i. a. nicht (wie oben beschrieben) sequentiell ablaufen. Aufgrund der Teilbarkeit von Aufgaben ist es möglich, daß nicht nur innerhalb einer Gruppe, sondern auch in verschiedenen Gruppen der Entwicklungsabteilung gleichzeitig am selben System gearbeitet wird. Damit sind die einzelnen Phasen zeitlich nicht streng voneinander getrennt, sondern überschneiden sich und nehmen gegenseitig aufeinander Einfluß. Man kann sie folglich als parallele Prozesse modellieren, die synchronisiert werden müssen (vgl. Bild 2.13 unten).

Wenn z. B. ein Teil der Entwurfsdokumentation so weit abgeschlossen ist, daß daraus Fertigungsdokumente erstellt werden können, wird dieser Teil der Entwurfsdokumentation i. a. an die Implementierungsgruppe freigegeben werden. Sie kann, nachdem sie einen Teil der Fertigungsdokumente erstellt hat, diese zur Fertigung und zum Test freigeben, während zur gleichen Zeit andere Teilbereiche des Systems noch entworfen werden. Es ist für diesen Fall offensichtlich, daß das zu testende System anders aufgebaut ist als die spätere Anwendung. Die Problematik der Parallelisierbarkeit innerhalb der Systementwicklung soll aber hier nicht weiter ausgeführt werden.

2.4.2 Klassifizierung von Änderbarkeit bezüglich des Änderungsgrundes

Bisher wurde Änderbarkeit als der Einfluß des zu ändernden Systems auf zukünftige Änderungsaufwände (produktimmanenter Einfluß, vgl. Abschnitt 2.2.2) betrachtet. Synonyme Begriffe für Änderbarkeit sind *Änderungsfreundlichkeit*, *Flexibilität* und *Modifizierbarkeit*. Im folgenden werden die mit dem Begriff Änderbarkeit verbundenen Sachverhalte zunächst bezüglich der Änderungsursache klassifiziert. Dabei wird versucht, Begriffe so zu verwenden, daß sie möglichst intuitiv auf den durch sie bezeichneten Sachverhalt zurückschließen lassen. Im weiten

Sinne kann Änderbarkeit unabhängig von der Änderungsursache verstanden werden und damit als Oberbegriff für die folgenden Begriffe. Da Wartung im allgemeinen Sprachgebrauch die Behebung von Verschleißerscheinungen bezeichnet, sind die Begriffe *Wartung* und *Wartbarkeit* im Zusammenhang mit Software nicht angebracht, auch wenn sie häufig als Bezeichnung der Sachverhalte herangezogen werden, die in dieser Arbeit als Änderung und Änderbarkeit bezeichnet werden.

Anforderungsspezifikation, Entwurfsdokumentation, Fertigungsdokumentation und Benutzerhandbuch bilden eine Einheit, die sogenannte Gesamtdokumentation, innerhalb der konsistenzerzwingende Restriktionen erfüllt sein müssen. Bei der Neuerstellung eines Systems ausgehend von der Anforderungsspezifikation oder der Modifikation eines Systems ist darauf zu achten, daß die Gesamtdokumentation in sich konsistent ist bzw. konsistent bleibt. Genau diese Konsistenz fehlt aber fast in jedem System, wenn man voraussetzt, daß kaum oder keine fehlerfreien größeren Systeme existieren. Die fehlende Konsistenz begründet jegliches Fehlverhalten eines Systems. Ist dieses Fehlverhalten im Falle eines programmierten Systems nicht ausschließlich auf das Trägersystem zurückzuführen, so liegen Programmfehler vor, die auf Widersprüche in oder zwischen Spezifikation, Entwurfsdokumentation oder Programm zurückzuführen sind.

Werden als Gegenstand von Änderungen ausschließlich Fehlerdetektion und –korrektur betrachtet, so wird der Änderungsaufwand auf Aufwand zur Fehlerbehebung und Änderbarkeit auf *Korrigierbarkeit* beschränkt, wie dies in Bild 2.14 zu sehen ist. *Korrigierbarkeit* ist ein Maß dafür, wie einfach sich in einem System Fehler detektieren und korrigieren lassen.

Da ein programmierbares System aus universellem Trägersystem und Programm besteht, hängt auch die Änderbarkeit eines programmierten Systems ab von der Änderbarkeit des Trägersystems und der Änderbarkeit des Programms. Üblicherweise ist das gewählte Trägersystem so universell, daß allein durch Änderung des Programms alle "denkbaren" Modifikationen des Systems zu verwirklichen sind. Im folgenden sollen keine Änderungswünsche betrachtet werden, die ein anderes Träger-

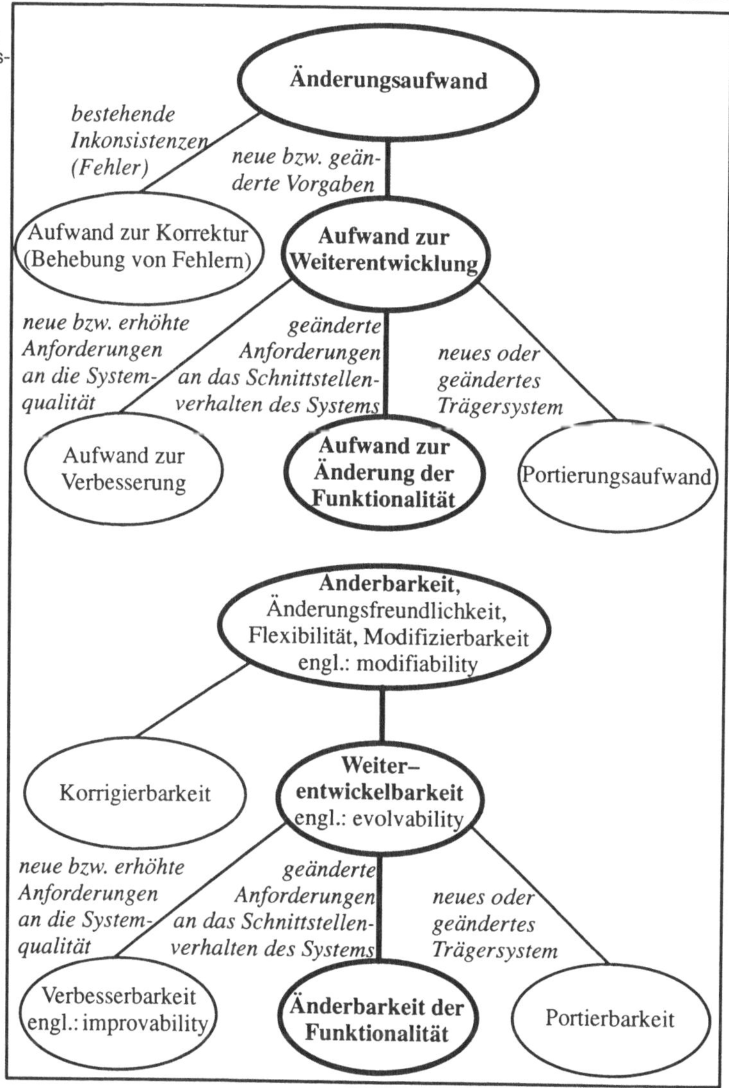

Bild 2.14 Klassifizierung von Änderungsaufwand und Änderbarkeit von Software bezüglich des Änderungsgrundes

system erfordern würden. Somit bleiben als Gegenstand von Änderungen nur die Beschreibungen informationeller Systeme von Interesse.

Wird von einer konsistenten Einheit aus Spezifikation, Entwurf und Programmcode ausgegangen, so liegen keine Fehler vor und das gefertigte System verhält sich, wie es von ihm erwartet wird.

Jede Änderung an einem System und dessen zugehöriger Gesamtdokumentation, die nicht primär der Fehlerbehebung dient, kann als Weiterentwicklung des Systems betrachtet werden. Der hiermit verbundene Änderungsaufwand ist der Aufwand zur Weiterentwicklung. Der entsprechende Teilaspekt der Änderbarkeit sollte demnach als *Weiterentwickelbarkeit* (engl.: *evolvability*) bezeichnet werden. Als Änderungsursachen kommen jetzt nur noch geänderte Vorgaben in Frage. Dies können geänderte Anforderungen an die Systemfunktionalität oder die Softwarequalität sein oder die Anpassung der Software an ein neues oder geändertes Trägersystem.

Bleiben die Anforderungen an ein programmiertes System (wie Systemfunktionalität und Softwarequalität) unverändert, soll aber das gesamte Systemverhalten mittels eines neuen Trägersystems realisiert werden, so ändern sich i. a. die Anforderungen an das Programm. Die zugehörige Gesamtdokumentation muß derart geändert werden, daß sie (auch) vom neuen Trägersystem abgewickelt werden kann. Der mit dieser Änderung verbundene Aufwand wird als Portierungsaufwand bezeichnet. *Portabilität* ist ein Maß dafür, wie einfach sich ein gegebenes Programm einschließlich zugehöriger Dokumentation derart ändern läßt, daß es dasselbe Systemverhalten auf einem anderen Trägersystem realisiert.

Sollen einzelne oder mehrere Dimensionen der Systemqualität wie Effizienz von Laufzeit oder notwendigem Speicherplatz, Wiederverwendbarkeit von Moduln, Änderbarkeit, Systemverständlichkeit etc. erhöht werden, während die Funktionalität des Systems an seinen äußeren Schnittstellen unverändert bleibt, so kann nur die Struktur der Gesamtdokumentation modifiziert werden. Im englischen Sprachgebrauch bezeichnet man den entsprechenden Teilaspekt der Änderbarkeit als "*improvability*"[58)], was man im Deutschen mit *Verbesserbarkeit* übersetzen kann. In dieser Klassifikation müssen Bemühungen, die Robust-

58) vgl. z. B. [Gilb_89] pp. 366 ff

heit[59] zu erhöhen, zwischen Korrektur und Verbesserung eingeordnet werden.

In der vorliegenden Arbeit soll aber als wesentlicher Änderungsgrund die Änderungen in Entwurfsdokumentation und Programm (Fertigungsdokumentation) als Reaktion auf eine bezüglich der Funktionalität des Systems geänderte Anforderungsspezifikation betrachtet werden. Dabei können ein unverändertes Trägersystem, gleiche Anforderungen an die Systemqualität und idealerweise eine konsistente Gesamtdokumentation des gegebenen Systems vorausgesetzt werden. Änderbarkeit – hierauf eingeschränkt – wird in der vorliegenden Arbeit als *Änderbarkeit der Systemfunktionalität* bezeichnet. Alle Aspekte, die die Schnittstellen zwischen System und Umgebung betreffen, sind hiervon eingeschlossen, d. h. einerseits rein informationelle Sachverhalte, aber auch Codierung und Zeitverhalten, soweit sie Teil des Schnittstellenprotokolls sind.

Erweiterung der Systemfunktionalität kann verstanden werden als Beibehaltung aller bisher geforderten Verhaltensmuster an der Schnittstelle System–Umgebung, wobei weitere Verhaltensmuster zusätzlich gefordert werden. Dann muß *Erweiterbarkeit* (engl.: *extendability*) als Sonderfall von Änderbarkeit der Systemfunktionalität betrachtet werden.

Es lassen sich auch bei dieser Klassifikation Änderungen an einem System und/oder dessen Umgebung vorstellen, die nicht per se eindeutig einer Klasse zuzuordnen sind. Man stelle sich die Aufgabe vor, Ausgaben auf einen neuen Drucker mit anderem Eingabeformat zu leiten, während das Druckergebnis im wesentlichen unverändert bleiben soll. Wird der Drucker zum System gerechnet und stellt die Druckerausgabe die Schnittstelle zur Umgebung dar, so würde man die entsprechende Änderung als Portierung einstufen. Ist dagegen der Drucker als Teil der Umgebung zu rechnen, so ändert sich das Schnittstellenverhalten des Systems zu seiner Umgebung und damit die Funktionalität des Systems.

59) Robustheit: angemessene Reaktion auf unerwartetes Verhalten der Umgebung an den Schnittstellen (Umgebung verhält sich anders als im Schnittstellenprotokoll bzw. der Spezifikation vorgesehen.)

Da die vorliegende Arbeit sich im wesentlichen auf die Änderbarkeit der Systemfunktionalität bezieht, wird im folgenden, falls dies nicht ausdrücklich anders gesagt wird, mit Änderbarkeit (i. e. S.) immer Änderbarkeit der Systemfunktionalität gemeint sein, während die allgemeine Änderbarkeit als "Änderbarkeit i. w. S." bezeichnet werden wird.

2.4.3 Phasenorientierte Zerlegung von Änderungsaufwänden

Nach einer Änderung der Anforderungsspezifikation ist es häufig hilfreich, die Entwicklung top–down nachzuvollziehen und dabei zu prüfen, inwieweit die restliche Dokumentation noch konform zur Anforderungsspezifikation ist. Teilt man den Systementwicklungsprozeß derart, wie in Abschnitt 2.4.1 beschrieben, so sollte auch der Prozeß der Änderung eines programmierten Systems in folgende Teilprozesse zerlegt werden:

1) Analyse und Spezifikation: Änderung des Anforderungskatalogs
2) Entwurf: Änderung der Entwurfsdokumentation
   a) Identifikation des Teils der Entwurfsdokumentation, der aufgrund der geänderten Spezifikation modifiziert werden muß
   b) Neuentwurf auf der Basis der bestehenden Entwurfsdokumentation und der neuen Spezifikation, bis die neue Entwurfsdokumentation in sich und bezüglich der neuen Spezifikation konsistent ist
   c) phaseninterne Konsistenzüberprüfung (durch am Entwurfsprozeß bisher unbeteiligte Personen)
3) Implementierung: Änderung der Fertigungsdokumentation
   a) Identifikation des Teils der Fertigungsdokumentation, der aufgrund der geänderten Spezifikation und Entwurfsdokumentation modifiziert werden muß
   b) Modifikation der Fertigungsdokumentation, bis diese in sich und bezüglich der neuen Spezifikation und Entwurfsdokumentation konsistent ist
   c) phaseninterne Konsistenzüberprüfung (durch an dem Implementierungsprozeß bisher unbeteiligte Personen)

4) Fertigung von Systemkomponenten bzw. Fertigung des Systems
5) Aktualisierung phasenübergreifender Dokumente, z. B. des Benutzerhandbuchs und evtl. Testdokumente, wie Testvorschriften
6) phasenübergreifende Konsistenzprüfung: Test von Systemkomponenten bzw. Test des Systems

Die Änderung der Anforderungsspezifikation wird im Rahmen der vorliegenden Arbeit als gegeben betrachtet, so daß der Gesamtänderungsaufwand sich zusammensetzt aus den Änderungsteilaufwänden, die mit den Teilprozessen 2) bis 6) verbunden sind. Damit kann *Änderungsaufwand* als Aufwand für die Lokalisierung und Durchführung von Änderungen in der Gesamtdokumentation, sowie für Fertigung und Test von Systemkomponenten und des Gesamtsystems definiert werden.[60)]

Wie die Prozesse der Systementwicklung so werden auch Änderungsprozesse i. a. nicht sequentiell ablaufen. Die einzelnen Teilprozesse überschneiden sich zeitlich und nehmen gegenseitig aufeinander Einfluß (siehe Bild 2.13 unten). So z.B. gelingt es häufig nicht, in einem Schritt alle Teile der Fertigungsdokumentation zu identifizieren, die aufgrund geänderter Spezifikation und Entwurfsdokumentation modifiziert werden müssen. Dadurch befinden sich nach Abschluß dieses ersten Änderungsschrittes noch immer Inkonsistenzen in der Dokumentation. Es werden Folgeänderungen notwendig, um diese Inkonsistenzen zu beheben.[61)] Auch dabei wird man zunächst versuchen, den Teil der Dokumentation zu bestimmen, der aufgrund der bisher erfolgten Änderung noch modifiziert werden muß.

60) Wenn Balzert Änderungsaufwand als "Aufwand für die Lokalisierung und Durchführung von Änderungen in einem Produkt, wenn die Art der gewünschten Änderung festliegt" versteht (siehe [Wix_Balzert_87] S. 42), muß davon ausgegangen werden, daß in dieser Definition Fertigung und Test impliziert wurden. Denn ohne Fertigung und Test ist kein geändertes programmiertes System erhältlich.

61) Rombach definiert daher auch für Software das Qualitätsmerkmal Stabilität: Die *Stabilität* "eines Systems oder eines Bausteins ist charakterisiert durch die mittlere Zahl von Folgeänderungen pro Änderungsursache (ausgehend von demjenigen Baustein, in dem der Grund für die Änderungen auftrat, und den mittleren Aufwand für Folgeänderungen pro Änderungsursache." ([Rombach_84] S. 8)

Trotz dieser starken Verzahnung der verschiedenen Teilprozesse ist es für das tiefergehende Verständnis von Änderbarkeit und ihren Einflußfaktoren wichtig, die mit den einzelnen Teilprozessen verbundenen Aufwände getrennt voneinander zu betrachten.

Änderbarkeit durch Verständlichkeit

Verständlichkeit kann als relative Leichtigkeit begriffen werden, den Inhalt eines Dokuments oder einer sonstigen Beschreibungseinheit zu erfassen. Diese Definition ist ausreichend, um den Einfluß von Verständlichkeit auf Änderbarkeit erörtern zu können. Verständlichkeit ist also kein Attribut des programmierten Systems, sondern ein Attribut der Systemdokumentation. Das programmierte System stellt den (wesentlichen) Beschreibungsgegenstand dar. Eine Beschreibung kann verständlich und in sich konsistent, aber dennoch inkorrekt sein – nämlich dann, wenn die Aussagen der Beschreibung nicht auf den Beschreibungsgegenstand zutreffen.

Der Aufwand, den ein Mensch benötigt, den Inhalt eines Dokumentes zu erfassen, ist individuell sehr verschieden. Daher setzen viele Definitionen von Verständlichkeit auch sprachliche und fachliche Vorkenntnisse des Betrachters voraus. So definiert Willmer "Die Verständlichkeit ist eine Qualitätseigenschaft, deren Ausprägung den Aufwand bestimmt, den ein (menschlicher) Leser benötigt, um ein Software–Produkt zu verstehen. Unter dem 'Leser' sei ein Sachverständiger zu verstehen, der sowohl die Fachproblematik als auch die verwendete Beschreibungssystematik (Methoden, Programmiersprachen etc.) kennt und beherrscht." ([Willmer_85] S. 32)

Innerhalb des Aufwandes zur Änderung der Gesamtdokumentation von programmierten Systemen nimmt der Aufwand für das Verstehen einzelner Beschreibungseinheiten einen großen Raum ein; denn fast alle menschlichen Tätigkeiten im Änderungsprozeß setzen Wissen und Inhalte voraus, die in der Gesamtdokumentation beschrieben sind. Dazu zählt insbesondere die Identifikation des Teils der Entwurfsdokumentation, der aufgrund der geänderten Spezifikation modifiziert werden muß (2a), die Identifikation des Teils der Fertigungsdokumentation, der aufgrund der geänderten Spezifikation und Entwurfsdokumentation modifiziert werden muß (3a), die Aktualisierung phasenübergreifender Dokumente (5) sowie Test und Verifikation (6).

Das Thema "Verständlichkeit der Dokumentation" kann jedoch im Rahmen dieser Arbeit nicht den ihm gebührenden Raum erhalten. Daher werden nur einzelne Querverweise zu anderen Qualitätsmerkmalen aufgezeigt, die im folgenden für die Darstellung konzeptioneller Einflüsse auf die Änderbarkeit nötig sind.

Um den Einfluß von Verständlichkeit auf Änderbarkeit zu beurteilen, ist insbesondere die Antwort auf die Frage von Interesse, wie schnell es gelingt, aus der Dokumentation die für die Änderung benötigte Information (über das programmierte System) zu erhalten. Den Entwickler mag z. B. interessieren, wie eine bestimmte Komponente arbeitet, wie mehrere Komponenten zusammenarbeiten, oder zu welchem Zweck in einem bestimmten Kontext ein bestimmter Auftrag erfolgt.

❍ *Jede für die Änderung notwendige Information sollte in wenigen kleinen Beschreibungseinheiten enthalten sein. Dadurch ergibt sich die in sich teilweise widersprüchliche Forderung nach vollständigen, präzisen, aber dennoch knappen und lokal verständlichen Beschreibungseinheiten.*[62)]

In einer Dokumentation gibt es üblicherweise Beschreibungseinheiten, deren Verständnis das Verständnis einer anderen Beschreibungseinheit voraussetzt. Damit einem Entwickler der Einstieg in eine Dokumentation erleichtert oder überhaupt ermöglicht wird, sollten zwischen den in der Dokumentation enthaltenen Beschreibungseinheiten keine zirkulären Abhängigkeiten existieren. Die sich ergebende "Dokumentenhierarchie" ermöglicht einen Top–Down–Einstieg. Zum Verstehen eines Dokumentes sind nur übergeordnete, aber keine neben– oder untergeordneten Dokumente notwendig. Im Gegensatz dazu ist es schwer, Informationen aus einem Netz von Dokumenten zu entnehmen, von denen keines verstanden werden kann, solange nicht der Inhalt anderer Dokumente bekannt ist. Ein derartiges Netz kann nur als Ganzes verstanden werden.

62) Indem man eine Beschreibung vervollständigt oder präzisiert, wird diese sicherlich nicht knapper werden.

Andererseits folgt aus der Forderung nach lokal verständlichen Beschreibungseinheiten, daß eine Information möglichst dort zu finden sein sollte, wo sie zum Verständnis eines anderen Sachverhaltes nötig ist, oder sie sollte von dort möglichst einfach zugänglich sein. Hierbei können Werkzeuge wie Hypertext–Viewer und Browser helfen.

Verständlichkeit erleichtert es, korrekte und konsistente Dokumente zu erstellen (*Korrektheit*), Inkonsistenzen zu ermitteln und sie zu beheben (*Testbarkeit* und *Korrigierbarkeit*), oder gegebenenfalls Konsistenz festzustellen (*Testbarkeit* und *Verifizierbarkeit*). Verständlichkeit ermöglicht es auch, vorhandene Komponenten (Beschreibungseinheiten) zu nutzen (*Wiederverwendung*), wodurch der Aufwand zur Durchführung der eigentlichen Änderung (nachdem verstanden wurde, was zu ändern ist) reduziert wird (siehe Abschnitt 2.4.4).

Änderbarkeit durch reduzierten Aufwand zur Durchführung von Änderungen

Nachdem verstanden und identifiziert wurde, was zu ändern ist, kann der eigentliche Änderungsprozeß erfolgen (2b, 3b). Dies kann geschehen, indem vorhandene Beschreibungseinheiten gegen neu zu entwicklende oder gegen Verweise auf andere schon vorhandene ausgetauscht werden. Der hiermit verbundene Aufwand (zur Durchführung von Änderungen, nachdem verstanden wurde, was zu ändern ist,) ist abhängig von Kopplung, Universalität und Redundanz schon vorhandener Beschreibungseinheiten (siehe Abschnitt 2.4.4).

Änderbarkeit durch reduzierte Fertigungszeit

Auch der Fertigungsaufwand geht in den Gesamtänderungsaufwand ein. Weil im Bereich der Software–Entwicklung ausschließlich maschinell gefertigt wird, fallen die Fertigungskosten im Verhältnis zu den restlichen Entwicklungskosten niedrig aus, und werden daher häufig vernachlässigt. Da erst nach der Fertigung getestet werden kann, bedeuten lange Fertigungszeiten entsprechende Wartezeiten für den Entwickler. (Siehe hierzu auch Abschnitt 2.3.1). Aus diesem Grund kann die Entwicklung beschleunigt und möglicherweise der Entwicklungsaufwand gesenkt werden, indem z. B. durch geringere Abhängigkeit zwischen den Quelltext–Dokumenten die Übersetzung einzelner

Quelltexte seltener erfolgen muß, oder durch inkrementelles Binden zur Bauzeit oder gar durch Nachladen und dynamisches Binden zur Laufzeit die Fertigungszeit gesenkt wird.

Änderbarkeit durch Testbarkeit, Korrigierbarkeit und Verifizierbarkeit

Die Qualitätsmerkmale Testbarkeit und Verifizierbarkeit werden in dieser Arbeit nicht näher untersucht. Da aber Testen und Verifizieren zum Entwicklungs– und damit Änderungsprozeß zählen, gehen die mit ihnen verbundenen Aufwände in den Gesamtänderungsaufwand ein. Somit nehmen auch Testbarkeit und Verifizierbarkeit positiven Einfluß auf Änderbarkeit sowohl auf Änderbarkeit im weiten Sinne als auch auf Änderbarkeit im engeren Sinne. Da auch die Korrektur einen Teil des Änderungsprozesses darstellt, nimmt Korrigierbarkeit – die, wie in Abschnitt 2.4.2 dargelegt, einen Unterbegriff zu Änderbarkeit im weiten Sinne darstellt – Einfluß auf Änderbarkeit im engen Sinne.

2.4.4 Weitere Einflüsse auf Änderbarkeit

Nachdem in den vorangegangenen Abschnitten Änderbarkeit nach der Änderungsursache klassifiziert wurde (Abschnitt 2.4.2) und der Änderungsaufwand ablauforientiert in Komponenten zerlegt wurde (Abschnitt 2.4.3), soll im folgenden der Einfluß bisher nicht betrachteter Qualitätsmerkmale auf Änderungsaufwände exemplarisch erörtert werden. Die Beziehungen zwischen den hier betrachteten Qualitätsmerkmalen und Änderbarkeit sind von unterschiedlicher Art. Sie stellen aber weder eine Kompositionsbeziehung noch eine Konkretisierung dar. Im Rahmen dieser Arbeit war es nicht möglich, diese Beziehungen intensiver zu untersuchen. Hier sind Folgearbeiten denkbar. Die folgende Darstellung genügt aber, um die wichtigsten Zusammenhänge zwischen den betrachteten Qualitätsmerkmalen und Änderbarkeit zu verstehen und als Ausgangsbasis für Kapitel 4 zu nutzen, wo der Einfluß von Entwicklungskonzepten auf Änderbarkeit untersucht werden wird.

2.4.4.1 Änderbarkeit durch Entkopplung

Im Laufe des Entwicklungsprozesses müssen immer wieder Entscheidungen getroffen werden, deren Alternativen zunächst gleichwertig erscheinen oder deren Konsequenzen zum Zeitpunkt der Entscheidung noch nicht vollständig überblickt werden können. Von solchen eher zufälligen Entwicklungsentscheidungen sollte man so wenig wie möglich abhängig machen, damit eine spätere Revidierung der Entscheidung offen bleibt. Eine Entscheidung muß revidiert werden, falls es sich zeigt, daß die Anforderungen aufgrund der getroffenen Entscheidung nicht erfüllt werden können, oder falls sich die Anforderungen ändern sollten.

Wird z. B. in einer Beschreibungseinheit eine passive Komponente definiert, auf die auch Akteure direkten Zugriff haben, die selbst in anderen Beschreibungseinheiten definiert sind, so bedeutet dies, daß diese anderen Beschreibungseinheiten Annahmen über den strukturellen Aufbau dieser passiven Komponente machen. Folglich kann diese passive Komponente nicht beliebig geändert werden, ohne daß Änderungen in den diese Zugriffsmöglichkeit nutzenden Beschreibungseinheiten erforderlich werden. Werden andererseits in einer Beschreibungseinheit die Schnittstellen aktiver Komponenten definiert, über die auch Akteure, die selbst in anderen Beschreibungseinheiten definiert sind, Aufträge absetzen, so können diese Auftragsannahmeschnittstellen nicht beliebig eingeschränkt werden, ohne daß Folgeänderungen in den diese Schnittstellen nutzenden Beschreibungseinheiten erforderlich werden.

Deshalb sollten Beschreibungseinheiten möglichst wenige Annahmen über andere Beschreibungseinheiten machen, die nicht standardmäßig zur Verfügung stehen und möglicherweise geändert werden könnten. Dies führt zum Begriff der Kopplung zwischen Beschreibungseinheiten. Die *Kopplung* einer Beschreibungseinheit A an eine Beschreibungseinheit B bezeichnet den Umfang der Annahmen, die in A von B gemacht werden. Die Stärke der Kopplung von A an B beeinflußt, in welchem Umfang B geändert werden kann, ohne daß in A Folgeänderungen durchzuführen sind, und in welchem Umfang A geändert werden muß, falls B geändert wird.

❍ *Um die Kopplung zwischen den Beschreibungseinheiten einer Dokumentation möglichst niedrig zu halten, muß eine Beschreibungseinheit derart nutzbar sein, daß nutzende Einheiten möglichst wenige Annahmen über sie benötigen.*

Zwang zur Kopplung durch komplexe Schnittstellenbeschreibungen

❍ *Um die Kopplung zwischen den Beschreibungseinheiten einer Dokumentation möglichst niedrig zu halten, sollten Beschreibungseinheiten, um eine andere Beschreibungseinheit nutzen zu können, möglichst wenige Annahmen über möglichst wenige weitere Beschreibungseinheiten machen müssen.*

Wird z. B. die Definition eines nicht standardmäßig gegebenen Datentyps zur Beschreibung einer Auftragsannahmeschnittstelle genutzt, so macht nicht nur die definierende Beschreibungseinheit Annahmen über diesen Datentyp. Auch die Beschreibungen aktiver Komponenten, die als Auftraggeber diese Schnittstelle nutzen, sind dazu gezwungen, Annahmen über diesen Datentyp zu machen. Eine spätere Änderung dieses Datentyps erfordert folglich nicht nur eine Änderung der Beschreibung des Auftragnehmers, sondern auch eine Änderung aller Auftraggeber–Beschreibungen. Die Verwendung nicht standardmäßig gegebener Datentypen in der Beschreibung einer Auftragsannahmeschnittstelle erzwingt also die Kopplung von den Auftraggeber–Beschreibungen zu der Datentypbeschreibung.

Information Hiding und Änderbarkeit

Da nach außen nicht offengelegte Information von dort auch nicht genutzt werden kann, trägt das Prinzip der *Verbergung von Information* zur Entkopplung und damit zur Änderbarkeit bei. Die von außen nicht nutzbare Information einer referenzierten Beschreibungseinheit kann beliebig geändert werden, ohne daß die referenzierenden Beschreibungseinheiten modifiziert werden müssen. Dagegen erfordert die Änderung der vor einer Beschreibungseinheit nicht verborgenen Information i. a. Folgeänderungen in den diese Information nutzenden Beschreibungseinheiten.

Daraus ergibt sich: Je kleiner die von außen zugängliche Information einer Beschreibungseinheit, desto geringer ist die Wahrscheinlichkeit, daß bei einer notwendigen Änderung der

Beschreibungseinheit Folgeänderungen der referenzierenden Beschreibungseinheiten nötig werden. Andererseits gilt: Je "leistungsfähiger" eine Beschreibungseinheit, desto stärker kann sie genutzt werden. Und je stärker sie genutzt wird, desto größer ist der Umfang der Folgeänderungen in den nutzenden Beschreibungseinheiten, falls eine nicht nach außen verborgene Information modifiziert werden muß. So z. B. erhöhen zusätzliche und komplexere Auftragsparameter die Kopplung durch mögliche Auftraggeber. Daraus kann man folgende Empfehlung ableiten:

❍ *Eine Beschreibungseinheit sollte genau so viel an Information nach außen bereitstellen, wie nötig ist, um sie einfach benutzen zu können. Insbesondere sollte sie keine Information nach außen anbieten, von der vermutet werden darf, daß sie später geändert werden wird.*

Information Hiding bietet also Schutz vor unerlaubter bzw. ungewollter Kopplung durch andere Einheiten. Dadurch daß es die Anzahl der Querverweise zwischen Beschreibungseinheiten begrenzt, erhöht es auch die Verständlichkeit der einzelnen Beschreibungseinheiten und trägt auch auf diesem Weg zur Änderbarkeit bei.

❍ *Als wichtiges Mittel zum "Verbergen von Information" dient die Datenkapselung. Sie bietet nicht nur einen Schutz vor Kopplung und trägt damit zur Änderbarkeit bei, sondern gewährleistet auch die Einhaltung möglicher Restriktionen auf den Werten der gekapselten Datenobjekte.*

2.4.4.2 Änderbarkeit durch Universalität

Enthält ein System mehrere Komponenten, die ähnliches Verhalten zeigen oder ähnlich aufgebaut sind, so wird die zugehörige Beschreibung nur einmal in der Gesamtdokumentation benötigt. Stellt sich im Laufe der Entwicklung eines programmierten Systems heraus, daß für eine gegebene Aufgabe eine Komponente mit einem bestimmten Verhalten benötigt wird, so kann man, statt eine solche Komponente neu zu beschreiben, in der zur Verfügung stehenden Dokumentation nachsehen, ob eine Komponente schon beschrieben ist, die die geforderte Aufgabe (zumindest annähernd) erledigen kann, und diese, falls vorhanden, im gegebenen Kontext (i. a. durch Referenzierung) wiederverwenden. Dies wird man aber nur dann tun, wenn es überhaupt bekannt ist, daß eine derartige Komponente existiert oder existieren könnte, und wenn die Zeit, die zu ihrer Ermittlung und Eignungs– und Verwendungsprüfung benötigt wird, geringer ist als die, eine entsprechende Beschreibung selbst zu erstellen und zu verifizieren. Es ist also erforderlich, daß die Schnittstellenbeschreibung einer geeigneten Komponente existiert, leicht aufzufinden und verständlich ist, so daß man schnell erkennt, ob und wie die Komponente einzusetzen ist. Die Komponente selbst muß leicht verwendbar sein, z. B. sollte sie keine komplexen Auftragsparameter benötigen oder andere Komponenten voraussetzen, die möglicherweise nicht zur Verfügung stehen.

Universalität

Je universeller die beschriebenen Komponenten und je universeller die Beschreibungen sind, aus denen Komponenten gefertigt werden, desto wahrscheinlicher ist es, daß eine gegebene Beschreibung auch in einem neuen Anwendungsspektrum genutzt werden kann.[63)]

Dies läßt sich am einfachsten dadurch erreichen, daß Konstanten oder Variablen der Operationsmethode nach außen (als Parameter) angeboten werden. Die entsprechenden Argumente können entweder bei der Beschreibungs–Verwendung (Referenzierung) durch eine andere Beschreibungseinheit oder bei Aufträgen an die beschriebene Komponente durch andere Komponenten geliefert werden. Die Lieferung von Argumenten bedeutet eine Konkretisierung der Beschreibung bzw. des Auftragstyps der beschriebenen Komponente. Dagegen bedeutet die Bereitstellung von (zusätzlichen) Parametern die Reduktion der Annahmen von der Umgebung über das, was (durch die beschriebene Komponente) erledigt werden soll. Diese Reduktion der Annahmen von der Umgebung wird teilweise kompensiert durch die Annahme, wo die zusätzlichen Parameter zu finden sein sollen

63) Die Universalität einer Komponente bestimmt den Umfang der Typen von Anwendungsaufgaben, die durch diese Komponente gelöst werden können. Die Universalität einer Komponentenbeschreibung bestimmt den Umfang der Typen von Anwendungsaufgaben, die durch die beschriebenen Komponenten gelöst werden können.

und welche Prädikate sie erfüllen müssen. Hierbei können Default–Argumente hilfreich sein und damit die Annahmen von der Umgebung weiter reduzieren. In ähnlicher Weise können automatische Typumwandlung und polymorphe Argumente dienlich sein.

Die Universalität einer Beschreibungseinheit kann auch dadurch erhöht werden, daß man die Voraussetzungen an die Aufträge, den Auftragskontext bzw. die Umgebung reduziert, z. B. indem die Existenz bestimmter Akteure und Datenobjekte nicht mehr nötig ist oder Anforderungen an sie (insbesondere an Auftragsargumente) eingeschränkt werden.

Andererseits kann die Auftragsannahmeschnittstelle einer aktiven Komponente auch durch zusätzliche von außen ansprechbare aktive Subkomponenten universeller gestaltet werden. Dabei ist es unerheblich, ob die Aufträge, die ausschließlich von diesen "neuen" Subkomponenten bearbeitet werden können, vom selben Typ sind wie die Aufträge, die schon zuvor bearbeitet werden konnten[64], oder ob sie Aufträge eines zusätzlichen Typs bearbeiten.

Dienstleistungsschichten und abstrakte Abwickler zur Reduktion der Anwendungskomplexität

Die Komplexität eines Anwendungsprogramms ist nicht zuletzt abhängig vom Verhältnis der Komplexität des zu lösenden Problems zur Komplexität der Abwickleranweisungen. Mittels Operatordefinitionen können einfache Abwickleranweisungen zu komplexeren zusammengefaßt werden. Aus informationeller Sicht (im Gegensatz zu Realzeitproblemen) ist es irrelevant, ob ein Abwickler eine Operationsanweisung direkt ausführen kann oder durch die Abwicklung einer beschriebenen Operationsmethode ausführen muß. Wenn der zur Verfügung stehende Abwickler nicht genügend komplexe Aufträge direkt ausführen kann (gemessen an der Komplexität des zu lösenden Problems), kann es sinnvoll sein, eine problemangemessene Dienstleistungsschicht in Form von Bibliotheken bereitzustellen oder sich eines leistungsfähigeren abstrakten Abwicklers in Form eines Interpreters oder Compilers zu bedienen. Dies wird um so wichtiger, je

64) Dies wird zuweilen als *Overloading* des Auftragstypidentifikators bzw. des Operatorsymbols bezeichnet.

größer das Verhältnis von Problem- zu Abwicklerkomplexität und je größer die Spezifikationsänderungen sind, die für die weitere Produktentwicklung erwartet werden. (Auch für die Portierung kann es hilfreich sein, die eigentliche Anwendung vom realen Abwickler durch eine Dienstleistungsschicht zu trennen.)

Wenn eine Dienstleistungsschicht oder ein abstrakter Abwickler unabhängig von einer speziellen Anwendung erstellt wurden, so sind sie von möglichen Änderungen in den Systemanforderungen idealerweise nicht betroffen. Möglicherweise sind jedoch Erweiterungen hilfreich.[65] Das Anwendungsprogramm jedoch wird einfacher und dadurch verständlicher und leichter zu ändern. Man darf also eine Reduktion der Änderungsaufwände erwarten, der man jedoch den Aufwand für die Erstellung der Dienstleistungsschicht gegenüberstellen muß.

2.4.4.3 Änderbarkeit durch reduzierte Redundanz

Redundanz liegt vor, wenn dieselbe Information - möglicherweise anders formuliert - mehrfach in einer Dokumentation oder einer Beschreibungseinheit vorhanden ist. Es existieren implizite Kopplungen zwischen den diese Information enthaltenden Beschreibungseinheiten. Eine Änderung kann nur gleichförmig in allen diese Information enthaltenden Beschreibungseinheiten durchgeführt werden, ohne daß die Dokumentation in sich inkonsistent würde. Wird stattdessen diese Information nur einmal in die Dokumentation aufgenommen und durch Verweise bzw. Referenzen aus den entsprechenden Beschreibungseinheiten mehrfach verwendet, so gewährleistet man Konsistenz zwischen diesen Beschreibungseinheiten und vermeidet es somit, gleichartige Änderungen an mehreren Stellen durchführen zu müssen. Der Aufwand zur Durchführung von Änderungen, nachdem verstanden wurde, was zu ändern ist, sinkt.

65) Umgekehrt verhält es sich bei der Portierung: Sollen Dienstleistungsschicht oder abstrakter Abwickler Portabilität gewährleisten, so beschränken sich Änderungen, die bei einer Portierung durchzuführen sind, idealerweise eben auf diese Dienstleistungsschicht oder diesen abstrakten Abwickler.

❍ *Die Mehrfachverwendung derselben Beschreibungseinheit trägt dann mittels reduzierter Redundanz zur Änderbarkeit bei, wenn aus der Änderung der nutzenden Beschreibungseinheiten dieselben Änderungsanforderungen an die mehrfach benutzte Beschreibungseinheit resultieren.*

Der Einfluß auf die Verständlichkeit jedoch ist ambivalent. Die Mehrfachnutzung durch Referenzierung anstelle der Mehrfachverteilung von Information macht die Kopplung zwischen den Beschreibungseinheiten explizit. Der Entwickler erkennt also die Abhängigkeiten innerhalb der Dokumentation leichter. Ein Verweis auf eine Information anstatt einer Information an Ort und Stelle kann die "lokale Verständlichkeit" der Beschreibungseinheit reduzieren, falls zum Verständnis der referenzierenden Beschreibungseinheit die referenzierte benötigt wird. Wird die referenzierte Beschreibungseinheit zum Verständnis der referenzierenden aber nicht benötigt, so kann die "lokale Verständlichkeit" erhöht werden, indem die restlichen Teile der referenzierenden Beschreibungseinheit enger zusammenrücken.

Sind aber Änderungen der benutzenden Beschreibungseinheiten mit widersprechenden Änderungsanforderungen an dieselbe benutzte Beschreibungseinheit verbunden, so erhöht die Mehrfachverwendung i. a. den Änderungsaufwand, statt ihn zu reduzieren. Dies ist meist ein Indiz dafür, daß die Gleichheit der benötigten Beschreibungseinheiten eher zufällig als semantisch begründet war, also *keine* Redundanz vorlag, und die Mehrfachverwendung nur dazu diente, Schreibaufwand und / oder Speicherplatz für den Quelltext zu sparen.

3 Konzepte der Objektorientierung

Der Begriff der Objektorientierung scheint heute mehr zu einem Schlagwort geworden zu sein, mit dem jeder die Fortschrittlichkeit seiner Produkte und Techniken anpreist, als daß ein gemeinsamer Konsens vorläge, was mit diesem Begriff zu verbinden sei. Objektorientierte Datenbanksysteme, objektorientierte Programmiersprachen, objektorientierte Grafik, objektorientierter Entwurf sind nur einige Schlagworte, die anscheinend nebeneinander stehen, aber außer dem Begriff "objektorientiert" kaum etwas gemeinsam haben, da sie sich doch auf sehr verschiedene Anwendungsgebiete beziehen, unterschiedliche Ziele verfolgen und sich unterschiedlicher Techniken bedienen.

Als kleinsten gemeinsamen Nenner kann man *Objektorientierung* zumindest als das "Denken in Objekten" verstehen. Dabei scheint die *Lokalität* bzw. eingeschränkte Verfügbarkeit von Daten ein wesentliches Prinzip darzustellen.

In diesem Kapitel wird versucht, den objektorientierten Systementwurf als "Orientierung an den Objekten" des Problembereichs zu verstehen. *Objektorientierter Entwurf* und *objektorientierte Programmierung* verlangen damit: Der Entwurf und die Programmierung informationeller Systeme sollen sich *orientieren* an den *Objekten* des Problembereichs.

Aus dieser sehr abstrakten Erklärung des Begriffes Objektorientierung ergeben sich vielerlei Fragen für den konkreten Entwicklungsprozeß: Wie lassen sich die Objekte des Problembereichs identifizieren, an denen man sich orientieren soll? Wie zeichnet sich eine Orientierung an diesen Objekten im konkreten Entwicklungsprozeß aus? Dazu ist es zunächst notwendig, die erkenntnistheoretischen Grundlagen aus Kapitel 1 weiter zu vertiefen (Abschnitt 3.1).

Abschnitt 3.2 führt ein in die Wesenszüge der objektorientierten Programmierung, wobei zunächst Möglichkeiten aufgezeigt werden, Objekte, Attribute und Beziehungen des Problembereichs auf Sachverhalte im Rechner abzubilden, damit man berechtigterweise von objektorientierter Programmierung sprechen kann. Ausgehend vom Basismodell für objektorientiert programmierte Systeme – eine Struktur von ausschließlich über Nachrichten miteinander kommunizierenden zustandsbehafteten Akteuren – werden Begriffe wie Strukturvarianz, Klassifizierung, Identifikation und Polymorphie auf den Bereich der objektorientierten Programmierung übertragen.

Abschnitt 3.3 beschreibt optionale, also nicht notwendige Merkmale objektorientiert programmierter Systeme, die aber in vielen objektorientiert programmierten Systemen zu finden sind oder wünschenswert wären, wie Klassenakteure und Pseudo–Metaklassen, parametrisierbare Klassenbeschreibungen und zusammengesetzte Objektakteure.

3.1 Erkenntnistheoretische Grundlagen der Objektorientierung

Wie im ersten Kapitel festgestellt wurde, existiert keine per se strukturierte Welt. Die Struktur unserer Welt existiert nur im menschlichen Denken – als Ergebnis eines subjektiven Prozesses (vgl. Bild 1.1). Entscheidend für die wahrgenommene Struktur sind i. a. subjektiv festgelegte Invarianten, die zur Abgrenzung von Objekten herangezogen werden.

Eine strukturierte Weltsicht erlaubt uns aufgrund der damit verbundenen Komplexitätsreduktion, unsere Umgebung begrenzt zu verstehen, begrenzt vorherzusagen und zu modifizieren. Z. B. kann ein Rechner (ein programmierbares System) als Hilfsmittel für zu erledigende Aufgaben herangezogen werden. Als *Problembereich* bezeichnet man dann den mit der zu lösenden Aufgabe in Verbindung stehenden Teil des Universums (vgl. Bild 3.1). Im Rahmen der vorliegenden Arbeit werden nur solche Probleme betrachtet, bei denen universell zu programmierende Rechner mit entsprechenden Programmen als Lösung in Frage kommen. Daher stellen zu programmierende Rechner einschließlich der von ihnen abwickelbaren Programme den Bereich dar, in dem eine Lösung gesucht wird. Sie bilden also den *Lösungsbereich.*

Bild 3.1 reale Welt und subjektives Weltbild eines Menschen (vgl. Bild 1.1)

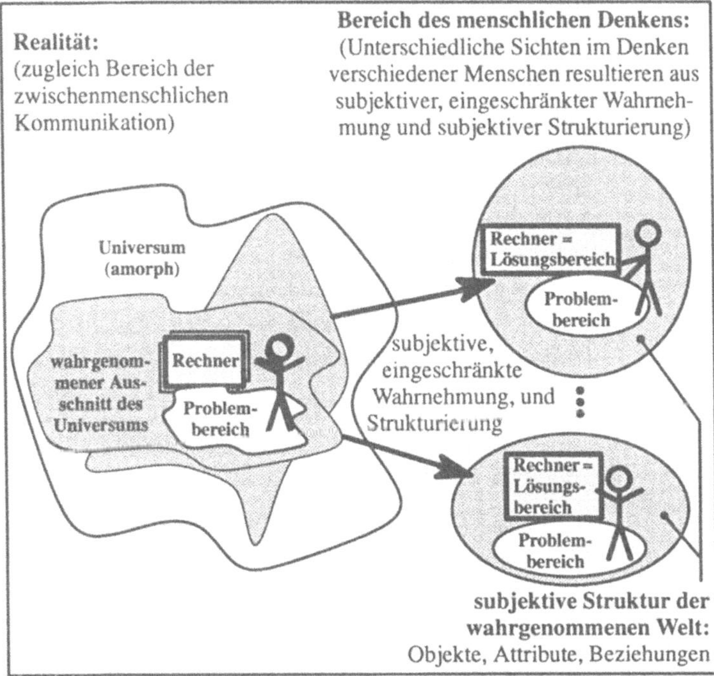

3.2 Wesenszüge objektorientierter Programmierung

Da jeder Mensch einen anderen Ausschnitt des Universums wahrnimmt und den von ihm wahrgenommenen Ausschnitt anders strukturiert, ergeben sich häufig Probleme bei der zwischenmenschlichen Kommunikation.

Im Rahmen der Produktentwicklung ist es Ziel des Analyseprozesses, den Problembereich abzugrenzen und derart zu strukturieren, daß eine einheitliche Sicht aller Beteiligten möglich wird. Das Analyseergebnis soll eine Struktur widerspiegeln, die als Basis für die Kommunikation zwischen Auftraggeber und Entwicklungsteam und innerhalb des Entwicklungsteams dienen kann.

Objektorientierter Entwurf und objektorientierte Programmierung setzen voraus, daß während der Analysephase der Problembereich derart strukturiert wurde, daß diese Struktur als Ausgangsbasis aller Betrachtungen dienen kann. Damit braucht das amorphe Universum nicht weiter betrachtet zu werden.

Abbildung von Objekten

Das objektorientierte Konzept fordert idealerweise eine eindeutige Zuordnung von Objekten des Problembereichs zu aktiven Einheiten im Rechner, den sogenannten *Objektakteuren.* Zu jedem Objekt des Problembereichs, ob aktiv oder passiv, existiert damit genau eine aktive Komponente im Rechner, der für das abgebildete Objekt zuständige Objektakteur. In der einschlägigen Literatur werden Objektakteure häufig kurz als Objekte bezeichnet und erhalten die Namen der Objekte, für die sie zuständig sind. Dann wird es schwierig, zwischen Objekten des Problembereichs und Objektakteuren im Rechner zu unterscheiden.

Die Beziehungen zwischen den Objekten des Problembereichs und den Objektakteuren des Lösungsbereich sind dabei meist von einem der drei folgenden Typen:

1) Ein Objekt des Problembereichs beeinflußt die Schnittstelle zwischen dem zu programmierenden System und dessen Umgebung. Daher ist es sinnvoll, innerhalb des Rechners einen Akteur vorzusehen, der das Gegenstück zu diesem Objekt darstellt und sozusagen mit dem Objekt des Problembereichs "kommuniziert". Solche Akteure können als Spiegelungen der Objekte des Problembereichs an der Schnittstelle System–Umgebung verstanden werden. Hierunter sind insbesondere Sensor– und Aktor–Treiber, also Gerätetreiber i. w. S. zu verstehen, aber auch programmierte Akteure, die die Schnittstelle zum Menschen beeinflussen, wie Akteure zur Darstellung von (virtuellen) Interaktionsknöpfen und Menüs auf dem Bildschirm.
2) Ein System oder ein Teil eines Systems hat die Aufgabe, Objekte des Problembereichs zu modellieren. Es muß also Komponenten vorsehen, die ähnliche Eigenschaften und Fähigkeiten haben wie die zu modellierenden Objekte. Man denke hierbei z. B. an einen Flugsimulator oder die Simulation eines Kernkraftwerkes. Die zu modellierenden Objekte haben dabei i. a. keinen Einfluß auf die Schnittstelle zwischen dem zu programmierenden System und dessen Umgebung. Die zugehörigen Objektakteure können dagegen sehr wohl diese Schnittstelle direkt oder indirekt beeinflussen.

3) Ein Rechner übernimmt Aufgaben, die früher (z. B. noch während der Analysephase) von nicht–programmierten, z. B. menschlichen Akteuren erledigt wurden oder jederzeit von nicht–programmierten Akteuren erledigt werden könnten. Genaugenommen haben die meisten Objektakteure eines derartigen Systems keine Entsprechung im Problembereich. Sie spiegeln lediglich Konzepte möglicher realer oder imaginärer Lösungen wider oder übernehmen die Funktion von aktiven oder passiven Komponenten in nicht–programmierten Lösungen. In programmierten Systemen zur Erstellung von Zeichnungen beispielsweise sind hierunter Akteure zu verstehen, die die Funktionalität von Pinseln, Spraydosen, Scheren, Blättern oder ähnlichem übernehmen.

Abbildung von Attributen – Aufbau der Objektakteure

Ein Objektakteur besitzt einen i. a. aus mehreren Komponenten bestehenden objektlokalen Zustandsspeicher, der vor Zugriffen von anderen Objektakteuren geschützt ("*Datenkapselung*") ist. Der objektlokale Zustandsspeicher der Objektakteure spiegelt idealerweise alle für die Lösung der Aufgabe notwendigen (passiven) Attribute des abgebildeten Objektes wider. Daher werden auch die Komponenten des objektlokalen Zustandsspeichers häufig als Objektattribute oder kurz als *Attribute*[66)] bezeichnet.

Neben diesen passiven Attributen werden Objektakteure auch durch ihre aktiven Merkmale, ihre *Fähigkeiten* charakterisiert. Die Fähigkeiten der Objektakteure können einerseits im wesentlichen Aktivitäten widerspiegeln, zu denen die ihnen zugeordneten aktiven Objekte des Problembereichs fähig sind; oder sie spiegeln Operationen wider, die auf den ihnen zugeordneten möglicherweise passiven Objekten des Problembereichs ausgeführt werden können. Für jede seiner Fähigkeiten, d. h. für jeden Operationstyp, zu dem er fähig ist, besitzt ein Objektakteur genau eine aktive Komponente, einen sogenannten *Operationsakteur.* Die Operationsakteure eines Objektakteurs sind gleichzeitig die einzigen Einheiten im objektorientierten System, die auf den objektlokalen Zustandsspeicher des Objektakteurs direkten Zu-

66) Andere übliche Bezeichnungen sind auch *slot* oder *member.*

griff haben. Dadurch können sie anderen Akteuren einen indirekten Zugriff ermöglichen. Sie besitzen nur während ihrer aktiven Phasen eine (temporäre) Zustandsinformation; d. h. ihre Zustandsinformation geht nach Beendigung der Operation wieder verloren.

Da der objektlokale Zustandsspeicher gegen Eingriffe von außen geschützt werden soll, müssen insbesondere Objektakteure, die passiven Objekten des Problembereichs zugeordnet sind, zu Aktivitäten fähig sein, die die zugeordneten Objekte *nicht* besitzen. Hierunter ist insbesondere der lesende oder modifizierende Zugriff auf ihre Attribute zu verstehen. Umgekehrt haben die aktiven Objekte des Problembereichs häufig "größere" Fähigkeiten als die für sie zuständigen Objekte im Rechner. Fast immer gibt es aktive Objekte im Problembereich, die passive Objekte des Problembereichs modifizieren. Die diesen aktiven Objekten zugeordneten Objektakteure können aber die den entsprechenden passiven Objekten zugeordneten Objektakteure nicht direkt modifizieren, sondern sie nur zur selbständigen Modifikation veranlassen.

Soll z. B. in einer Simulation einer Möbelproduktionsanlage ein Förderband einen Tisch 3,56 m nach links bewegen, wird in der Simulation möglicherweise der Objektakteur, der das Förderband modelliert, den Objektakteur, der den Tisch modelliert, dazu auffordern, die Attribute, die die Position des Tisches beschreiben, entsprechend zu ändern, obwohl ein Tisch nicht dazu fähig ist, auf Anforderung seine Lage zu ändern. Hier wird offensichtlich, wie wichtig es ist, zwischen den Objekten des Problembereichs und den für diese Objekte zuständigen Objektakteure im Lösungsbereich zu unterscheiden.

Abbildung von Beziehungen

Auch die Abbildung von Beziehungen zwischen Objekten des Problembereichs auf Beziehungen zwischen Objektakteuren ist ein wesentliches Element der Objektorientierung. Die direkte Abbildung von Beziehungen wird in den meisten objektorientierten Programmiersprachen heute noch nicht unterstützt. Beziehungen müssen daher dort auf Attribute abgebildet werden (vgl. Kapitel 1). Dagegen unterstützen die heute üblichen objektorientierten Datenbanksysteme die direkte Abbildung von Beziehungen zwischen Objekten des Problembereichs auf Beziehungen zwischen Datenbank–Objekten im Rechner. Objektorientierte Datenbanksysteme sind jedoch nicht Gegenstand dieser Arbeit.

3.2.1 Das Basismodell objektorientierter Systeme

Kommunikation über Nachrichtenaustausch

Ein objektorientiertes Systemmodell besteht idealerweise ausschließlich aus Objektakteuren mit gekapseltem Zustandsspeicher, die miteinander über Nachrichten kommunizieren. Dabei ist das Mithören beim Nachrichtenaustausch ausgeschlossen. Die Kommunikation zwischen zwei Objektakteuren kann daher durch ein Teilnehmersystem mit Vermittlung modelliert werden (siehe Bild 3.2). Eine *Nachricht* ist dabei eine an ein bestimmtes

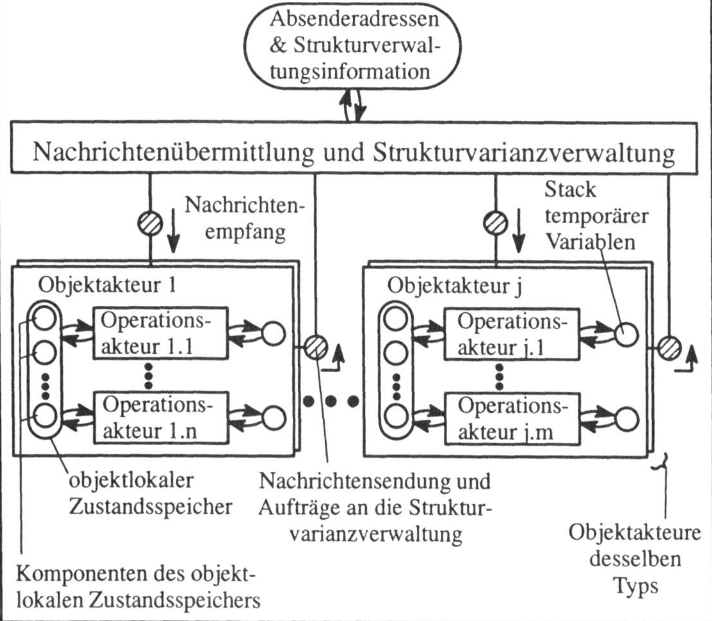

Bild 3.2 Basismodell für objektorientiert programmierte Systeme (abstrakte Aufbaustruktur)

Objekt adressierte Botschaft, die einen Zweck verfolgt. Aus der Nachricht gehen sowohl *Adressat* als auch *Zweck* eindeutig hervor. Die Botschaft kann auch als *Auftrag* an den Adressaten verstanden werden, so zu agieren, daß der Zweck erfüllt wird. Zur Konkretisierung eines Auftrags kann eine Nachricht parametrisiert sein. Der Nachrichtenübermittlungsakteur leitet die Botschaft, also die Nachricht ohne Adresse und Absender, an den

Adressaten weiter, ohne von deren Inhalt selbst Kenntnis zu nehmen. In Anlehnung an den üblichen Gebrauch der Fachsprache in der Welt der objektorientierten Programmierung werden auch im folgenden die Begriffe Botschaft und Nachricht nicht mehr voneinander unterschieden. Dem Begriff Nachricht ist somit nur noch aus dem Kontext zu entnehmen, ob der identifizierte Sachverhalt auch die Adresse mitbeinhaltet.

Reaktionen auf eintreffende Nachrichten

Üblicherweise klassifiziert man Nachrichten nach ihrem Zweck. Der Zweck einer Nachricht ist in einer ausgezeichneten Komponente der Nachricht spezifiziert. Der dort vorgefundene Wert kann als *Nachrichtentypidentifikator* bezeichnet werden (siehe Bild 3.3). Empfängt ein Objektakteur eine Nachricht, muß einer seiner *Operationsakteure*[67)] aktiviert werden, der in der Lage ist, diese Nachricht zu verarbeiten und den vom Absender erwarteten Zweck zu erfüllen. Die Operationsakteure sind für alle anderen Objektakteure (üblicherweise) nicht direkt ansprechbar. Sie werden von dem sie enthaltenden Objektakteur gekapselt und können nur aufgrund einer entsprechenden Nachricht an den enthaltenden Objektakteur aktiviert werden.

Zur Bestimmung des für eine Nachrichtenverarbeitung zuständigen Operationsakteurs wird der Nachrichtentypidentifikator herangezogen, der aus diesem Grund auch als *Selektor* bezeichnet wird[68)]. Denn für jeden Typ von Nachrichten, die ein Objektakteur verarbeiten kann, besitzt er mindestens einen Operationsakteur. Besitzen Objektakteure mehrere Operationsakteure für denselben Nachrichtentyp, so wird die Auswahl eines aufgrund des Nachrichtentyps in Frage kommenden Operationsakteurs üblicherweise nach der Anzahl und den Typen der Parameter der erhaltenen Nachricht getroffen. Prinzipiell sind beliebige Prädikate über den Parametern und/oder über dem restlichen Systemzustand denkbar. Werden neben Objektakteuradresse und Nachrichtentypidentifikator weitere Sachverhalte zur Bestimmung

67) Die Verhaltensbeschreibung eines Operationsakteurs, die Operationsmethode, wird in der Fachliteratur i. a. kurz mit "Methode" bezeichnet.

68) Nachrichtentypidentifikatoren bzw. Selektoren entsprechen den Operatorsymbolen der klassisch prozeduralen Programmierung.

des zuständigen Operationsakteurs notwendig, so besteht die Information zur Identifikation des zuständigen Operationsakteurs aus mindestens drei Teilen. Die Identifikation der durch eine Nachricht aktivierten Operationsakteure wird ausführlicher in Abschnitt 3.2.5 behandelt.

In typprüfenden Programmiersprachen (wie C++) müssen zumindest die Anzahl und die Typen der Nachrichten–Parameter gewisse Bedingungen erfüllen, damit ein geeigneter Operationsakteur ermittelt werden kann. In der nicht–typprüfenden Programmiersprache Smalltalk–80 ist für alle Nachrichten desselben Typs, falls vorhanden, innerhalb eines Objektakteurs derselbe Operationsakteur zuständig. Dies bedeutet aber nicht, daß er auch alle Nachrichten dieses Typs erfolgreich abwickeln kann. Denn auch in nicht–typprüfenden Programmiersprachen ist es häufig notwendig, daß die Parameter bestimmte Bedingungen erfüllen. In objektorientiert programmierten Systemen sind diese Bedingungen häufig Anforderungen an die Nachrichtenempfangsschnittstellen der durch die Parameter identifizierten Objektakteure (siehe unten und Bild 3.3).

Empfängt ein Objektakteur eine Nachricht, die keiner seiner Operationsakteure bearbeiten kann, bedeutet dies, daß der Objektakteur zu einer Operation aufgefordert wurde, die er nicht ausführen kann. I. a. liegt hier ein Fehler vor. In einigen objektorientierten Systemen enthalten Objektakteure einen speziellen Operationsakteur, der bei Empfang einer Nachricht einer unbekannten Klasse aktiviert wird. Mit seiner Hilfe ist es möglich, derartige Fehler zu behandeln.

Eine zweite Fehlerquelle in objektorientierten Systemen besteht in der Möglichkeit, daß unter der in einer Nachricht enthaltenen Adresse kein Objektakteur existiert. In einigen objektorientierten Systemen (z. B. Smalltalk–80) wird dies dadurch ausgeschlossen, daß Adressen nur durch die Erzeugung von Objektakteuren generiert werden können und Objektakteure zumindest solange existieren, wie ihre Adresse noch irgendwo im System gespeichert wird.

Konnte bei einer eingetroffenen Nachricht der zuständige Operationsakteur bestimmt werden, so wird dieser aktiviert. Er führt Berechnungen auf Parametern und objektlokalem Zu-

Bild 3.3
Die Beziehung grundlegender Begriffe der objektorientierten Informationsverarbeitung (Entity–Relationship–Diagramm)

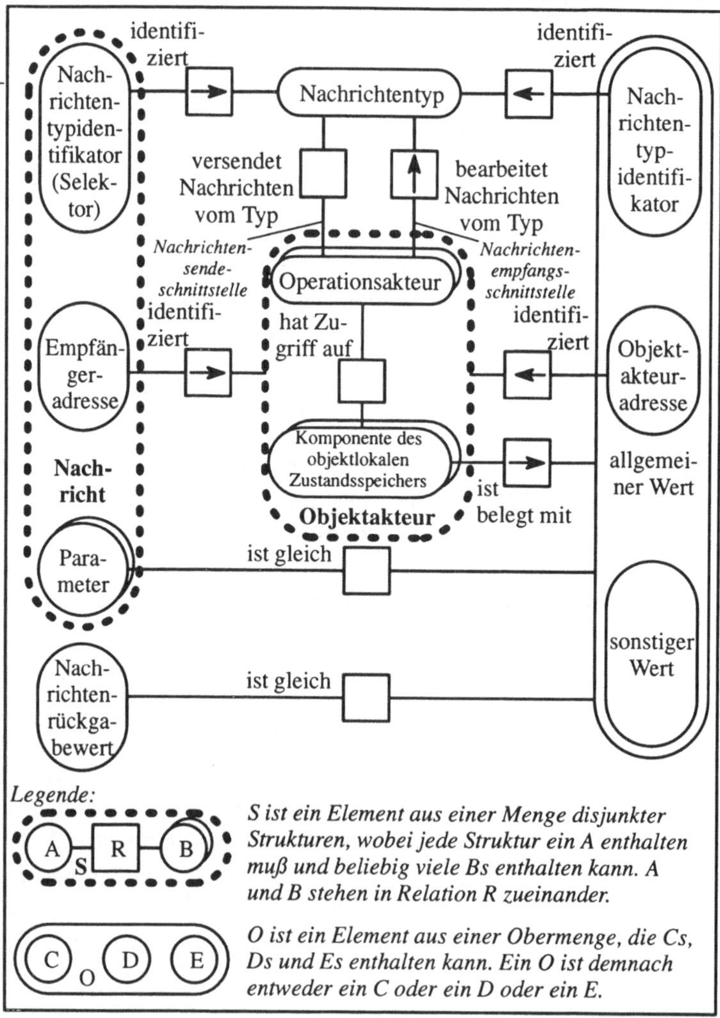

standsspeicher durch, dessen Komponenten dabei modifiziert werden können. Während der Operation kann der Akteur selbst wiederum Nachrichten an beliebige ihm bekannte Objekte senden und gibt möglicherweise einen Wert an den Absender der erhaltenen Nachricht zurück. Die Weiterleitung der Rückgabewerte läuft über die Nachrichtenübermittlung, die zu diesem Zweck die Absenderadressen verwalten muß. Auch für den Fall, daß kein Rückgabewert vorliegt, sondern nur die Auftragsannahme bestätigt oder das Ende der Auftragsbearbeitung gemeldet werden soll, muß die Nachrichtenübermittlung die Adressen der Nachrichtenabsender verwalten.

Die Kommunikation innerhalb desselben Objektakteurs dagegen muß nicht notwendigerweise über die Nachrichtenvermittlung erfolgen, auch wenn die Syntax der Methodenbeschreibung dies nahelegt. In Smalltalk–80 z. B. müssen Aufträge innerhalb eines Objektakteurs als Nachrichten an `self` formuliert werden. Die Auftragsschnittstellen innerhalb eines Objektakteurs wurden daher in Bild 3.2 nicht eingezeichnet.

Für das Verständnis der Informationsverarbeitung in objektorientierten Systemen ist es wichtig, Objektakteuradressen, Nachrichtentypidentifikatoren und sonstige Werte voneinander zu unterscheiden (siehe Bild 3.3). Während die sonstigen Werte in objektlokalen Zustandsspeichern die eigentlichen Attribute der den Objektakteuren zugeordneten Objekte darstellen, spiegeln die dortigen Objektakteuradressen i. a. Beziehungen zwischen den Objekten wider. Darüberhinaus ermöglichen Objektakteuradressen zusammen mit Nachrichtentypidentifikatoren den Informationsaustausch zwischen Objektakteuren.

Dienstakteure

Vermag ein Operationsakteur nicht, einen Auftrag vollkommen selbständig zu erledigen, so kann er andere Objektakteure oder andere Operationsakteure innerhalb seines Objektakteurs dazu auffordern, Teilaufgaben für ihn zu übernehmen. Manche Operationsakteure haben ausschließlich die Aufgabe, Teilaufgaben zu erledigen, die ihnen von anderen Operationsakteuren desselben Objektakteurs erteilt werden. Sie sind nicht zuständig für die Bearbeitung von Nachrichten.[69)] Um sie von Operationsakteuren zu unterscheiden, die unmittelbar zur Bearbeitung von Nachrichten eingesetzt werden, scheint es mir angebracht, sie als *Dienstakteure* zu bezeichnen. Dienstakteure können als eigenständige Operationsakteure neben den für Nachrichten zuständigen Operationsakteuren gesehen werden. Man kann sie aber auch als Komponenten derjenigen Operationsakteure betrachten, die

69) Alternativ könnte man neben der globalen Nachrichtenvermittlung eine objektlokale Hauspost annehmen, die solche Operationsakteure nach außen abschirmt, so daß diese nur "Hauspost" erhalten können.

ihren Dienst in Anspruch nehmen, wodurch es möglich wird, auf Dienstakteure außerhalb von üblichen, d. h. für Nachrichten zuständigen, Operationsakteuren im Modell zu verzichten.

Vor- und Nachbedingungen für Nachrichtensendungen

Werden zwei vollkommen gleiche Nachrichten bei unterschiedlichen Systemzuständen an denselben Objektakteur gesendet, so kann eine von beiden bearbeitbar sein, und die andere ist es möglicherweise nicht. Folglich kann i. a. nicht sichergestellt werden, daß ein Objektakteur alle Nachrichten eines Typs, für den er Operationsakteure besitzt, erfolgreich bearbeiten kann. Ob eine Nachricht von einem Objektakteur bearbeitet werden kann, hängt einerseits vom Nachrichtentyp und von Prädikaten über den aktuellen Parametern der Nachricht ab, aber auch vom aktuellen Zustand des empfangenden Objektakteurs und gegebenenfalls auch von einem Teil des restlichen Systemzustands. In diesem Zusammenhang ist es sinnvoll, den Systemzustand beim Absenden bzw. Empfangen einer Nachricht als den *Kontext* dieser Nachricht zu bezeichnen. Der Nachrichtenkontext beinhaltet insbesondere den aktuellen Zustand des adressierten Objektakteurs und die Zustände der durch die Aktualparameter identifizierten Objektakteure. Da es zur Klassifizierung von Nachrichten nicht sinnvoll ist, den Nachrichtenkontext heranzuziehen, sondern nur die Attribute der Nachricht selbst, wie die Typen und Werte der Aktualparameter, können Nachrichten nicht in jedem Fall derart (sub–)klassifiziert werden, daß aus dem Nachrichtensubtyp bestimmt werden könnte, ob eine Nachricht durch einen Objektakteur bearbeitet werden kann oder nicht.

Zu jeder Klasse von Objektakteuren ist ein Prädikat formulierbar, das die Voraussetzungen an die Nachricht und den Nachrichtenkontext beschreibt, die erfüllt sein müssen, damit die Mitglieder dieser Klasse eine gegebene Nachricht in einem gegebenen Kontext erfolgreich bearbeiten können. Ein solches Prädikat kann als *Vorbedingung* an die Nachrichtensendung interpretiert werden. Falls bei der Nachrichtensendung die für die Klasse des Adressaten spezifische Vorbedingung erfüllt ist, so sichert die Klassenbeschreibung zu, wird nach Ende der Nachrichtenbearbeitung auch die *Nachbedingung* erfüllt sein. Dabei ist die Nachbedingung einer Nachricht (einer Nachrichtensendung) eine Konkretisierung des Nachrichtenzwecks, die für die Klasse des adressierten Objektakteurs spezifisch ist.

Somit kann die Nachrichtenempfangsschnittstelle eines Objektakteurs (Obj) durch die implikative Verknüpfung von Vor– und Nachbedingung beschrieben werden:

$$\forall\, N, K: \quad Vor_{Obj}(N,K) \rightarrow [\ \exists\, K^+: Nach_{Obj}(N,K,K^+)\ ]$$

Dabei bezeichnet N die Nachricht, die im Kontext K gesendet bzw. empfangen wurde. Bei einem ergebnisorientierten Auftrag ist K^+ als der Systemzustand zu verstehen, der bei Ende der Nachrichtenbearbeitung vorliegt, im Falle eines prozeßorientierten Auftrags aber als der Zustandsverlauf zwischen Bearbeitungsbeginn und Bearbeitungsende. In beiden Fällen umfaßt K^+ einen möglichen Rückgabewert. Das Prädikat $Nach_{Obj}(N,K,K^+)$ stellt dabei sicher, daß N, K und K^+ gemäß dem Kommunikationsprotokoll zwischen Nachrichtenvermittlung und sendenden bzw. empfangenden Objektakteuren zur selben Nachrichtensendung gehören, wobei das Kommunikationsprotokoll programmierter Systeme i. a. implizit durch die Programmiersprache festliegt.

Parallelität und Rekursion

In einem objektorientierten System können prinzipiell beliebig viele Objektakteure gleichzeitig aktiv sein. Dagegen ist die Nebenläufigkeit von Operationsakteuren desselben Objektakteurs i. a. eingeschränkt. Da alle Operationsakteure eines Objektakteurs Zugang zum selben objektlokalen Speicher haben, würde ein Transaktionskonzept notwendig, wie es aus dem Datenbankbereich bekannt ist. Sind mehrere gleichzeitig aktive Komponenten in einem System möglich, so werden gegebenenfalls Nachrichten an bereits aktive Objektakteure üblicherweise in eine hierfür vorgesehene "Warteschlange" eingereiht.

Auch wenn parallele Nachrichtensendungen ausgeschlossen sind, können mehrere Objektakteure gleichzeitig aktiv sein. Der Adressat quittiert möglicherweise nur den Empfang der Nachricht, führt aber den eigentlichen Auftrag erst anschließend aus. Zu einem späteren Zeitpunkt kann der Absender oder ein anderer Objektakteur beim Empfänger nachfragen, ob der Auftrag inzwischen abgeschlossen wurde. Während der eigentlichen Auftragsausführung darf der Empfänger aber keine Nachrichten an andere Objektakteure versenden, da parallele Nachrichtensendungen ja ausgeschlossen sein sollen.

Auch wenn die gleichzeitige Aktivität mehrerer Objektakteure innerhalb eines Systems ausgeschlossen wird, kann es sein, daß ein Objektakteur eine Nachricht erhält, noch bevor er eine andere abschließend behandelt hat. Oft muß ein Operationsakteur eine Teilaufgabe an andere Objektakteure delegieren, bevor er die eigene Arbeit fortsetzen kann. Die daraufhin aktivierten Operationsakteure versenden möglicherweise selbst wieder Nachrichten, die die Aktivierung von auf den Abschluß einer Teilaufgabe wartenden Operationsakteuren bewirken (Rekursion). Dies macht es erforderlich, die temporären Variablen der Operationsakteure auf einem Stack zwischenzulagern (siehe Bild 3.2).

Ermittlung der für die Nachrichtenverarbeitung zuständigen Operationsakteure

Empfängt ein Objektakteur eine Nachricht, muß einer seiner Operationsakteure aktiviert werden, der in der Lage ist, diese Nachricht zu verarbeiten und den vom Absender erwarteten Zweck zu erfüllen. D.h er muß dafür sorgen, daß die Nachbedingung der Nachrichtenempfangsschnittstelle des Objektakteurs erfüllt wird. Daher muß ein Objektakteur für jeden Typ von Nachrichten, die er verarbeiten kann, mindestens einen Operationsakteur besitzen. Besitzen Objektakteure mehrere Operationsakteure für denselben Nachrichtentyp, so wird die Auswahl eines aufgrund des Nachrichtentyps in Frage kommenden Operationsakteurs üblicherweise nach der Anzahl und den Typen der Parameter der erhaltenen Nachricht getroffen. Prinzipiell sind beliebige Prädikate über den Parametern und/oder über dem restlichen Systemzustand denkbar. Die Möglichkeit, eine Nachricht parallel oder sequentiell durch mehrere Operationsakteure bearbeiten zu lassen, von denen jeder die Teilaufgabe erledigt, für die er zuständig ist, wird nur in wenigen der heute üblichen objektorientierten Programmiersprachen angeboten.[70)] Daher wird im folgenden davon ausgegangen, daß für jede Nachricht, die ein Objektakteur bearbeiten kann, genau ein Operationsakteur zuständig ist. Jedem Objektakteur (Obj) kann man somit eine Zuständigkeitsfunktion ($zuständig_{Obj}(N,K)$) zuschreiben, die zu einer Nachricht N im Kontext K einen seiner Operationsakteure innerhalb von Obj identifiziert, falls die Vorbedingung der Nachrichtenempfangsschnittstelle des Objektakteurs erfüllt ist ($Vor_{Obj}(N, K)$).

Wie man die Nachrichtenempfangsschnittstelle eines Objektakteurs mittels Vor– und Nachbedingung spezifizieren kann, so kann man auch die Auftragsannahmeschnittstelle eines Operationsakteurs spezifizieren:

$$\forall A, K: \quad Vor_{Op}(A,K) \rightarrow [\ \exists K^+: Nach_{Op}(A,K,K^+)\ ]$$

Falls bei Auftragsannahme die Vorbedingung $Vor_{Op}(A,K)$ erfüllt ist, kann der Operationsakteur Op den Auftrag A im *Auftragskontext* K erfolgreich bearbeiten; d. h. der Auftragsbearbeitungsprozeß erfüllt die "Nachbedingung" $Nach_{Op}(K^+,A,K)$, was bei den üblichen ergebnisorientierten Aufträgen bedeutet, daß bei Ende der Auftragsbearbeitung die Nachbedingung $Nach_{Op}(K^+,A,K)$ erfüllt ist. Das Prädikat $Nach_{Op}(A,K,K^+)$ stellt dabei sicher, daß A, K und K^+ gemäß dem Kommunikationsprotokoll zwischen Auftraggeber und Auftragnehmer zum selben Auftrag gehören. Da das Kommunikationsprotokoll programmierter Systeme i. a. implizit durch die Programmiersprache festliegt, wird allein durch die Angabe von Vor– und Nachbedingung ($Vor_{Op}(A,K)$ und $Nach_{Op}(A,K,K^+)$) die Auftragsannahmeschnittstelle eines Operationsakteurs vollständig spezifiziert.

Für jede Nachricht N, die ein Objektakteur Obj im Kontext K empfängt und bearbeiten kann, muß er genau einen zuständigen Operationsakteur Op (Op = $zuständig_{Obj}(N,K)$) besitzen. Wird N direkt als Auftrag an Op verstanden, so muß die Vorbedingung $Vor_{Op}(N,K)$ der Auftragsannahmeschnittstelle von Op durch N

70) CLOS z. B. erlaubt es, zu diesem Zweck die Methoden von Operationsakteuren mit den qualifizierenden Schlüsselwörtern `:before`, `:after` oder `:around` zu versehen und gegen die sogenannten "primären" Operationsmethoden abzugrenzen (siehe z. B. Bollay_92] p. 66f).

im Nachrichtenkontext K, der zugleich den Auftragskontext darstellt, erfüllt sein. Wird zudem das Ende der Auftragsbearbeitung durch den zuständigen Operationsakteur Op zugleich als Ende der Nachrichtenverarbeitung durch den enthaltenden Objektakteur Obj verstanden, so muß die Nachbedingung $Nach_{Op}(N,K,K^+)$ der Auftragsannahmeschnittstelle von Op auch die Nachbedingung $Nach_{Obj}(N,K,K^+)$ der Nachrichtenempfangsschnittstelle von Obj erfüllen:

$$
\begin{aligned}
\forall N, K: \quad & Vor_{Obj}(N,K) \\
\rightarrow \quad & [\, \exists\, Op: \quad Op = zuständig_{Obj}(N,K) \wedge Enthält(Obj,Op) \\
& \qquad \wedge \quad Vor_{Op}(N,K) \\
& \qquad \wedge \quad \forall K^+: [\, Nach_{Op}(N,K,K^+) \rightarrow Nach_{Obj}(N,K,K^+) \,]\,]
\end{aligned}
$$

Wird diese Bedingung nicht erfüllt, so ist die Nachrichtenempfangsschnittstelle von Obj fehlerhaft spezifiziert.

3.2.2 Struktur und Strukturvarianz

In den Systemmodellen heutiger objektorientierter Programmiersprachen stehen die einzelnen Objektakteure gleichberechtigt und ohne direkten Bezug nebeneinander. Sie bilden also eine unstrukturierte Menge. Ihre Anzahl ist variabel. Es ist möglich, Objektakteure neu zu erzeugen oder existierende zu zerstören.

Zur Erzeugung neuer Objekte gibt es prinzipiell zwei Verfahren, einerseits die Inkarnation nach einem vorgegebenen Bauplan und andererseits den Nachbau eines existierenden Objektes. Die Kreation von Objekten ohne Bauplan und Vorbild ist in heutigen objektorientierten Systemen nicht üblich, aber denkbar. Der kreierende Akteur müßte dynamisch Entscheidungen treffen, aus welchen Komponenten sich das zu erzeugende Objekt zusammensetzen wird und welche Beziehungen zwischen den Komponenten gelten sollen.

Folgende Überlegungen sollen die Notwendigkeit einer eigenständigen Strukturvarianzverwaltung verdeutlichen. Da zu jedem Objektakteur aktive Komponenten gehören, die üblicherweise als programmierte Akteure realisiert sind, wird bei der Erzeugung eines neuen Objektes mindestens ein Abwickler benötigt. Entweder muß ein bisher freier Abwickler darüber informiert werden, welche Rolle bzw. Rollen er ab sofort zu spielen hat. Dann muß ein zentraler Akteur die freien Abwickler verwalten. Oder ein schon beschäftigter Abwickler erhält die Information, daß er eine zusätzliche Rolle im Multiplex zu spielen hat. Die daraus resultierende Rollenverwaltung kann dabei nicht eindeutig einem Objektakteur zugeordnet werden. In beiden Fällen ist also eine Strukturvarianzverwaltung außerhalb jedes Objektakteurs notwendig.

Aufgabe der Strukturvarianzverwaltung ist es demnach, auf Anforderung durch existierende Objektakteure neue Objektakteure ins System einzubringen oder Objektakteure aus dem System zu entfernen. Die eigentlichen Aktionen der Strukturvarianzverwaltung sind somit Aktionen außerhalb der durch Bild 3.2 beschriebenen Systemstruktur. Üblicherweise gibt die Strukturvarianzverwaltung nach der Erzeugung eines neuen Objektakteurs dessen Adresse an denjenigen Akteur zurück, der ihn zur Objekterzeugung aufgefordert hat, und erlaubt diesem ab sofort eine direkte Identifizierung bei nachfolgenden Nachrichtensendungen.

Prinzipiell ist es denkbar, daß der die Objekterzeugung veranlassende Objektakteur mit dem Kreationsauftrag der Strukturvarianzverwaltung und der Nachrichtenübermittlung mitteilt, unter welchem Namen der zu erzeugende Objektakteur zukünftig ansprechbar sein soll. Gilt dieser Name damit nicht für alle Objektakteure gleichzeitig, so muß die Nachrichtenübermittlung für jeden Objektakteur eine Namen–Adreß–Zuordnungstabelle unterhalten. Soll dieser Name jedoch global gelten, so besteht einerseits die Gefahr, daß die einzelnen Objektakteure sich die Namen–Adreß–Zuordnung gegenseitig überschreiben. Andererseits werden neue Objektakteure überall im System über ihren Namen ansprechbar. Denn üblicherweise können Objektakteure zur Laufzeit erzeugte Objektakteure nur dann adressieren, wenn der zu dessen Erzeugung auffordernde Objektakteur die vom Strukturvarianzverwalter erhaltene Adresse weitergibt. Dadurch bleibt die Möglichkeit des Information hiding dem Anwendungsprogrammierer des zur Objekterzeugung auffordernden Objektakteurs überlassen.

3.2.3 Klassifizierung von Objektakteuren

Die Objektakteure eines Systems können sich bezüglich Anzahl, Aufbau und Verhalten ihrer Operationsakteure sowie bezüglich Aufbau und Wertebereich ihrer objektlokalen Zustandsspeicher unterscheiden. Objektakteure, die die gleichen Operationsakteure für dieselben Nachrichtentypen besitzen und deren objektlokale Zustandsspeicher den gleichen Aufbau und dieselben Wertebereiche besitzen, können sich nur durch die aktuelle Belegung des objektlokalen Zustandsspeichers und den Bearbeitungszustand der z. Z. in Bearbeitung befindlichen Nachrichten unterscheiden. Sie werden im Rahmen objektorientierter Programmiersprachen derselben Klasse zugeordnet und sind somit vom selben *Typ*.

❍ *Bei der Entwicklung eines objektorientierten Systems werden nicht die Objekte klassifiziert, sondern die für sie zuständigen Akteure.*

Die Beschreibung, *was* beim Eintreffen einer Nachricht eines bestimmten Typs zu tun sei, sollte für alle Objektakteure eines Systems gleich sein. D. h. die Semantik eines Nachrichtentyps (bzw. des zugehörigen Auftragstyps) sollte nicht vom Typ des empfangenden Objektakteurs abhängig sein. Die Methode, die beschreibt, *wie* ein Objektakteur auf eine Nachricht reagiert, um den mit dem Nachrichtentyp verbundenen Auftrag zu erledigen, ist dagegen abhängig von den Merkmalen und damit vom Typ des empfangenden Objektakteurs.

Aufgrund der Informationskapselung wirken Objektakteure von außen gesehen wie eine Black Box mit zwei Schnittstellen, von denen nur die Nachrichtenempfangsschnittstelle, nicht aber die Nachrichtensendeschnittstelle bekannt ist. Die Nachrichtenempfangsschnittstelle wird üblicherweise kurz als *interface* bezeichnet. Daher ist es manchmal auch wünschenswert, Objektakteure nur nach der Menge der Nachrichten zu klassifizieren, die sie bearbeiten können.[71)]

71) Eine eigens hierfür vorgesehene Sprache (IDL – interface definition language) wird z. B. im Rahmen des Projektes CORBA von der OMG genutzt. (siehe z. B. [OMG_93] p. 47ff)

❍ *Bei der Entwicklung objektorientierter Systeme werden Objektakteure üblicherweise nach ihrem Aufbau und ihrer Empfangsschnittstelle klassifiziert. Es kann aber auch wünschenswert sein, Objektakteure ausschließlich aufgrund ihrer Nachrichtenempfangsschnittstelle zu klassifizieren.*

Hierarchische Klassifizierung

Neben Objektakteuren, die sich in ihrem Aufbau (oder ihrer Empfangsschnittstelle) gleichen, finden sich aber auch Objektakteure, die sich nur in gewisser Hinsicht gleichen, in anderer aber voneinander unterscheiden. Zur Beschreibung solcher Beziehungen reichen einfache Klassifikationen nicht aus. Viele objektorientierte Entwurfsmethoden und Programmiersprachen bieten daher die Möglichkeit, auch hierarchische Klassifikationen explizit zum Ausdruck zu bringen.

Eine Oberklasse legt üblicherweise all diejenigen Attribute fest, die allen Mitgliedern dieser Klasse gemeinsam sind. Dazu zählen insbesondere die Typen von Nachrichten, die von allen Exemplaren dieses Typs bearbeitet werden können, sowie die Operationsakteure und Komponenten des objektlokalen Zustandsspeichers, die in allen Exemplaren dieses Typs enthalten sind. Dabei wird für eine Klasse nicht festgelegt, welche Operationsakteure für welchen Nachrichtentyp bzw. internen Auftragstyp zuständig sind, sondern nur, welche Operationsakteure die Exemplare enthalten, und für welche Nachrichtentypen (Auftragstypen) sie zuständig sein *können.*[72] Es ist sogar möglich, daß eine Klassenbeschreibung einen Nachrichtentyp (Auftragstyp) spezifiziert, für den jedes Exemplar einen Operationsakteur besitzen muß, ohne daß für diese Klasse ein zuständiger Operationsakteur beschrieben wird. Es wird also von den Beschreibungen der Subklassen erwartet, daß ein geeigneter Operationsakteur spezifiziert wird. Daher kann es keine Exemplare dieser Oberklasse geben, die

72) Ausnahmen sind in C++ mittels "non–virtual" member functions und unter Umgehung der dynamischen Bindung möglich.

nicht in einer Subklasse enthalten wären.[73)]

Beschreibungen von Subklassen haben also die Aufgabe, die echten direkten Oberklasse(n) der zu beschreibenden Klasse und diejenigen Attribute bekanntzugeben, die für alle Exemplare der Subklasse zusätzlich zu den Attributen aller echten Oberklassen gelten. Die Angabe der Attribute, die schon in den Oberklassen festgelegt wurden, darf und muß unterbleiben. In der Fachliteratur wird dies häufig als *Vererbung* bezeichnet: Die Subklassen "erben" die Beschreibung ihrer Oberklassen. Hat jede Klasse mit Ausnahme der Wurzelklasse, die alle Objektakteure umfaßt, genau eine echte direkte Oberklasse, so ergibt sich ein Klassenbaum. Dann spricht man von *einfacher Vererbung*. Gibt es in einem System Klassen, die nach mehreren Klassifikationskriterien unterteilt werden, so führt dies (fast immer) auf eine Klassenhierarchie, die Maschen enthält. Es finden sich Klassen, die mehrere echte direkte Oberklassen besitzen. In der objektorientierten Fachsprache ist für diesen Sachverhalt der Begriff der *Mehrfachvererbung* üblich geworden.

Overriding – Beschreibung speziellerer Operationsakteure für Subklassen

In Subklassen können auch Operationsakteure und Dienstakteure für Nachrichtentypen bzw. Auftragstypen definiert werden, für die schon in Oberklassen Operationsakteure definiert wurden. Die in einer Subklasse definierten Operationsakteure sind dabei in den meisten objektorientierten Programmiersprachen als *spezieller* einzustufen als die in einer Oberklasse definierten. In einem solchen Fall ist ein Operationsakteur eines Objektakteurs, der für Nachrichten eines Typs zuständig sein kann, nur dann wirklich für die Bearbeitung von Nachrichten dieses Typs zuständig, wenn es innerhalb dieses Objektakteurs keine spezielleren Operationsakteure gibt, die auch für Nachrichten dieses Typs zuständig sein können. In manchen objektorientiert programmierten Systemen kann es mehrere Operationsakteure innerhalb eines Objektakteurs geben, die für Nachrichten desselben Typs zustän-

73) Klassen, die keine Exemplare enthalten, die nicht auch zugleich in einer Subklasse enthalten sind, werden im Kontext einiger Programmiersprachen als *abstrakte Klassen* bezeichnet (siehe z. B. [Goldberg_Robson_83] p. 66 und [Stroustrup_91] p. 192).

dig sein können und gleich speziell sind. Sind mehrere Operationsakteure eines Objektakteurs für Nachrichten desselben Typs zuständig[74)], so entscheiden andere Kriterien darüber, welcher dieser Operationsakteure die Bearbeitung einer bestimmten Nachricht vornimmt. Üblicherweise werden hierzu die Typen der Nachrichtenparameter herangezogen, so z. B. in C++ und in CLOS. Prinzipiell ist es aber denkbar, daß beliebige Prädikate über der Nachricht und / oder dem Nachrichtenkontext zu diesem Zweck formuliert werden.

Wird in einer Subklasse ein Operationsakteur für einen Nachrichtentyp (oder lokalen Auftragstyp) definiert, für den schon in einer Oberklasse ein Operationsakteur definiert wurde, so kann dies als Überschreiben einer in der Oberklasse getroffenen Zuständigkeit von Operationsakteuren für Nachrichten eines bestimmten Typs interpretiert werden[75)]. Bei dieser Sichtweise tritt das Problem auf, daß eine Aussage der Oberklasse, nämlich die der Zuständigkeit von Operationsakteuren für Nachrichten, nicht für alle Mitglieder dieser Klasse gelten würde. Es wäre aber vollkommen falsch, hier von Überschreiben der Definition eines Operationsakteurs zu sprechen; denn in den meisten objektorientierten Programmiersprachen sind Operationsakteure auch dann noch von anderen Operationsakteuren des sie enthaltenden Objektakteurs ansprechbar, wenn sie nicht (mehr) für eine Nachricht von außen zuständig sind. Man kann solche nicht mehr für die Bearbeitung von (externen) Nachrichten zuständigen Operationsakteure zu den Dienstakteuren zählen. Die Tatsache, daß sie noch Aufträge von Operationsakteuren desselben Objektakteurs entgegennehmen, vereinfacht die Beschreibung von spezielleren Operationsakteuren, die nur noch die Aufgabe selbst erledigen müssen, die die in Oberklassen definierten Operationsakteure

74) C++: "overloaded virtual member functions"; CLOS: "multi methods"

75) Da mit einem Operationsakteur immer dessen Reaktionsmethode identifiziert wird, wurde in der englischen Fachsprache hierfür der Begriff des "method overriding" geprägt (vgl. z. B. [Goldberg_Robson_83] p. 59): Die in Oberklassen definierten Operationsakteure werden bei der "Zuständigkeitsverteilung" übergangen, falls in Subklassen Operationsakteure für dieselben Nachrichtentypen definiert sind.

nicht erledigen, während sie die sonstigen Teilaufgaben an jene (insbesondere die von ihnen verdeckten Operationsakteure) delegieren.

In Smalltalk–80 z. B. läßt sich der "zweitspeziellste" Operationsakteur von den anderen Operationsakteuren desselben Exemplars über die Pseudoadresse `super` und dem Nachrichtentyp, für den er zuständig ist, aktivieren. In der Programmiersprache C++ ist es sogar möglich, beliebig generelle Operationsakteure auch von beliebigen anderen Objektakteuren mittels qualifizierender Nachrichtenzusatzinformation[76)] anzusprechen. Dabei wird allerdings die dynamische Bindung umgangen, da nicht mehr der die Nachricht empfangende Objektakteur den Operationsakteur bestimmt, sondern der die Nachricht absendende Akteur. Der Absender darf nicht nur die Schnittstelle des Empfängers kennen, sondern er muß zugleich Information über dessen aktive Einheiten besitzen. Damit wird auch das Prinzip der Informationskapselung durchbrochen.

Da Dienstakteure spezielle Operationsakteure darstellen, können Subklassen auch Dienstakteure für solche Auftragstypen definieren, für die schon in Oberklassen Dienstakteure definiert wurden. Durch die Definition spezieller Dienstakteure für diesen Auftragstyp erhalten andere Dienstakteure, die in Oberklassen für denselben Auftragstyp definiert wurden, keine Zuständigkeit. Werden Dienstakteure als Komponenten von Operationsakteuren oder anderen Dienstakteuren betrachtet, so stellt die Definition speziellerer Dienstakteure durch eine Subklassenbeschreibung eine Konkretisierung bzw. Präzisierung der diese Dienstakteure enthaltenden Operationsakteure bzw. Dienstakteure dar. Werden dagegen Dienstakteure ausschließlich *neben* den Operationsakteuren des sie enthaltenden Objektakteurs gesehen, so sind Aufbau und Verhalten von Operationsakteuren durch Subklassenbeschreibungen nicht beeinflußbar.

Konkretisierung der Auftragsannahmeschnittstellen

Sagt eine Klassenbeschreibung aus, daß alle Objektakteure dieser Klasse Nachrichten eines bestimmten Typs bearbeiten können, falls die Nachricht und der Kontext, in dem sie abgesendet bzw.

76) Form: `objectName.ClassName::methodName(...)`

empfangen wird, eine bestimmte Bedingung, die Vorbedingung an die Nachrichtensendung, erfüllen, so darf diese Aussage auch von Subklassen nicht zurückgenommen werden. D. h. die Vorbedingungen (Vor_{Unter}), die erfüllt sein müssen, damit ein Exemplar einer Unterklasse eine Nachricht eines bestimmten Typs auch bearbeiten kann, müssen aus den Vorbedingungen (Vor_{Ober}) ableitbar sein, die die Mitglieder der Oberklasse erwarten ($Vor_{Ober} \rightarrow Vor_{Unter}$). Umgekehrt müssen die Nachbedingungen ($Nach_{Unter}$) der Unterklasse die Nachbedingungen ($Nach_{Ober}$), die die Oberklasse zusichert, implizieren ($Nach_{Unter} \rightarrow Nach_{Ober}$).

Bezieht sich die Vorbedingung eines Nachrichtentyps auf die Typen der Nachrichtenparameter, so dürfen die Klassen der durch die Argumente möglicherweise identifizierten Objektakteure durch eine Subklassenbeschreibung erweitert, aber nicht eingeschränkt werden, wenn die Klasse der Adressaten auf eine Unterklasse eingeschränkt wird.[77)] Dagegen muß der Typ des Rückgabewertes oder des durch den Rückgabewert identifizierten Objektakteurs ein Subtyp des Typs sein, der durch die Nachbedingung der Oberklasse zugesichert wurde.

Bild 3.4 Implikationen zwischen Vor– und Nachbedingungen von Ober– und Unterklasse

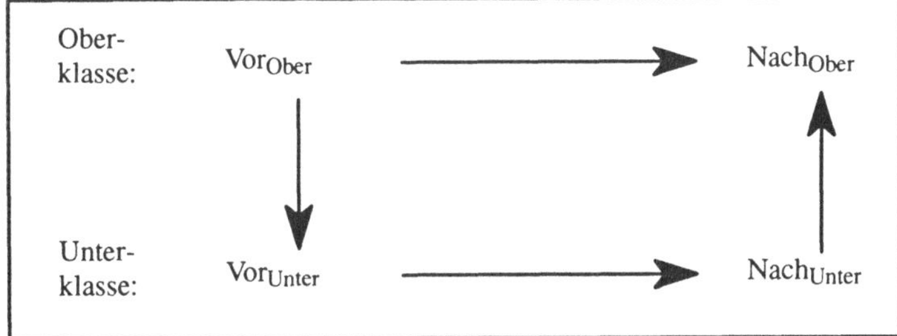

Entsprechendes gilt für objektinterne Aufträge: Sagt eine Klassenbeschreibung aus, daß alle Objektakteure dieser Klasse interne Aufträge eines bestimmten Typs bearbeiten können, falls der Auftrag und der Kontext, in dem er erteilt bzw. angenommen wird, eine bestimmte Bedingung, die Vorbedingung an den Auftrag, erfüllen, so darf diese Aussage auch von Subklassen nicht zurückgenommen werden. D. h. die Vorbedingungen

77) Für diese Forderung wurde der englische Begriff der "Contravariance" eingeführt (siehe z. B. [Harris_91] p. 10).

(Vor_{Unter}), die erfüllt sein müssen, damit ein Exemplar einer Unterklasse einen internen Auftrag eines bestimmten Typs auch bearbeiten kann, müssen aus den Vorbedingungen (Vor_{Ober}) ableitbar sein, die die Mitglieder der Oberklasse erwarten ($Vor_{Ober} \rightarrow Vor_{Unter}$). Umgekehrt müssen die Nachbedingungen ($Nach_{Unter}$) der Unterklasse die Nachbedingungen ($Nach_{Ober}$), die die Oberklasse zusichert, implizieren ($Nach_{Unter} \rightarrow Nach_{Ober}$).

3.2.4 Abgrenzung zur Implementierungsvererbung

Der Begriff der "Vererbung" wird in Zusammenhang mit der objektorientierten Programmierung zuweilen weiter gefaßt als der Begriff der hierarchischen Klassifikation; nämlich um einen Sachverhalt, den man als *Implementierungsvererbung* bezeichnen kann.

Bei der hierarchischen Klassifikation stellt die "vererbende" Klasse eine echte Oberklasse der "erbenden" Klasse dar. Die Exemplare der erbenden Klasse besitzen somit alle Merkmale der vererbenden Klasse. Zur Beschreibung einer Subklasse gibt man nur noch die echten direkten Oberklassen an und die darüber hinausgehenden Merkmale der Subklasse. Das Fertigungssystem ergänzt dann automatisch die Merkmale der durch die Oberklassen festgelegten Merkmale. Diesen Automatismus möchte man, um Entwicklungsaufwand zu sparen, manchmal auch dann nutzen, wenn man in einem vorhandenen Klassenbaum eine Klasse findet, die als Oberklasse für die noch zu entwickelnde Klasse "nicht ganz geeignet" ist. Dies kann einerseits semantische Gründe haben, z. B. weil die Objekte, für die die Mitglieder der zu definierenden Klasse zuständig sind, nicht zu der Klasse gehören, zu der die Objekte zählen, für die die Mitglieder der schon definierten Klasse zuständig sind. Eine andere Ursache mag darin liegen, daß die Exemplare der definierten Klasse Merkmale besitzen, die die Exemplare der zu beschreibenden Klasse nicht besitzen.

Implementierungsvererbung wird vor allem dort als notwendig erklärt, wo die Beschreibung einer Klassenhierarchie (z. B. in Form einer Bibliothek) vorliegt, die nicht oder nur unter großem Aufwand zu ändern ist. Als Beispiel wird häufig eine Bibliothek angenommen, die Exemplare der Klasse `Deque` ("double ended queue") bereitstellt. Ein Mitglied der Klasse `Deque` ist dabei ein Objektakteur, der Elemente an beiden Enden einer Liste einfügen und entnehmen kann. Der einfachste Weg, eine bisher nicht vorhandene Klasse `Stack` einzuführen, besteht darin, eine entsprechende Klasse von `Deque` erben zu lassen und dabei den Operationsakteuren der Klassenmitglieder von `Stack`, die anderen Objektakteuren den indirekten Zugriff am "unteren" Ende erlauben würden, die Zuständigkeit für die Nachrichtenbearbeitung zu nehmen (vgl. z. B. [Snyder_86] p. 41).

Objektorientierte Programmiersprachen, die die Implementierungsvererbung unterstützen, erlauben es, einzelne Merkmale von der Vererbung auszuschließen. Umgekehrt gilt: Werden Merkmale von einer Vererbung ausgeschlossen, so kann die erbende Klasse keine Subklasse der vererbenden Klasse darstellen. – Es liegt Implementierungsvererbung vor.

Ermöglicht eine Programmiersprache Subklassifikation und Implementierungsvererbung durch denselben Mechanismus, so kann dies zu großen Verständnisproblemen führen, wenn man beide Beziehungsarten zwischen zwei Klassen verwechselt. (C++ unterscheidet daher zwischen "public derivation" = Subklassifikation und "private derivation" = Implementierungsvererbung.)

Obwohl bei einer Implementierungsvererbung die erbende Klasse keine Subklasse der vererbenden Klasse darstellt, besitzen die Mitglieder beider Klassen gewisse Ähnlichkeiten. I. a. läßt sich eine zu beiden Klassen gemeinsame Oberklasse angeben, die im Sonderfall sogar gleich der erbenden (aber nicht gleich der vererbenden) Klasse sein kann.

Auf Implementierungsvererbung kann aber ganz verzichtet werden, ohne daß die Redundanz in der Dokumentation in nennenswertem Umfang erhöht wird. Dies kann geschehen, indem je ein Exemplar der vererbenden Klasse als Komponente oder Delegierter eines Exemplars der erbenden Klasse dient, so daß es durch andere Objektakteure nicht direkt angesprochen werden kann. (Die "private derivation", wie sie von C++ angeboten wird, kann als eine programmiersprachliche Beschreibung einer derartigen Struktur verstanden werden.)

Eine gewisse Redundanz kann sich aus der Tatsache ergeben, daß auch der Teil der Empfangsschnittstelle neu beschrieben werden muß, der bei erbender und vererbender Klasse gleich ist. Wird die erbende Klasse korrekt in den Klassenbaum "eingefügt", so erhalten ihre Mitglieder durch das Fertigungssystem die Merkmale ihrer Oberklasse automatisch. Dies kann insbesondere bei typprüfenden Programmiersprachen notwendig werden. Durch die Forderung nach Typsicherheit – alle Objektakteure müssen auch die in den Oberklassen zugesicherten Merkmale erfüllen – kann sich dabei die Redundanz erhöhen: Basiert, wie bei objektorientierten Programmiersprachen üblich, die Klassifikation auf Auftragsannahmeschnittstelle und objektlokalem Zustandsspeicher, so besitzen die "Gesamtexemplare" der erbenden Klasse damit die Zustandskomponenten doppelt, die alle Exemplare der (der erbenden und vererbenden Klasse) gemeinsamen Oberklasse besitzen – zum einen in dem von anderen Objektakteuren ansprechbaren Objektakteur und zum anderen in der Komponente bzw. dem Delegierten, der zu der vererbenden Klasse zählt. Daher sind die Nachrichten, die sowohl von Exemplaren der vererbenden als auch von Exemplaren der erbenden Klasse bearbeitet werden können, an die Komponente bzw. den Delegierten weiterzuleiten. Auf die "lokalen Daten" sollte in diesem Fall nicht zugegriffen werden.

Da also Implementierungsvererbung einerseits allein der Reduktion des Quelltextes dient, ohne daß damit ein semantisches Konzept verbunden wäre, und andererseits leicht entbehrlich ist, bleibt auch im Rest der Arbeit die Implementierungsvererbung ohne Berücksichtigung.

3.2.5 Identifikation von Akteuren und Polymorphie

Mehrteilige Identifikationsinformation

Während bei klassisch prozeduraler Programmierung die Operationsakteure, die einen Auftrag ausführen sollen, eindeutig über das Operatorsymbol identifiziert werden, ist bei objektorientierter Programmierung eine mindestens *zweiteilige Identifikationsinformation* vorgesehen. Die Adresse einer Nachricht spezifiziert den angesprochenen Objektakteur, innerhalb dessen der Operationsakteur mittels Selektor identifiziert wird. Der Operationsakteur wird also indirekt über den Objektakteur identifiziert. *Indirekte Identifikation* meint, daß ein Objekt (M) identifiziert wird, das dazu dient, das eigentlich interessierende Objekt (Z) zu identifizieren. Objekt M ist also nur ein Mittel zur Identifikation von Z. Indirekte Identifikation erfordert also einen *mehrschrittigen Identifikationsprozeß*.

Die indirekte Identifikation von Operationsakteuren erlaubt es, daß Objektakteure verschiedener Klassen beim Eintreffen gleicher Nachrichten – unabhängig von ihrem aktuellen Zustand – in unterschiedlicher Art und Weise reagieren. Sie besitzen in diesem Fall andersartige Operationsakteure, die Nachrichten dieses Typs bearbeiten. Bei allen Objektakteuren derselben Klasse (genaugenommen desselben konkretesten Typs) aktivieren gleiche Nachrichten Operationsakteure desselben Typs. Es werden also dieselben Operationsmethoden ausgeführt. D. h. üblicherweise bestimmen der konkreteste Objektakteurtyp und der Selektor zusammen die auszuführende Operationsmethode eindeutig. In diesem Fall liegt eine zweiteilige Identifikationsinformation der auszuführenden Operationsmethode vor. Eine drei- oder mehrteilige Identifikationsinformation der auszuführenden Operationsmethode ist erforderlich, falls konkretester Objektakteurtyp und Selektor zusammen die auszuführende Operationsmethode nicht eindeutig bestimmen. Ein Objektakteur dieses Typs besitzt folglich verschiedene Operationsakteure für denselben Nachrichtentyp (vgl. Abschnitt 3.2.1). In diesem Fall muß weitere Kontextinformation herangezogen werden. Üblicherweise bilden Anzahl und Typen der Parameter die notwendige Kontextinformation.[78)]

78) Auch bei der klassisch prozeduralen Programmierung kann es sein, daß Anzahl und Typ der Auftragsparameter herangezogen werden müssen, um die auszuführende Operationsmethode zu bestimmen, weil das Operatorsymbol die Operationsmethode nur partiell identifiziert. Solche Operatorsymbole werden in der Fachsprache als "overloaded" bezeichnet, falls Anzahl und Typ der Auftragsparameter zur Systembauzeit festliegen, so daß während der Fertigung eine vollständige statische Identifikation der auszuführenden Operationsmethode erfolgen kann.

Mehrschrittiger Identifikationsprozeß

Im Bereich der objektorientiert programmierten Systeme wird für die Identifikation von Operationsakteuren eine mehrteilige Identifikationsinformation benötigt. Aber ähnlich der indirekten Identifikation von Operanden, z. B. in klassisch prozeduralen Systemen, kann auch im allgemeinen Fall ein Operationsakteur mit einer einteiligen Identifikationsinformation indirekt identifiziert werden. Bei einem zweischrittigen Identifikationsprozeß z. B. ermöglicht das zunächst identifizierte Objekt, das gesuchte Objekt eindeutig und direkt zu identifizieren. Man denke z. B. an eine Variable, deren Wert die Adresse eines Operationsakteurs darstellt. So ist es prinzipiell möglich, mehrere Informationsteile zu einem Teil zusammenzufassen und im selben Identifikationsschritt zu verarbeiten.

Eine mindestens zweiteilige Identifikationsinformation wird für einen zweischrittigen Identifikationsprozeß dann benötigt, wenn das zunächst identifizierte Objekt das gesuchte Objekt nicht eindeutig identifiziert. Bei objektorientiert programmierten Systemen stellen Objektakteuradresse und Selektor zwei Teile einer Identifikationsinformation dar. Werden auch die Parametertypen oder sonstige Kontextinformationen zur vollständigen Identifikation des Operationsakteurs benötigt, so stellen sie weitere Teile der Identifikationsinformation dar.

❍ *In objektorientiert programmierten Systemen besteht die Information zur Identifikation von Operationsakteuren aus mindestens zwei Teilen und der zugehörige Identifikationsprozeß erfolgt in mindestens zwei Schritten. Objektorientiert programmierte Systeme erfordern also indirekte Identifikation von Operationsakteuren.*

Indirekte Identifikation und dynamische Bindung

Werden auftraggebender und auftragnehmender Operationsakteur durch denselben Abwickler realisiert, so können bei direkter Identifikation der Methode des zu beauftragenden Operationsakteurs durch den auftraggebenden Operationsakteur die beiden Verhaltensbeschreibungen während der Fertigung an der entsprechenden Stelle "statisch gebunden" werden. D. h. der Abwickler muß die Adresse, an der er die Operationsmethode des zu beauftragenden Operationsakteurs findet, nicht erst zur Laufzeit bestimmen; sie ist explizit und unveränderlich in die auftraggebende Methode codiert. Bei indirekter Identifikation der Methode des auftragnehmenden Operationsakteurs durch die Beschreibung des auftraggebenden Operationsakteurs kann an dieser Stelle eine einfache statische Bindung nur dann erfolgen, wenn die unmittelbar identifizierten Objekte invariant sind. Dies kann das Fertigungssystem zur Optimierung nutzen – z. B. dann, wenn aus der Beschreibung des auftraggebenden Operationsakteurs hervorgeht, daß der konkreteste Typ des beauftragten Objektakteurs unabhängig vom Systemzustand und daher zur Bauzeit bestimmbar ist. Ansonsten sind auftraggebende und auftragnehmende Methode dynamisch zu binden, oder das Fertigungssystem muß eine Fallunterscheidung einfügen, aus der heraus statische Bindungen möglich sind.

Polymorphie und dynamische Bindung

Polymorphe Objektakteure haben die Fähigkeit, im Laufe der Zeit ihren konkretesten Typ zu ändern. Dadurch ist es möglich, daß ein und derselbe Objektakteur beim Eintreffen der gleichen Nachricht zu unterschiedlichen Zeitpunkten in unterschiedlicher Art und Weise reagiert. Eine *statische Bindung* zur Systembauzeit zwischen der Operationsmethode, die eine Nachrichtensendung auslöst, und der daraufhin ausgeführten Reaktionsprozedur ist nicht möglich. Die Methode, die die Reaktionsprozedur beschreibt, kann erst beim Eintreffen der Nachricht bestimmt werden. Hier ist also *dynamische Bindung* erforderlich.

Dynamische Bindung kann aber auch ohne die Existenz polymorpher Objektakteure erforderlich werden. In einem objektorientierten Programm werden Speicher, sogenannte *Adreßvariablen*, benötigt, um die Adressen von Objektakteuren aufzunehmen. Dabei ist es nicht selten, daß derartige Speicher die Adressen verschiedenartiger Objektakteure aufbewahren können. Werden zu verschiedenen Zeitpunkten an die in *einer* Adreßvariablen jeweils enthaltene Adresse gleiche Nachrichten versandt, so lösen diese Nachrichten unterschiedliche Reaktionen aus, abhängig vom Typ des adressierten und damit empfangenden Objektakteurs. Daher kann auch in einem solchen Fall keine statische Bindung zwischen der die Nachrichtensendung auslösenden Anweisung und der auszuführenden Reaktionsprozedur erfolgen, obwohl keine Polymorphie vorliegt.[79] Denn nach Voraussetzung sind alle Objektakteure monomorph und auch die Form einer Adreßvariablen ändert sich i. a. nicht, auch wenn ihr Wert Objekte unterschiedlicher Formen identifiziert.

3.3 Optionale Merkmale objektorientierter Systeme

Im folgenden werden optionale, d. h. nicht notwendige Merkmale objektorientiert programmierter Systeme beschrieben, die aber in vielen objektorientiert programmierten Systemen zu finden sind oder wünschenswert wären, wie Klassenakteure und Pseudo–Metaklassen (Abschnitt 3.3.1), parametrisierbare Klassenbeschreibungen (Abschnitt 3.3.2) und zusammengesetzte Objektakteure (Abschnitt 3.3.3). Abschließend werden wesentliche Elemente der Objektorientierung nochmals zusammengefaßt, indem die Relationen zwischen Objekten, Klassen und Metaklassen beschrieben werden (Abschnitt 3.3.4).

3.3.1 Klassenakteure und Pseudo–Metaklassen

Die Zusammenfassung aller Objekte mit denselben Merkmalen bezeichnet man als Klasse. Eine Klasse kann einerseits beschrieben werden durch die ihren Mitgliedern gemeinsamen Merkmale und andererseits durch die Attribute der Klasse selbst, wie die Beziehung zu anderen Klassen oder die Aufzählung ihrer Mitglieder.

Möchte man Informationen über Prädikate, die alle Mitglieder einer Klasse erfüllen, in einem objektorientierten System nicht bei jedem dem Mitglied zugeordneten Objektakteur ablegen, so kann man statt dessen einen eigenen Datenraum hierfür einrichten. Sieht man zur Verwaltung und Kapselung eines solchen Datenraumes einen mehrere Operationsakteure enthaltenden Akteur vor, so ist es sicherlich angebracht, diesen als *Klassenakteur* zu bezeichnen. Der Klassenakteur ist ähnlich aufgebaut wie die bekannten Objektakteure. Wie diese ist auch er mittels Nachrichtenempfang und Nachrichtensendung in das System eingebunden. Der Klassenakteur eignet sich einerseits zur Verwaltung der den Klassenmitgliedern gemeinsamen Daten.

79) Es sei denn, man definiert eine Adreßvariable als polymorph, falls ihr Wert Objekte unterschiedlicher Formen identifizieren kann.

Dies sind z. B. die Aufbaustruktur der Mitglieder und die ihrer Operationsakteure, aber auch konstante und (wohl seltener) variable Attributwerte (z. B. die Farbe aller gelben Autos oder die Adresse ihres Designers), oder die Information über Klassen- und Oberklassenzugehörigkeit, die zur Laufzeit abfragbar sein soll. Der Klassenakteur eignet sich andererseits auch zur Verwaltung der Mitgliederadressen. In diesem Fall muß er über jedes Erzeugen oder Löschen eines Exemplars informiert werden, gegebenenfalls auch über Migration seiner Klassenmitglieder zu anderen Klassen oder anderer Klassenmitglieder in seine Klasse.

Auch Klassen und Klassenakteure können klassifiziert werden. Eine Klasse von Klassen bezeichnet man als *Metaklasse*.[80)] Da Klassenakteure zuständig für Klassen sind, aber selbst keine Klassen darstellen, bildet eine Klasse von Klassenakteuren dagegen *keine* Metaklasse. In der natürlichen Welt sind Metaklassen kaum von praktischer, sondern im wesentlichen von philosophischer Bedeutung. Daher ist es nicht selbstverständlich, daß Metaklassen Einzug in die Informationstechnik gewinnen konnten. So wie in der Fachsprache zwischen dem Objektakteur und dem Objekt, für das der Objektakteur zuständig ist, häufig nicht unterschieden wird, fehlt auch häufig die Unterscheidung zwischen dem Klassenakteur und der Klasse, für die der Klassenakteur zuständig ist. Folglich werden dann auch Klassen von Klassenakteuren nicht von Metaklassen unterschieden.

Dieser Fehler wurde meines Erachtens auch in der objektorientierten Programmiersprache Smalltalk–80 begangen, so daß dort oft unberechtigterweise der Begriff "*metaclass*" verwandt wird, wo genaugenommen über Klassen von Klassenakteuren gesprochen bzw. geschrieben wird. "Since all Smalltalk–80 system components are represented by objects and all objects are instances of a class, the classes themselves must be represented by an instance of a class. A class whose instances are themselves classes is called a *metaclass*." ([Goldberg_Robson_83] p. 76) Ersetzt man "objects" durch Objektakteure (object agencies),

80) Da die Mitglieder einer Klasse i. a. keine Klassen sind und damit nicht zu einer Metaklasse gehören, kann die Klassenmitgliedschaft keine transitive Relation darstellen.

sind beide Sätze für sich korrekt, und dennoch wird gerade in diesem Zitat der Fehler offensichtlich: In Smalltalk–80 werden nicht Klassen klassifiziert, sondern Akteure ("instances of a class"), die Klassen repräsentieren. Es ergeben sich dabei keine Klassen von Klassen, also *keine* Metaklassen, sondern Klassen von Klassen repräsentierenden Exemplaren.

Da sich ausgehend von Smalltalk–80 die meines Erachtens unangemessene Verwendung des Begriffes Metaklasse in der objektorientierten Welt recht verfestigt hat, es andererseits aber auch in der objektorientierten Welt Klassen gibt, die den Begriff Metaklasse (eher) verdienen, möchte ich im folgenden eine Klasse von Klassenakteuren als *Pseudo–Metaklasse* bezeichnen.

In manchen objektorientierten Systemen wird die Betrachtung von Pseudo–Metaklassen vor allem durch die Realisierungsweise von Klassenakteuren und Objektakteuren notwendig. Dies gilt insbesondere für solche Systeme, in denen Klassenakteure nur Exemplare einer bestimmten Klasse von Objektakteuren darstellen. Da die Methoden, nach denen die Operationsakteure von Objektakteuren derselben Klasse agieren, für alle Mitglieder dieser Klasse gleich sind, ist es ausreichend, diese Methoden für jede Klasse nur einmal zu beschreiben. Aus Gründen des Speicherplatzersparnisses wird man auch im fertiggestellten System i. a. die Methode nur einmal je Trägersystem vorfinden, nämlich in einem Datenraum, der als *Klassenobjekt* bezeichnet werden kann. Enthält ein Klassenobjekt zusätzlich Informationen über die Oberklasse(n) der beschriebenen Klasse, so brauchen auch Operationsmethoden, die den Mitgliedern einer Nicht–Blattklasse gemeinsam sind, nur einmal im System abgelegt zu werden. Aus Gründen der Informationskapselung und der Einheitlichkeit wird man auch die Klassenobjekte mit aktiven Komponenten versehen, die den Zugriff auf die Information der Klassenobjekte ausschließlich indirekt ermöglichen. Dabei ergeben sich Klassenakteure, die, wie oben beschrieben, in ihrem Aufbau und ihrem Verhalten den bekannten Objektakteuren gleichen. Sie können als eine besondere Klasse von Objektakteuren betrachtet werden. (Die Objekte, für die sie zuständig sind, sind Klassen.) Dann ist es auch konsequent, die Methoden, nach denen die Klassenakteure operieren, in einem gesonderten

Datenraum abzulegen und auch diesen Datenraum wieder durch aktive Komponenten zu kapseln, so daß man *Pseudo–Metaklassenakteure* erhält.

Die Anzahl der Pseudo–Metaklassenakteure ist abhängig von der Klassifikation der Klassenakteure. Dabei sind zwei Extrema denkbar. Entweder verzichtet man darauf, Klassenakteure zu klassifizieren, und man erhält genau eine Pseudo–Metaklasse, wie dies in früheren Smalltalk Versionen der Fall war (vgl. [Goldberg_Robson_83] p. 76); oder man klassifiziert derart, daß jeder Klassenakteur das einzige Mitglied seiner Klasse ist, so daß sich für jeden Klassenakteur eine eigene Pseudo–Metaklasse ergibt. Letzteres wurde z. B. in Smalltalk–80 realisiert (siehe Bild 3.5). Hier sind die für die Pseudo–Metaklassen zuständigen Pseudo–Metaklassenakteure Mitglieder derselben Klasse. Dessen Klassenakteur ("`Metaclass`") ist selbst einziges Mitglied einer "Pseudo–Metaklasse".[81)]

Bild 3.5 Beziehungen zwischen Objekt–, Klassen– und Pseudo–Metaklassenakteuren (vgl. auch [Goldberg_Robson_83] Figure 5.2 p. 78)

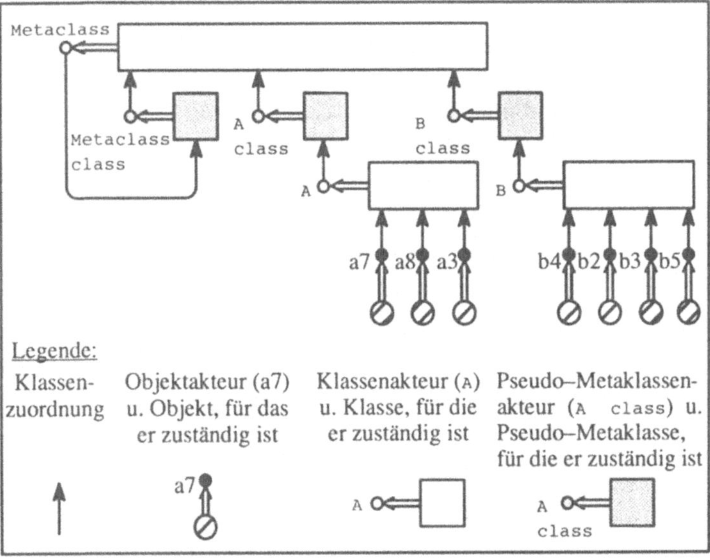

81) "Metaclasses are similar to other classes because they contain the methods used by their instances. Metaclasses are different from other classes because they are not themselves instances of metaclasses. Instead, they are all instances of a class called Metaclass." ([Goldberg_Robson_83] p. 77)

3.3.2 Parametrisierbare Klassenbeschreibungen

Parametrisierbare Klassenbeschreibungen, wie sie in C++ ("Templates") und ADA ("Generic Packages") möglich sind, dienen einerseits der Reduktion des Quelltextes durch Wiederverwendung. Sie ermöglichen es aber auch, Gemeinsamkeiten zwischen Klassenbeschreibungen auszudrücken, und erhöhen damit die Verständlichkeit des Systems. Die Gemeinsamkeiten der Klassen, die aus derselben parametrisierbaren Klassenbeschreibung hervorgehen, und deren Mitglieder können in beiden Programmiersprachen syntaktisch nicht ausgenutzt werden. Sowohl in C++ als auch in ADA fehlt hierfür ein semantisches Konzept. In beiden Sprachen dienen parametrisierbare Klassenbeschreibungen einem Textersetzungsmechanismus, der die Grenzen reiner Text–Präprozessoren, wie sie für C und C++ existieren, durchbricht.

Durch die Versorgung einer parametrisierbaren Klassenbeschreibung mit Parametern[82)] ergibt sich eine Klassenbeschreibung, die eine Inkarnation der parametrisierbaren Klassenbeschreibung darstellt, aus der sie abgeleitet wurde. Wenn eine Klassenbeschreibung der Identifikation einer Klasse dient, so identifiziert eine parametrisierbare Klassenbeschreibung[83)] eine Klasse von Klassen, nämlich all diejenigen Klassen, deren Beschreibung sich durch die Versorgung der parametrisierbaren Klassenbeschreibung mit gültigen Parametern ergeben (siehe Bild 3.6).

❍ *Eine parametrisierbare Klassenbeschreibung kann als Beschreibung einer Metaklasse aufgefaßt werden. Sie legt aber neben den gemeinsamen Merkmalen der Klassen zugleich auch die gemeinsamen Merkmale der Mitglieder fest. So identifiziert sie gleichzeitig eine Klasse von Klassen, also eine Metaklasse, als auch eine Klasse von gewöhnlichen Objekten.*

Alle Exemplare, die (in zwei Inkarnationsschritten) aus einer parametrisierbaren Klassenbeschreibung gebildet werden können, bilden eine Klasse. Die diesen Exemplaren gemeinsamen Merkmale können häufig nicht in sinnvoller Weise als Klassifika-

82) üblicherweise Parameter, die Typen, Prozeduren oder Werte identifizieren

83) zunächst eine Klasse von Klassenbeschreibungen

Bild 3.6 Parametrisierbare Klassenbeschreibungen (an Beispielen in der Programmiersprache C++) – Beziehungen zwischen Exemplaren, Klassen und Metaklassen

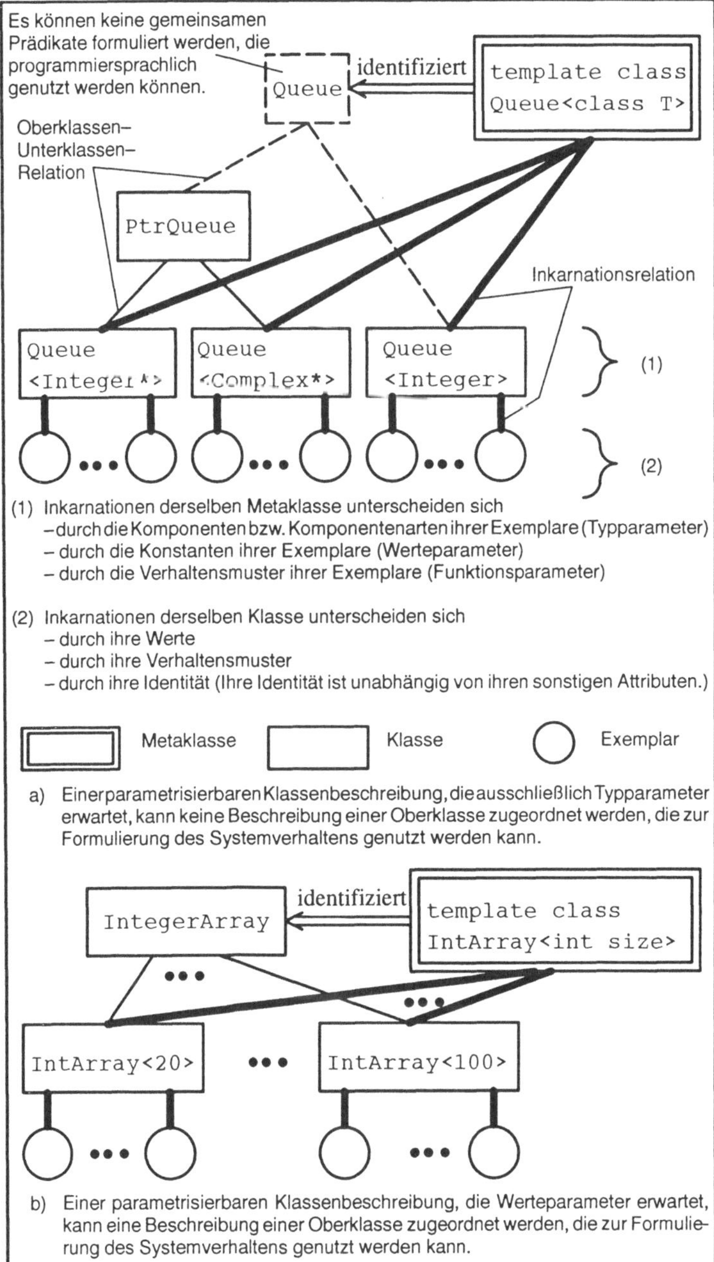

tionskriterium für objektorientierte Systeme genutzt werden, da sie i. a. nicht ausschließlich den Aufbau und / oder die Nachrichtenempfangsschnittstelle betreffen. Ausnahme bilden hier z. B. parametrisierbare Klassenbeschreibungen, die nur Werteparameter erwarten. Sie identifizieren außer einer Metaklasse, die alle durch Einsetzen von Werten sich ergebenden Klassen umfaßt, genau eine Oberklasse, die alle Exemplare dieser Klassen enthält.

3.3.3 Zusammengesetzte Objektakteure

Es ist gerade ein Merkmal klassisch objektorientierter Systeme, daß alle Objektakteure gleichberechtigt nebeneinander stehen. Häufig ist es aber wünschenswert, mehrere Objektakteure zu größeren Einheiten zusammenzufassen. Dabei ist es sinnvoll, daß sich solche Einheiten von außen gesehen wie gewöhnliche Objektakteure verhalten, also ihren Aufbau nach außen hin verbergen und nur über Nachrichten aktiviert werden können. Auf diesem Weg ergeben sich *zusammengesetzte Objektakteure.* Da zusammengesetzte Objektakteure eine Komposition darstellen, möchte ich sie im folgenden auch als *Kompositionsakteure* bezeichnen, und die enthaltenen Objektakteure als *Komponentenakteure.*

Wenn man zusammengesetzte Objektakteure einführt, sollte man sich auch die Frage stellen: Wann ist es sinnvoll, von einer Kompositionsbeziehung zwischen Objektakteuren zu sprechen? – oder anders formuliert: Wodurch zeichnet sich eine Kompositionsrelation gegenüber anderen Relationen aus? Nach meiner Ansicht ist es hilfreich, hierfür zwei Kriterien heranzuziehen, nämlich die Existenzabhängigkeit des Komponentenakteurs vom enthaltenden Kompositionsakteur und die Kapselung des Komponentenakteurs durch den enthaltenden Kompositionsakteur.

Werden beide Bedingungen erfüllt, so ist es sicherlich sinnvoll, von einer Kompositionsbeziehung zu sprechen. Werden beide Bedingungen nicht erfüllt, so erkenne ich keine Grund, hier eine Kompositionsbeziehung zu sehen – es sei denn als Spiegel der Beziehung der Objekte des Problembereichs, für die die Objektakteure zuständig sind. Denn in der natürlichen Welt wird zuweilen auch dann von einer Komposition gesprochen, wenn keines der beiden Kriterien erfüllt ist: Sogar das Herz eines Lebewesens ist heutzutage weder existenzabhängig von seinem Träger, noch wird es von diesem sicher gekapselt. Und dennoch wird üblicherweise ein Herz als Teil seines Trägers gesehen.

Somit ergeben sich für zusammengesetzte Objektakteure (idealerweise) folgende Merkmale: Der Kompositionsakteur enthält neben einem zentralen objektlokalen Zustandsspeicher und den Operationsakteuren, die für die angemessene Reaktion auf eintreffende Nachrichten verantwortlich sind, ein oder mehrere Komponentenakteure, wobei sich deren Anzahl im Laufe der Zeit möglicherweise ändern kann (siehe Bild 3.7). Die Komponen-

Bild 3.7 Aufbaustruktur zusammengesetzter Objektakteure

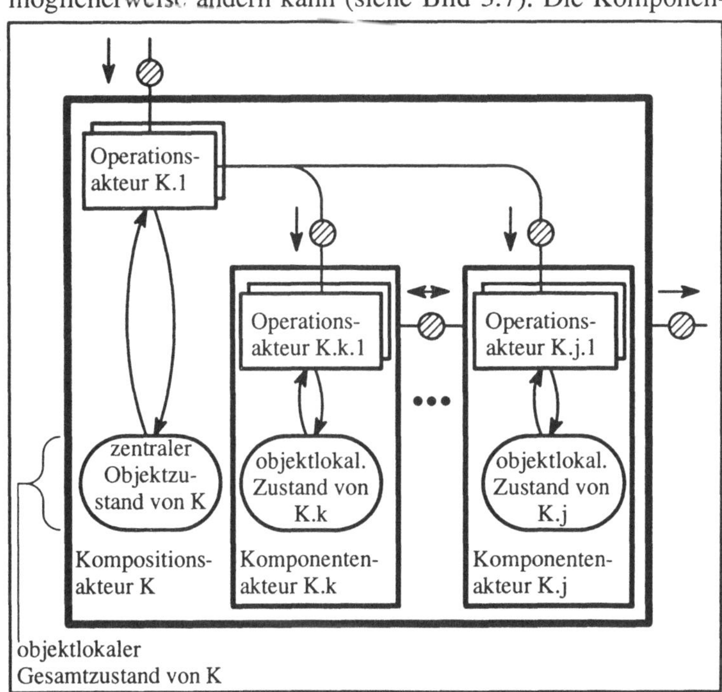

tenakteure stellen vollständige Objektakteure dar. Sie besitzen eigene Operationsakteure und einen eigenen objektlokalen Zustandsspeicher, der nur für ihre Operationsakteure zugänglich ist. Der Aufbau des Kompositionsakteurs ist nach außen verborgen. Insbesondere können die Komponentenakteure nicht direkt von außen adressiert werden, sondern nur von den Operationsakteuren und gegebenenfalls den anderen Komponentenakteuren des sie enthaltenden Kompositionsakteurs. Der objektlokale (Gesamt–) Zustand eines zusammengesetzten Objektakteurs setzt sich zusammen aus einem zentralen Zustand und den Zuständen der Komponentenakteure.

Von heutigen objektorientierten Programmiersprachen wird die Kompositionsrelation nicht oder nur unzureichend unterstützt. Insbesondere die Kapselung der Komponentenakteure durch die Operationsakteure des enthaltenden Kompositionsakteurs ist eine Entwurfsentscheidung, die von vielen objektorientierten Programmiersprachen (z. B. Smalltalk–80) überhaupt nicht unterstützt wird, von anderen (z. B. C++) nicht sichergestellt werden kann. Unterstützt eine objektorientierte Programmiersprache keine Kompositionsakteure, so sind zusammengesetzte Objektakteure programmiersprachlich nicht als eine Einheit ansprechbar (siehe Bild 3.8). In diesem Fall kann die Kapselung

Bild 3.8 Aufbaustruktur zusammengesetzter Objektakteure in Systemen ohne entsprechende programmiersprachliche Unterstützung

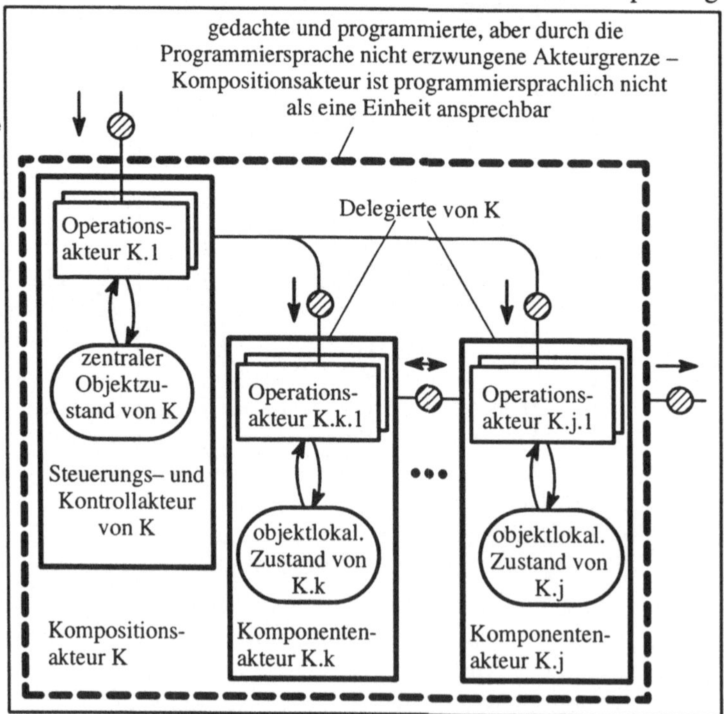

der Komponentenakteure nur durch Entwurf und Implementierung herbeigeführt und sichergestellt werden. Es ist insbesondere darauf zu achten, daß die Adresse der Komponentenakteure nicht anderen Objektakteuren als dem kapselnden bekanntgegeben werden.[84)]

3.3.4 Zusammenfassung: Relationen zwischen Objekten, Klassen und Metaklassen

Zum Abschluß dieses Kapitels sollen die Relationen zwischen Akteuren, Klassen und Metaklassen in objektorientierten Systemen nochmals zusammenfassend beschrieben werden (Bild 3.9). Da die große Anzahl objektorientierter Systeme quasi unüberschaubar ist und sich diese Systeme in vielen Details unterscheiden, kann weder dieses Kapitel noch diese Zusammenfassung alle Einzelheiten für alle objektorientierten Systeme behandeln. Es war vielmehr beabsichtigt, die wesentlichen Merkmale der Objektorientierung anzusprechen, die alle Systeme aufweisen sollten, die für sich den Anspruch der Objektorientierung erheben, sowie die optionalen objektorientierten Merkmale wichtiger Programmiersprachen.

Im Zentrum des objektorientierten Denkens stehen zunächst die Objekte des Problembereichs und die für sie zuständigen Objektakteure im Lösungsbereich (vgl. Abschnitt 3.1). Zwischen Objektakteuren kann eine oder mehrere von drei Beziehungen existieren. Zum einen kann Objektakteur A einem anderen Objektakteur B eine Nachricht senden. Hierbei sind A und B gleichberechtigte Akteure des Systems (vgl. Abschnitt 3.2.1). Da eine Nachricht i. a. einen Auftrag enthält, ist es sinnvoll, A als Auftraggeber (Client) und B als Auftragnehmer (Server) zu bezeichnen.

Zum zweiten kann ein Objektakteur A die Strukturvarianzverwaltung dazu veranlassen, einen neuen Objektakteur B eines bestimmten Typs zu erzeugen oder einen existierenden Objektakteur B aus dem System zu entfernen (vgl. Abschnitt 3.2.2) Im Zeitraum der Strukturvarianz können A und B nicht gleichberechtigt nebeneinander gesehen werden. Vielmehr ist A in diesem Moment für die Existenz (oder die Nicht–Existenz) von B verantwortlich. Hier scheint es mir angemessen, A als Master und

84) Als programmiersprachliche Unterstützung könnte man sich z. B. hierarchische Namens– oder Adreßräume vorstellen.

Bild 3.9 Relationen zwischen Objekten, Klassen und Metaklassen (Entity–Relationship–Diagramm)

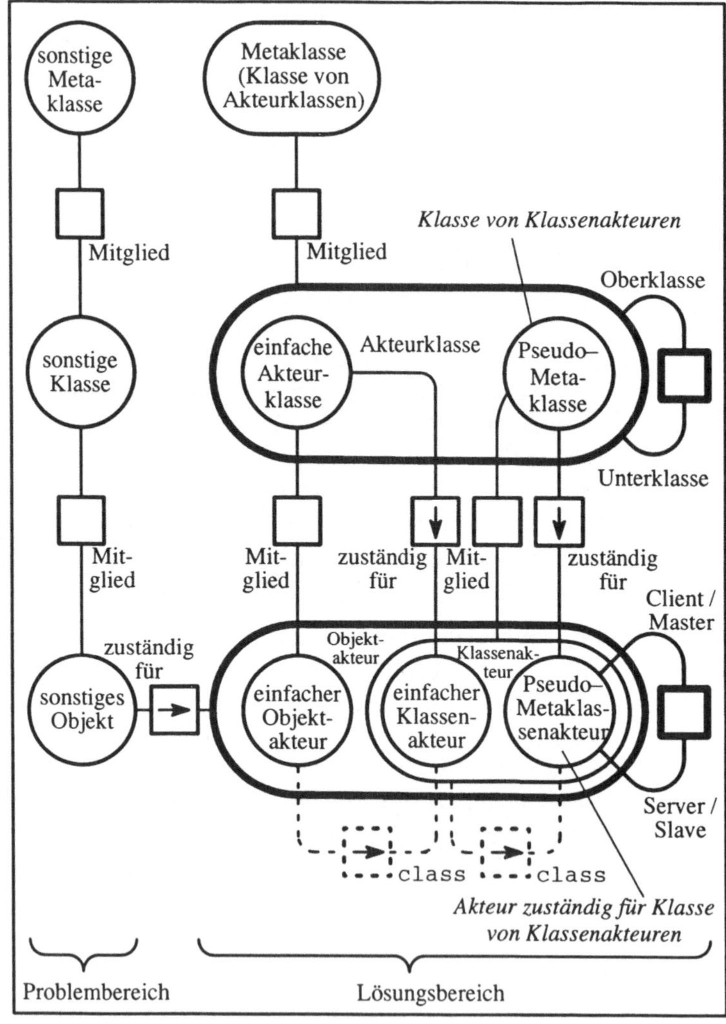

B als Slave zu bezeichnen. Nachdem A die Erzeugung von B veranlaßt hat, ist es zu einem späteren Zeitpunkt möglich, daß B die Strukturvarianzverwaltung dazu auffordert, A aus dem System zu entfernen. Genauso wie die Client–Server–Beziehung ist auch die Master–Slave–Beziehung nicht notwendigerweise antisymmetrisch.

Im Falle zusammengesetzter Objektakteure liegt dagegen eine antisymmetrische Beziehung vor (vgl. Abschnitt 3.3.3) Unterstützt eine objektorientierte Programmiersprache keine zusammengesetzten Objektakteure, so stellt der Steuerungs– und Kontrollakteur den Master für die Komponentenakteure dar (siehe auch Bild 3.8). Daher wird in Bild 3.9 auch die Kompositionsbeziehung als Master–Slave–Beziehung aufgefaßt. Da die Master–Slave–Beziehung einschließlich der Kompositionsbeziehung fast immer auch die Client–Server Beziehung zur Folge hat, werden in Bild 3.9 diese drei Beziehungen zusammengefaßt.

Üblicherweise werden Objektakteure klassifiziert, so daß Akteure desselben Typs eine Klasse bilden (vgl. Abschnitt 3.2.3). Viele objektorientierte Systeme erlauben eine hierarchische Klassifizierung. Zwischen den Akteurklassen besteht in diesem Fall eine Oberklassen–Unterklassen–Beziehung. Die Oberklassen–Unterklassen–Beziehung beschränkt sich nicht auf Akteurklassen, sondern existiert auch zwischen sonstigen Klassen, zwischen den Klassen von Klassenakteuren und zwischen den sonstigen Metaklassen. Diese Relationen sind jedoch für heutige objektorientierte Systeme i. a. nicht relevant und wurden daher nicht in Bild 3.9 eingezeichnet.

Sowohl die Existenz von Klassenakteuren als auch die parametrisierbaren Klassenbeschreibungen sind optionale Merkmale objektorientierter Systeme. So wie einfache Objektakteure Objekte des Problembereichs repräsentieren, so sind einfache Klassenakteure zuständig für einfache Akteurklassen (vgl. Abschnitt 3.3.1). Stellen einfache Klassenakteure eine besondere Art allgemeiner Objektakteure dar und werden alle Objektakteure klassifiziert, so gibt es folglich auch Klassen von Klassenakteuren (Pseudo–Metaklassen). Haben darüberhinaus alle Akteurklassen einen zuständigen Klassenakteur, so ergeben sich Akteure, die zuständig sind für eine Klasse von Klassenakteuren (Pseudo–Metaklassenakteur). In solchen Systemen (z. B. Smalltalk–80, Objective C und CLOS) ist es üblich, die Klassenmitgliedschaft und die Zuständigkeitsrelation zusammenzufassen, so daß jeder Objektakteur direkt mit "seinem" Klassenakteur in Verbindung steht.

Dabei ist der Klassenakteur eines Objektakteurs derjenige Akteur, der für die spezifischste Klasse zuständig ist, in der der Objektakteur Mitglied ist.

Parametrisierbare Klassenbeschreibungen identifizieren eine Klasse von Klassenbeschreibungen und damit eine Klasse von Klassen, also eine Metaklasse (vgl. Abschnitt 3.3.2).

Auch im Problembereich können Klassen und Metaklassen betrachtet werden. Üblicherweise sind sie für die objektorientiert programmierten Systeme jedoch nicht relevant. Daher gibt es für sie i. a. keinen zuständigen Akteur im Lösungsbereich.

4 Einfluß von Codierungskonzepten auf die Änderbarkeit programmierter Systeme

"Die Natur macht keine Sprünge." Dieser bekannte Satz der Naturwissenschaft ist auch auf die aus menschlichem und damit natürlichem Geist hervorgegangenen Ideen übertragbar. Hier wie dort mögen Quanteneffekte diesen Satz relativieren. Daher läßt sich feststellen: Auch die Entwicklung der Programmiersprachen geht kontinuierlich, oder vielmehr quasikontinuierlich vonstatten. Vieles, was am objektorientierten Konzept dem einen oder anderen zunächst als bewegende Neuheit erscheinen mag, zeigt sich bei genauerem Betrachten meist als eine konsequente Weiterentwicklung oder Kombination bisher dagewesener Ideen. Daß auch der Übergang von klassisch prozeduraler Programmierung zur objektorientierten Programmierung quasikontinuierlich ist, zeigen allein die andauernden Definitionsversuche für objektorientierte Programmiersprachen und die damit verbundenen Debatten.

Daher ist es wenig hilfreich, "objektorientierte" Konzepte isoliert bezüglich ihres Einflusses auf die Änderbarkeit programmierter Systeme zu beurteilen. Stattdessen sollten man sie als Weiterentwicklung etablierter Konzepte sehen und sie "älteren" Konzepten gegenüberstellen. So widmet sich auch der erste Abschnitt dieses Kapitels den Konzepten der Abstraktion und Kapselung. Abschnitt 4.2 betrachtet positive und negative Einflußfaktoren der hierarchischen Klassifikation auf zu erwartende Änderungsaufwände. Der dynamischen Bindung, die als wesentliches Merkmal objektorientierter Programmiersprachen gesehen wird, sagt man – insbesondere im Zusammenhang mit der Bearbeitung polymorpher Operanden – einen nicht zu vernachlässigenden Einfluß auf die Reduktion des Implementierungsaufwandes nach. Abschnitt 4.3 zeigt aber nicht nur die Vorteile, sondern auch die Nachteile, die sich durch die dynamische Bindung hinsichtlich des Qualitätsmerkmals Änderbarkeit ergeben. Der letzte Abschnitt (4.4) widmet sich den Problemen, die mit einer feingranularen Partitionierung der Systemfunktionalität verbunden sind.

4.1 Abstraktion und Kapselung

Abstraktion und Kapselung wird seit langem ein positiver Einfluß auf die Entwicklung programmierter Systeme zugeschrieben. Daher verwundert es auch nicht, daß sich Abstraktion und Kapselung weitgehend in Programmiersprachen realisieren lassen, die üblicherweise als klassisch prozedural eingestuft werden. Während beide Konzepte dort vom Entwickler realisiert werden *können*, werden sie durch objektorientierte Programmiersprachen konsequent unterstützt, bisweilen sogar erzwungen. Abstraktion und Kapselung stellen somit ein wesentliches Element des objektorientierten Konzepts dar.

Aufgabe dieses Abschnittes ist es zu zeigen, wodurch Abstraktion und Kapselung die Änderbarkeit programmierter Systeme unterstützen. Zunächst werden Abstraktion und Kapselung von Operatoren und Operanden getrennt voneinander betrachtet werden (Abschnitt 4.1.1 und 4.1.2), bevor erörtert werden wird, wie eine Zusammenfassung von Operatoren und Operanden Abstraktion und Kapselung auf höherer Ebene unterstützt (Abschnitt 4.1.3).

4.1.1 Abstraktion und Kapselung von Operatoren

Durch die Möglichkeit der Zusammensetzung bekannter Operatoren zu einer selbstdefinierten Operationsmethode erhält der Entwickler ein Mittel, um semantische Einheiten der Fertigungsdokumentation auch programmiersprachlich zum Ausdruck zu bringen und dadurch die Fertigungsdokumentation verständlicher zu gestalten (Abschnitt 4.1.1.1). Das Verbergen von Operationsmethoden und die Kapselung selbstdefinierter Operatoren hingegen ermöglichen den Schutz vor unerwünschter Kopplung zwischen Beschreibungseinheiten (Abschnitt 4.1.1.2) und unterstützen auf diese Weise die Änderbarkeit der Fertigungsdokumentation.

4.1.1.1 Abstraktion von der Operationsmethode

Ein prozedurales Programm besteht aus der Verkettung von Anweisungen an den (oder die) Programmabwickler. Die Komplexität eines Programms wird bestimmt durch das Verhältnis der Komplexität des gewünschten Systemverhaltens zur Komplexität der dem Abwickler bekannten Anweisungen. Um komplexe Probleme einfacher lösen zu können, bieten fast alle prozeduralen Programmiersprachen die Möglichkeit, Verkettungen von Anweisungen zu einer selbstdefinierten Operationsmethode zusammenzufassen und mit einem Symbol, dem *Operatorsymbol*[85] (kurz: *Operator*) zu bezeichnen. Diesen Vorgang nennt man *Operatordefinition*[86] (siehe z. B. [Seewaldt_88] S. 32ff). Dadurch ist es möglich, zu den "Basisanweisungen" des Abwicklers selbstdefinierte Anweisungen hinzuzufügen und durch die Abwicklung einer Anweisung, die das Operatorsymbol enthält (*Operatorinkarnation*), die Ausführung der zugehörigen Operationsmethode zu bewirken.

Die Operatordefinition ist primär ein syntaktisches Mittel zur *Abgrenzung* und *Bezeichnung* einer Struktur von Anweisungen mit der Absicht, sie aus einem anderen zeitlichen und örtlichen Kontext über den Bezeichner wieder identifizieren zu können. Wie jeder Anweisung eine Bedeutung zugeordnet ist, so ist auch jeder Struktur von Anweisungen eine Bedeutung zu eigen, die sich aus der Bedeutung der enthaltenen Anweisungen und den Beziehungen zwischen ihnen ergibt. Eine Komplexitätsreduktion ist damit zunächst nicht verbunden. Insoweit erleichtert die Operatordefinition per se *nicht* das Verständnis eines Programms.

Syntaktische und semantisch begründete Grenzziehung

Um ein Programm durch Operatordefinitionen verständlicher zu gestalten, dürfen Abgrenzung und Bezeichnung nicht willkürlich durchgeführt werden. Da Abstraktion ein wichtiges Mittel zur Komplexitätsreduktion darstellt, sollte darauf geachtet werden, daß das Abgegrenzte eine bedeutungstragende Einheit bildet, von der eine *anschauliche Abstraktion* möglich ist. Eine *anschauungsfreie Abstraktion* kann dagegen jeder abgegrenzten Einheit, also jedem Objekt zugeordnet werden – zumindest die

85) Ein Name ist ein aus mehreren Zeichen zusammengesetztes Symbol (siehe auch [Wendt_91] S. 16).

86) Nicht immer identifiziert das Operatorsymbol die Operationsmethode. Ist eine Operationsmethode parametrisiert, so ist es möglich, zusätzlich zum Operatorsymbol noch Prädikate bezüglich der Argumente zur Identifikation der Operationsmethode heranzuziehen. Wie dies üblicherweise geschieht, wird in einem späteren Abschnitt noch ausführlicher behandelt werden.

Abstraktion des "Objekt–Seins".[87] Eine Struktur aus Operatoren erlaubt dann eine anschauliche Abstraktion, wenn die Bedeutung dieser Struktur derart benannt und zusammenfassend beschrieben werden kann, daß aus Name (Symbol) und zusammenfassender Beschreibung ihre Bedeutung ersichtlich wird, ohne daß die Definitionsstruktur selbst herangezogen werden muß. Die zusammenfassende Beschreibung soll dabei nicht eine Umformulierung der Definitionsstruktur darstellen.

Durch Operatordefinitionen abgegrenzte Strukturen von Operatoren sind primär *Kompositionen*, die auf rein syntaktischer Grenzziehung beruhen. Als solche muß man mit den durch sie beschriebenen Operationsmethoden nicht notwendigerweise eine anschauliche Abstraktion verbinden können. Andererseits braucht eine Struktur von Operatoren, der man eine anschauliche Abstraktion zuordnen kann, nicht mit Grenzen von Operationsmethoden zusammenzufallen. Verständlichkeit der Dokumentation wird jedoch nur dann erreicht, wenn von Operationsmethoden auch anschauliche Abstraktionen möglich sind. Dagegen verringern Operationsmethoden, die auf rein syntaktischer Grenzziehung beruhen, die lokale Verständlichkeit des Quelltextes; denn sie zwingen den Menschen, da keine anschauliche Abstraktion möglich ist, die Operatordefinition jedesmal nachzuschlagen, wenn er beim Lesen des Quellprogramms auf eine Inkarnation des zugehörigen Operators trifft.

❍ *Zu einer verständlichen Fertigungsdokumentation kann man nur gelangen, wenn von den enthaltenen Operationsmethoden anschauliche Abstraktionen möglich sind. Daher sollte eine Struktur von Operatoren nur dann zu einer Operationsmethode zusammengefaßt werden, wenn die Bedeutung dieser Struktur derart benannt und zusammenfassend beschrieben werden kann,*

87) G. J. Myers bezeichnet Operationsmethoden mit anschaulicher Abstraktion als "functional–strength modules" und solche mit rein formaler Grenzziehung als "coincidental–strength modules" (siehe [Myers_78] p. 29ff). Zwischen beiden Extremen unterscheidet er weitere Ausprägungen der "module strength". Anhand der Bindungsstärke zwischen Elementen innerhalb einer Beschreibungseinheit (module) und zwischen Elementen verschiedener Beschreibungseinheiten versucht er, Vor– und Nachteile der einzelnen Ausprägungen der module strength darzulegen und daraus eine Ordnung abzuleiten.

daß aus Name (Symbol) und zusammenfassender Beschreibung ihre Bedeutung ersichtlich wird, ohne daß die Definitionsstruktur selbst herangezogen werden muß.

Da der Mensch nur in semantischen Einheiten denken kann, ist die Gefahr, aus einem Top–Down–Entwurf heraus Operationsmethoden mit rein formalen Grenzen zu erhalten, eher gering. Wird dagegen während oder nach der Implementierung festgestellt, daß Komponenten zu groß und unübersichtlich geraten sind, so kommt es nicht selten vor, daß bei einer anschließenden Zerlegung die einzelnen Abschnitte keine semantische Einheit mehr bilden. Werden im Laufe der Entwicklung eines programmierten Systems existierende Einheiten erweitert, damit sie zusätzliche Aufgaben erfüllen, so besteht die Gefahr, daß dadurch einerseits ihre semantische Einheit zerstört wird und andererseits ein Entwickler mit dem Operatorsymbol (intuitiv) nicht mehr das verbindet, was die geänderte Operationsmethode wirklich leistet (siehe unten).[88)]

Bezeichnung von Operationsmethoden

Bezeichnet man eine Operationsmethode, die eine anschauliche Abstraktion erlaubt, mit einem Symbol, das beim menschlichen Leser keine Assoziation zur bezeichneten Operationsmethode bewirkt, so könnte man vermuten, daß dies keinen Einfluß auf die Verständlichkeit der Fertigungsdokumentation habe. Für den Menschen jedoch, der das Programm verstehen will, um z. B. die zu modifizierenden Programmteile identifizieren zu können, hilft die pure Möglichkeit einer anschaulichen Abstraktion wenig. Die mit dem Operator verbundene Anschauung ist nicht konkret genug. Man weiß nur, daß etwas geschieht, aber nicht was. Da der Mensch z. B. mit dem Namen `Unterprogramm_317` üblicherweise keine Anschauung verbindet, muß er zunächst die zugehörige Operatordefinition suchen und durcharbeiten. Er wird diesen Vorgang abschließen mit einer Abstraktion, die er sich selbst gemacht und in seinem Gehirn abgelegt hat. Kommentiert er den Unterprogrammaufruf jetzt nicht mit einem Text, der

88) Werden Programme mit Prototypcharakter starken Änderungen unterworfen, anstatt sie als Entscheidungshilfe für einen Neuentwurf zu sehen, so ist diese Gefahr besonders groß (Gefahr des Rapid–Prototyping).

seine Abstraktion beschreibt, so kann es sein, daß er das nächste Mal denselben Unterprogrammaufruf liest, die entsprechende Abstraktion teilweise oder vollständig wieder aus seinem Gedächtnis verloren hat und er erneut gezwungen ist, den zugehörigen Quelltext zu suchen und durchzuarbeiten.[89)] Kurz gesagt: der Mensch kann nur beschränkten Nutzen aus der puren Möglichkeit einer anschaulichen Abstraktion ziehen, wenn die Anschaulichkeit des Operatorsymbols fehlt.

Daher muß bei der Bezeichnung der abgegrenzten Einheit darauf geachtet werden, daß mit dem Symbol die Bedeutung leicht assoziiert werden kann. Der Mensch soll mit dem Symbol möglichst intuitiv die "richtige" Anschauung verbinden. Die Anschaulichkeit des Symbols wird durch das Verhältnis zwischen ihm, Bezeichnetem und Anschauendem (Menschen) bestimmt. So ist sie von Wissen, Erfahrung und Fähigkeiten des Anschauenden abhängig, beispielsweise von dessen Kulturkreis, insbesondere seiner Muttersprache. Daher ist es nicht verwunderlich, daß die Operatorsymbole `Unterprogramm_317` und `pop`, auch wenn sie dieselbe Bedeutung tragen, nicht dieselbe Anschaulichkeit besitzen. Läßt ein gewählter Bezeichner eher auf die falsche Bedeutung schließen, so ist dessen Anschaulichkeit sogar geringer als die eines Bezeichners, mit dem intuitiv keine Bedeutung verbunden wird.

89) Ähnlich verhält es sich beim Entwurf. Lassen der Name eines Akteurs oder die Beschreibung eines Aktionstyps nicht eindeutig deren Zweck erkennen, so wird zum Verständnis der "höheren" Ebenen (Grobverständnis) die Beschreibung des Akteurs bzw. des Aktionstyps (auf "niedrigerer" Ebene) notwendig. Eine strenge Hierarchisierung der Dokumente ist nicht möglich (vgl. Abschnitt 2.4.3). Denn sie verbietet, daß Dokumente einer niedrigeren Ebene zum Verständnis der Dokumente einer höheren Ebene benötigt werden. *Detailinformationen aus hierarchisch niedrigeren Ebenen sollten erst notwendig werden, nachdem (!) man das Verständnis einer höheren Ebene erlangt hat.* Insbesondere wenn man eine bestehende Realisierung nachträglich beschreibt, ist die Versuchung ziemlich groß, existierende Beschreibungseinheiten der Fertigungsdokumentation 1:1 auf Akteure (und Aktionstypen) abzubilden. Dann können Fragen der Implementierung auf zu hoher semantischer Ebene die Dokumentation unnötig belasten, dadurch das Verständnis erschweren und die Änderbarkeit des Entwurfs drastisch reduzieren.

- *Operatorsymbole, mit denen eine anschauliche Abstraktion verbunden ist, so daß eine für das Verständnis des programmierten Systems hilfreiche Gliederung der Fertigungsdokumentation auch syntaktisch zum Ausdruck gebracht wird und beim Lesen einer Operatorinkarnation das Aufsuchen und Studieren der zugehörigen Operationsmethode entbehrlich wird, erhöhen die Verständlichkeit des Quellprogramms. Zusätzlich können Beschreibungseinheiten der Fertigungsdokumentation, die ohne Verwendung von Operatordefinitionen viele Seiten Quelltext in Anspruch nehmen würden, mittels Definition und Inkarnation anschaulicher Operatoren auf kleinem Raum übersichtlich untergebracht werden.*

Dokumentation von Operatoren

Eine Operatordefinition besteht aus drei grundsätzlich voneinander zu unterscheidenden Prozessen, der Individuation, der Bezeichnung und der zusammenfassenden Beschreibung. Bisher wurde dargelegt, nach welchen Kriterien Operatoren zusammengefaßt und bezeichnet werden sollten, damit eine für das Verständnis des programmierten Systems hilfreiche Gliederung der Fertigungsdokumentation auch syntaktisch zum Ausdruck gebracht wird und beim Lesen einer Operatorinkarnation das Aufsuchen und Studieren der zugehörigen Operationsmethode weitgehend entbehrlich wird. I. a. reicht aber allein die Kenntnis des Operators nicht dazu aus, den Operator zu verwenden oder eine Operatorinkarnation im Detail zu verstehen.

- *Um Operatordefinitionen ohne Studium der Definitionsstruktur nutzen zu können, ist es üblich, die Bedeutung und Verwendung von Operatoren im Quelltext bei der Operatordefinition (z. B. als Kommentar) und / oder getrennt davon in einem Handbuch kurz zu beschreiben.*

Denn damit eine Operation durchgeführt werden kann, müssen die beteiligten Operanden eine von der Operationsmethode abhängige Bedingung, die sogenannte *Vorbedingung* (engl.: precondition) erfüllen[90], und es müssen die zur Durchführung der Operation notwendigen Operatoren dem Abwickler bekannt

90) Die Vorbedingung stellt Forderungen an Typen und Werte der Operanden bzw. an Typ- und Wertkombinationen von Operanden.

sein. War vor der Ausführung einer ergebnisorientierten Operationsanweisung die Vorbedingung erfüllt, so können die Werte der Operanden nach der Operation durch ein Prädikat über die beteiligten Operanden vor und nach der Operation beschrieben werden. Die dabei erhaltene Aussage wird als *Nachbedingung* (engl.: postcondition) bezeichnet. Da die im Rahmen dieser Arbeit betrachteten Systeme nur determiniertes Verhalten zeigen, ist die Nachbedingung einer ergebnisorientierten Operationsmethode als Funktion formulierbar, deren Argumente die (Werte der) beteiligten Operanden vor der Operation darstellen und deren Werte die Werte der beteiligten Operanden nach der Operation darstellen.[91)] Vor– und Nachbedingung einer Operationsmethode können als Beschreibung einer Abstraktion der Methode verstanden werden, die die Bedeutung (das "Was") erfaßt, die Realisierung (das "Wie") aber vernachlässigt.

Ein Operator, der eine ergebnisorientierte Operationsmethode identifiziert, kann dann zur Beschreibung einer aktiven Komponente herangezogen werden, wenn seine Vor– und Nachbedingung bekannt und verstanden sind. Dazu können ein Name oder ein Symbol beitragen, die intuitiv auf die Nachbedingung schließen lassen. Zur Ausführung der Vorbedingung und weiterer Erläuterung der Nachbedingung sollte eine möglichst kurze Beschreibung ausreichen. Ansonsten darf vermutet werden, daß die Operation keine semantische Einheit bildet.[92)]

❍ *Besitzen die Operationsmethoden eines programmierten Systems anschauliche Operatorsymbole und korrekte, aber dennoch knappe Beschreibungen, so erleichtert und beschleunigt dies die Durchführung der notwendigen Modifikationen in einer Doku-*

91) Die Nachbedingung einer prozeßorientierten Operation, wie `read(x)` läßt sich nicht als Funktion der beteiligten Operanden formulieren: "x enthält den vom Benutzer eingegebenen Wert."

92) Z. T. unterstützen moderne Programmiersprachen wie Eiffel die Formulierung von Vor– und Nachbedingungen.
1. Die Überprüfung von Vor– und Nachbedingung zur Laufzeit ist aber zeitaufwendig und wird daher nur für die Testphase empfohlen.
2. Die formal, d. h. vom Rechner/Abwickler überprüfbare Formulierung von Vor– und Nachbedingung erscheint zudem nur für wenig komplexe Komponenten praktikabel. Bei größeren Komponenten werden Vor– und Nachbedingung zur Zeit fast ausschließlich als Kommentar in natürlicher Sprache formuliert.

mentation, indem durch (lokale) Verständlichkeit des Quelltextes eine schnelle Identifikation der zu modifizierenden Programmteile ermöglicht wird. (Das Verständnis des Quelltextes ist auch Voraussetzung für eine spätere Wiederverwendung in modifizierten Versionen.)

Objektorientierung und Methodenabstraktion

Die Objektorientierung bietet bezüglich der reinen Methodenabstraktion keine Vorteile gegenüber üblichen prozeduralen Konzepten. Die Vorteile der Objektorientierung ergeben sich erst durch die Kombination mit anderen objektorientierten Konzepten.

4.1.1.2 Verbergen von Operationsmethoden und Operatoren

Wird eine nach außen nicht verborgene Information einer Beschreibungseinheit von außen auch genutzt, so kann diese Beschreibungseinheit bezüglich dieser Information nicht geändert werden, ohne daß auch die diese Information nutzenden Einheiten möglicherweise modifiziert werden müssen (vgl. Abschnitt 2.4.4.1). Umgekehrt kann die Änderbarkeit einer Operationsmethode dadurch erhöht werden, daß eine für die Nutzung der Operationsmethode zur Beschreibung anderer Einheiten bestimmte Information über die Operationsmethode verborgen bleibt, so daß eine unzulässige Ausnutzung von Wissen über sie verhindert und die Möglichkeit zur Kopplung reduziert wird.[93] Häufig werden nur die Vor- und Nachbedingung der Operationsmethode allgemein bekanntgegeben, die Definitionsstruktur aber in einer codierten und damit für den Menschen nicht lesbaren Form (z. B. in einer Objekt–Datei oder in einer übersetzten Bibliothek) bereitgestellt, so daß diese Information jedoch dem Abwickler bekanntgemacht werden kann.

Im kommerziellen Bereich ist das Verbergen der Definitionsstruktur von Operationsmethoden mit einem weiteren Vorteil verbunden: Die Kunden können gebrauchsfertige Komponenten

93) Beim Verbergen ergebnisorientierter Operationsmethoden, die keine lokalen Variablen und Operationsmethoden benutzen, bleibt durch die Spezifikation mittels Vor- und Nachbedingung verborgen, welche Werte die Operanden nach der Operation besitzen, falls die Vorbedingung *nicht* erfüllt war.

erhalten, ohne daß das Know–How, um solche Komponenten (z. B. in leicht modifizierten Versionen) selbst herzustellen, gleich mitgeliefert würde. Das Urheberrecht bleibt also gewahrt.

Um eine Operatordefinition ohne Kenntnis der Definitionsstruktur sinnvoll nutzen zu können, müssen Vor– und Nachbedingung vollständig und verständlich beschrieben sein. Dies gilt nicht nur bezüglich der Operanden, sondern auch bezüglich der benötigten Operatoren (aktiven Komponenten). Andererseits kann auf die allgemeine Bekanntgabe der Definitionsstruktur eines Operators verzichtet werden (Verbergen der Operationsmethode), wenn Vor– und Nachbedingung vollständig und verständlich beschrieben sind.

Operationsmethoden, deren Operatoren ausschließlich mittels Vor– und Nachbedingung spezifiziert sind, lassen sich in dem Rahmen ändern, der durch die Vor– und Nachbedingung gegeben ist, ohne daß Beschreibungseinheiten, die Inkarnationen des zugehörigen Operators enthalten, modifiziert werden müssen. Die Vorbedingung der geänderten Operationsmethode muß dabei aus der Vorbedingung der ursprünglichen Operationsmethode ableitbar sein, und die Nachbedingung der geänderten Operationsmethode muß die Nachbedingung der ursprünglichen Operationsmethode implizieren.

Nur Operationsmethoden, von denen eine anschauliche Abstraktion möglich ist, können sinnvoll verborgen werden. Von anderen muß die Operationsmethode – möglicherweise in einer anderen Form – bekanntgegeben werden, damit sie überhaupt genutzt werden kann. Werden Operationsmethoden, von denen eine anschauliche Abstraktion möglich ist, nicht verborgen, so können sich andere Einheiten stärker an sie koppeln als es nötig oder wünschenswert wäre.

❍ *Erst die Kombination von Methodenabstraktion und Verbergen der Operationsmethode erlaubt das praktikable Verbergen von Detailinformation (Information Hiding und damit Entkopplung) und begrenzt dadurch die Ausbreitung der Änderungen auf die nutzenden Beschreibungseinheiten.*

Nichttriviale Operationsmethoden lassen sich häufig einfacher gestalten, indem geeignete Operatoren definiert werden. Im

Interesse der Änderbarkeit der Fertigungsdokumentation und / oder der Bewahrung des Know–Hows innerhalb einer Organisation sollen diese Operatoren aber häufig nicht zur allgemeinen Verwendung zur Verfügung stehen. Stattdessen möchte man Operatoren definieren, die nur von einem beschränkten Teil der Fertigungsdokumentation genutzt werden können. Heute übliche Programmiersprachen unterscheiden sich zum Teil beträchtlich in ihren Möglichkeiten, zu diesem Zweck Zugriffsbereiche zu definieren oder zu nutzen. Pascal z. B. erlaubt geschachtelte Operatordefinitionen, ADA bietet die Möglichkeit, Zugriffsbereiche (packages) weitgehend unabhängig von sonstigen syntaktischen Einheiten zu definieren, wogegen Smalltalk–80 keinerlei Zugriffsschutz für Operatoren bietet.

4.1.2 Abstraktion und Kapselung von Operanden

4.1.2.1 Kapselung temporärer Operanden

Prozedurale Operationsmethoden benötigen häufig Speicher, deren Belegung sowohl vor als auch nach der Operation irrelevant ist, sogenannte *temporäre Speicher* (*temporäre Operanden*). Daher ist es sinnvoll, auch programmiersprachlich sicherzustellen, daß diese Operanden nur innerhalb der definierenden Operationsmethode[94)] angesprochen werden können. Denn durch die konkrete Operationsmethode haben temporäre Variablen nach Operationsende häufig noch einen interpretierbaren Wert. Um die Änderbarkeit der definierenden Operationsmethode sicherzustellen, sollten andere Operationsmethoden daran gehindert werden, diesen Wert als zusätzlichen geheimen Rückgabewert zu nutzen und dadurch die Kopplung zwischen den Methoden unerlaubt zu erhöhen.

94) einschließlich lokal definierter Operationsmethoden; z. B. (in Pascal)

```
procedure f; var a, b, c : integer;
             procedure g; begin
                               ...
                               a := b + c;
                               ...
                          end;
begin
   ... a := 2*c; ...
end; {procedure f}
```

Um dieses Ziel zu erreichen, begrenzen heute übliche prozedurale Programmiersprachen die *Sichtbarkeit* temporärer Variablen auf die definierende Operationsmethode.[95] D. h. es ist syntaktisch unmöglich, außerhalb des Sichtbarkeitsbereichs mittels Namen auf diese Variablen zuzugreifen. Daher besteht keine Gefahr, durch die Verwendung desselben Namens für temporäre Variablen in unterschiedlichen Operationsmethoden ungewollterweise auch ein- und denselben physikalischen Speicher zu nutzen. Unabhängig voneinander entwickelte aktive Komponenten, die lokale Speicher mit demselben Namen benutzen, können problemlos miteinander kombiniert werden. Die voneinander unabhängige Entwicklung von Operationsmethoden (z. B. im Rahmen eines Änderungsprozesses) wird vereinfacht, und es ist in erweitertem Maße möglich, Operationsmethoden aus verschiedenen Bibliotheken unverändert zu integrieren. Beides erleichtert die Entwicklung und damit auch die Änderung programmierter Systeme.

❍ *Die Kapselung temporärer Variablen verhindert unnötige, unzulässige und ungewollte Kopplung über Datenräume.*

Ein zweiter denkbarer Weg, nämlich das Verbergen der konkreten Operationsmethode in codierter Form (vgl. Abschnitt 4.1.1.2) ist innerhalb eines Entwicklungsteams i. a. nicht praktikabel oder kann dort zu leicht umgangen werden. Es kann auch unbeabsichtigte Kopplungen aufgrund zufällig gleich gewählter Variablennamen nicht verhindern.

Durch die Kapselung temporärer Variablen innerhalb einer Operationsmethode kann diese Operationsmethode bezüglich ihrer temporären Variablen beliebig modifiziert werden, ohne daß externe Operationsmethoden von Folgeänderungen betroffen sind.

4.1.2.2 Nichttemporäre Operanden und Methodenparameter

Neben temporären Operanden benötigen Operationsmethoden aber auch Operanden, deren Werte vor und / oder nach der Operation von Interesse sind. Diese nichttemporären Operanden werden üblicherweise in Ein- und Ausgabeoperanden unterteilt.

95) Dies geschieht i. a. mittels unterschiedlicher Namensräume.

Bei ergebnisorientierten Operationen zeichnen sich *Eingabeoperanden* dadurch aus, daß ihr Wert bei mindestens einer Kombination von Eingabedaten, die die Vorbedingung erfüllt, den Wert mindestens eines Operanden nach der Operation mitbestimmt. Die Werte der *Ausgabeoperanden* werden bei mindestens einer Kombination von Eingabedaten, die die Vorbedingung erfüllt, durch die Operation gesetzt. In diesem Zusammenhang muß auch eine Variable, die den Rückgabewert einer Methode aufnimmt, als Ausgabeoperand verstanden werden.

Eingabe– und Ausgabeoperanden beeinflussen in großem Maße die Universalität einer Operationsmethode.[96)] Denn über Eingabeoperanden, die im Zugriff eines möglichen Auftraggebers liegen, kann dieser Einfluß auf die Operation nehmen und mittels Ausgabeoperanden, die in seinem Zugriff liegen, kann er Nutzen aus ihr ziehen. Zu diesem Zweck wurden in frühen prozeduralen Programmiersprachen[97)] global zugängliche Operanden zur Auftraggeber–Auftragnehmer–Kommunikation implizit und ausschließlich durch die Operationsmethode (des Auftragnehmers) vereinbart.

Unparametrisierte Operationsmethoden

Werden zum Zweck der Auftraggeber–Auftragnehmer–Kommunikation globale Eingabe– und / oder Ausgabeoperanden durch die Operationsmethode implizit vereinbart, so besteht die Gefahr ungewollter Namenskollision zwischen verschiedenen unabhängig voneinander entwickelten Operationsmethoden. Dies kann die Verwendungsmöglichkeit mehrerer unabhängig voneinander entwickelter Bibliotheken verhindern oder beschränken, wodurch die universelle Verwendbarkeit derartiger Operationsmethoden reduziert wird. Des weiteren besteht die Gefahr, daß zum Zweck der Auftraggeber–Auftragnehmer–Kommunikation definierte Eingabe– und / oder Ausgabeoperanden nicht ausschließlich als Kanal zwischen Auftraggeber und Auftragnehmer,

96) Allgemein wird die Universalität einer Operationsmethode bestimmt durch das Spektrum verschiedenartiger Aufgaben, die durch die beschriebenen Komponenten gelöst werden können (vgl. Abschnitt 2.4.4.2).

97) z. B. SMT–Basic (siehe [SMT–Basic]) und RPG II (vgl. [Myers_78] p. 137)

sondern darüberhinaus auch durch dritte genutzt werden, oder daß der Auftraggeber oder andere Komponenten diese Operanden zusätzlich als Speicher verwenden. Dies wird nicht nur das Verständnis des Programms erschweren. Insbesondere kann bei Mehrfachverwendung der Operationsmethode ein Auftraggeber den gespeicherten Wert des anderen überschreiben, so daß derartige Fehler schwer zu beheben sind oder eine Mehrfachverwendung verhindert wird. Beides erhöht den zu erwartenden Entwicklungs- bzw. Änderungsaufwand (vgl. [Myers_78] p. 44ff).

❍ *Durch die Auftraggeber–Auftragnehmer–Kommunikation über implizit festgelegte globale Operanden besteht die Gefahr der erhöhten Kopplung innerhalb der Fertigungsdokumentation. Zugleich wird die universelle Nutzbarkeit der Operationsmethoden eingeschränkt.*

Parametrisierung von Operationsmethoden

Abhilfe schaffen hier parametrisierte Operationsmethoden. Durch die Parametrisierung einer Operationsmethode erhält die Auftraggeberbeschreibung Einfluß auf die Operandenauswahl. Eingabe- und Ausgabeoperanden, die der Auftraggeber–Auftragnehmer–Kommunikation dienen sollen, müssen daher nicht global zugänglich sein, so daß die Gefahr der erhöhten Kopplung innerhalb der Fertigungsdokumentation stark reduziert wird.

Meist wird die Verwendung einer parametrisierten Operationsmethode auf eine Auftraggeber–Auftragnehmer–Kommunikation im programmierten System abgebildet. Indem die Fertigung die Parameter der Operationsmethode aber durch die Argumente ersetzt, die in der Auftraggeberbeschreibung enthalten sind, ist eine direkte Datenkommunikation zwischen Auftraggeber und Auftragnehmer im programmierten System nicht notwendig.[98)] Dazu müssen jedoch für verschiedene Inkarnationen desselben Operators i. a. verschiedene Systemkomponenten gefertigt werden, die nach derselben Methode arbeiten. Dies schafft meist unnötig großen Speicherplatzbedarf für das Maschinenpro-

98) Dabei werden aus der Operationsmethode Komponenten gefertigt, die mit den Operanden "fest verdrahtet" sind.

gramm. Daher werden üblicherweise Parameter der Operationsmethode auch auf Auftragsparameter in der Auftraggeber–Auftragnehmer–Kommunikation abgebildet.

Eine Parametrisierung von Operationsmethoden kann aber nicht nur dadurch erfolgen, daß bisher global zugängliche nichttemporäre Operanden (Eingabe– und / oder Ausgabe–Operanden) zu Parametern werden, sondern auch in der Operationsmethode explizit benannte Operanden, die möglicherweise zuvor temporär waren und durch die Operationsmethode initialisiert wurden, oder im Algorithmus versteckte lokale Konstanten der Operationsmethode können zu (Eingabe–)Parametern werden.
Beispiele:
a) "`Wurzel = sqrt(Zahl)`"
=>"`Wurzel = root(Zahl, Basis)`"
b) "`Quadrat = sqr(reelleZahl)`"
=>"`Potenz = exp(relleZahl, reellerExponent)`"
Diese Beispiele machen deutlich:

❍ *Werden innerhalb der Operationsmethode verborgene Operanden zu Parametern, so erhöht sich die Anzahl der Operanden, die von der auftraggebenden Komponente zu kontrollieren sind. Hierdurch kann sehr leicht die universelle Nutzbarkeit einer Operationsmethode erhöht werden. Darüber hinaus kann es die Verständlichkeit erhöhen. Gleichzeitig erhöht sich aber die Kopplung zwischen Auftraggeber– und Auftragnehmerbeschreibung, und es kann sich die Verständlichkeit der Auftraggeberbeschreibung reduzieren, insbesondere dann, wenn die Universalität nicht genutzt oder nicht benötigt wird.*

An dieser Stelle wird der Vorteil von sogenannten Default–Parametern sichtbar (vgl. Abschnitt 2.4.4.2). *Default–Parameter* sind besondere Eingabe–Parameter. Sie verbinden die Universalität der Auftragnehmerbeschreibung, die Verständlichkeit der Auftraggeberbeschreibung und die Entkopplung von Auftragnehmerbeschreibung und Auftraggeberbeschreibung miteinander, indem die auftraggebende Komponente auf die Übergabe der Default–Parameter verzichten kann. In diesem Fall nimmt die auftragnehmende Komponente spezielle für diesen Auftragstyp vorgegebene Konstanten an. Dadurch unterscheidet sich der zugehörige Operationsauftrag nicht mehr von einem Auftrag an eine Komponente, die diesen Parameter nicht nach außen anbietet.

Während der Aufwand, eine explizite Konstante einer Operationsmethode als Parameter nach außen anzubieten, recht gering ist, ist es i. a. ziemlich aufwendig, im Algorithmus versteckte Konstanten zu parametrisieren, da dabei die Struktur des Algorithmus modifiziert werden muß.[99] Es kann sein, daß der damit verbundene Nutzen in keinem Verhältnis zum notwendigen Aufwand steht. Auch aus diesem Grund wird man nicht immer möglichst universelle Operationsmethoden realisieren.

Verständliche Gestaltung von Auftragsbeschreibungen

Auch wenn die für das Verständnis der Wirkung einer Operationsanweisung notwendige Information (u. a. welche Datenobjekte in welcher Rolle an einer Operation beteiligt sind) eindeutig aus (Vor– und Nachbedingung) der Operatordefinition hervorgeht, leidet die lokale Verständlichkeit der Auftraggeberbeschreibung, falls die Wirkung einer Operationsanweisung nicht aus ihr selbst ersichtlich wird und man häufig Vor– und Nachbedingung der Operatordefinition oder sogar die verwendete Operationsmethode selbst zum Verständnis heranziehen muß.

Operand und Operator gehören semantisch eng zusammen. Parametrisierte Operationsmethoden ermöglichen es, daß die an einer Operation beteiligten Operanden auch im Programmtext der auftraggebenden Komponente sichtbar werden.[100] Daher erhöhen Parameter die Verständlichkeit der Beschreibung der auftraggebenden Komponente, insbesondere wenn alle Operanden explizit in der Auftragsbeschreibung genannt sind.[101]

99) vgl. Beispiel b: Das Quadrat einer reellen Zahl kann durch einfache Multiplikation ermittelt werden. Die Potenz einer reellen Zahl mit einem reellen Exponenten wird vielleicht über eine Taylor–Entwicklung ermittelt ($a^x = e^{x \ln a}$).

100) Parametrisierung kann daher als Explizitmachung zuvor impliziter Operanden verstanden werden.

101) Dennoch müssen nicht alle Operanden im direkten Zugriffsbereich des Auftraggebers liegen.

❍ *Die Verständlichkeit der Beschreibung einer auftraggebenden Komponente wird erhöht, wenn alle Operanden explizit in der Auftragsbeschreibung genannt sind.*

Daneben ist es für das Verständnis des Zusammenwirkens der Komponenten eines (Sub–)Systems wichtig zu wissen, welche Datenobjekte das Ergebnis einer Operation beeinflussen und welche Datenobjekte durch eine Operation beeinflußt werden können. Wenn anhand der Auftragsbeschreibung nicht ersichtlich wird, welche Operanden Eingabe– und welche Ausgabeoperanden darstellen (z. B. bei Referenzparametern in Pascal oder C++)[102)], ist es schwieriger als notwendig, Systemverständnis zu gewinnen (die Fertigungsdokumentation zu verstehen).

❍ *Die Verständlichkeit der Beschreibung einer auftraggebenden Komponente wird erhöht, wenn aus der Auftragsbeschreibung ersichtlich wird, welche Operanden Eingabe– und welche Ausgabeoperanden darstellen.*

Schlüsselwortparameter[103)] erhöhen im Vergleich zu den üblichen Stellungsparametern die Verständlichkeit der Beschreibung der auftraggebenden Komponente, indem zusätzlich zur Information, daß ein Operand an einer Operation beteiligt ist, die Bedeutung ersichtlich wird, die dieser im Zusammenhang mit der Operation erhält. Voraussetzung ist dabei selbstverständlich, daß die Schlüsselwörter nach semantischen Gesichtspunkten gewählt werden, wie prinzipiell alle Symbole anschaulich sein sollten.

❍ *Die Verständlichkeit der Beschreibung einer auftraggebenden Komponente wird erhöht, wenn aus der Auftragsbeschreibung auch die Rolle der Operanden in der Operation ersichtlich wird.*

Reine Schlüsselwortparameter erhöhen im Vergleich zu reinen Stellungsparametern die Kopplung innerhalb der Dokumentation dadurch, daß das Schlüsselwort in der verwendenden Beschreibungseinheit bekannt sein muß. Andererseits wird die Kopplung etwas verringert, dadurch daß die Reihenfolge der Argumente

102) siehe hierzu auch [Myers_78] p. 138f und Anhang "Syntaktische Unterscheidung von Ein– und Ausgabeparametern innerhalb der Operationsanweisung"

103) wie sie z. B. ADA und Smalltalk anbieten

irrelevant wird. Da man aber für eine korrekte Operationsanweisung ohnehin die Operatorschnittstelle kennen muß, wird die Kopplung zwischen Methoden durch Schlüsselwortparameter vermutlich nicht nennenswert beeinflußt.

Erhält z. B. ein Parameter im Laufe der Produktentwicklung eine (leicht) geänderte Bedeutung, so ist auch in den verwendenden Beschreibungseinheiten zu überprüfen, ob eine Änderung notwendig wird. Wird aufgrund seiner geänderten Bedeutung das Schlüsselwort eines Parameters in der Auftragnehmerbeschreibung geändert, so macht man damit deutlich, daß auch die Beschreibungen möglicher Auftraggeber überprüft werden müssen, ob eine Anpassung notwendig ist. Die daraufhin durchgeführte Änderung des Schlüsselwortes in den Auftraggeberbeschreibungen signalisiert, daß eine solche Anpassung durchgeführt wurde oder nicht nötig war. Schlüsselwortparameter erhöhen (!) somit die Änderbarkeit eines Systems, indem die Rollen der Operanden in der Operation ersichtlich werden und man bei einer Änderung der Schlüsselwörter dazu gezwungen wird, Korrektheit dort zu überprüfen, wo es notwendig ist.

4.1.2.3 Komposition und Typisierung komplexer Datenobjekte

Bisher wurde noch nicht auf die Typen der Operanden eingegangen. Operanden können als Behälter für codierte informationelle Werte verstanden werden. Da nicht–triviale programmierte Systeme Informationen unterschiedlicher Art verarbeiten, werden auch Operanden von unterschiedlichem Typ benötigt. Dabei erfordern komplexe Aufgaben auch komplexe Operanden. Ein programmierbares System soll möglichst universell einsetzbar sein, so daß es beliebig komplexe Informationen verarbeiten kann. Es kann aber nicht für alle Arten von Information, die es irgendwann einmal verarbeiten soll, geeignete Operandentypen bereitstellen. Stattdessen besitzt es ein Repertoire an Basistypen. Komplexe Operanden entstehen dann durch die Komposition von Operanden der Basistypen und / oder weniger komplexer Kompositionen.

Unterstützt eine Programmiersprache nicht die Definition komplexer Datenobjekte bzw. komplexer Datentypen, so können Kompositionsobjekte zwar implementiert werden, aber ihre

Grenzen zu anderen Objekten und ihre Bedeutung können nur durch entsprechende Kommentare oder durch eine Analyse der zugreifenden Komponenten sichtbar gemacht werden. Benötigt man mehrere Datenobjekte desselben Typs, so sind für jedes Exemplar dessen Komponenten anzugeben; d. h. es gibt im Prinzip nur komplexe Einzelobjekte, deren Grenzen zu anderen Datenobjekten syntaktisch nicht sichtbar werden.

Um zusammengesetzte Operanden auch syntaktisch als eine Einheit ansprechen zu können, erlauben heute übliche prozedurale Programmiersprachen die Definition zusammengesetzter Typen, die meist als *Struktur* oder *Record* bezeichnet werden. Dabei kann programmiersprachlich sowohl die Bedeutung der zugehörigen informationellen Wertebereiche als auch die Bedeutung der informationellen Objekte, die die einzelnen Exemplare dieses Datentyps repräsentieren, durch entsprechende Benennung (des Typs bzw. der Objekte) zum Ausdruck gebracht werden.

❍ *Programmiersprachen, die die Definition zusammengesetzter Typen bzw. zusammengesetzter Objekte unterstützen, lassen Kompositionsobjekte syntaktisch sichtbar werden und damit auch ihre Grenzen zueinander und zu anderen Datenobjekten. Sie erlauben es, durch den Typnamen die Bedeutung der zugehörigen informationellen Wertebereiche und durch den Objektnamen die Bedeutung der einzelnen Exemplare dieses Datentyps zum Ausdruck zu bringen. Damit dient die Definition zusammengesetzter Typen (ähnlich der Operatordefinition) der (anschaulichen) Abstraktion und fördert die Verständlichkeit des Programms, bzw. vereinfacht es, ein Programm verständlich zu gestalten.*

Damit Kompositionsobjekte überhaupt benutzt werden können, muß die Programmiersprache neben der Möglichkeit der Identifikation (mittels Name und / oder Zeiger) auch einfache Operationen auf zusammengesetzten Operanden unterstützen. Dazu zählen in jedem Fall der Zugriff auf die einzelnen Komponenten und häufig auch die Kopie zusammengesetzter Objekte, die Voraussetzung für die wertmäßige Parameterübergabe von zusammengesetzten Objekten ist. Dies genügt, um weitere Operationen auf beliebig komplexen Operanden zu definieren.

Werden mehrere Operanden desselben Typs benötigt, so sind auf ihnen i. a. auch gleichartige Operationen auszuführen. Durch die Möglichkeit der Identifikation zusammengesetzter Operanden in Verbindung mit der Parametrisierung von Operationsmethoden müssen nicht für jedes komplexe Datenobjekt eigene Operatoren definiert werden oder komplexe Datenobjekte komponentenweise übergeben werden.[104)]

❍ *Durch die syntaktische Unterstützung der Definition komplexer Datentypen kann die Redundanz der Beschreibung des Aufbaus komplexer Operanden und des Verhaltens der auf komplexen Datenobjekten operierenden aktiven Komponenten (vgl. Abschnitt 4.1.1) beträchtlich reduziert werden, wodurch sich der Umfang möglicher zukünftiger Änderungen verringert. Gleichzeitig wird die Verständlichkeit der Fertigungsdokumentation erhöht, indem komplexe Operanden nicht mehr komponentenweise angesprochen und als Parameter übergeben werden müssen, sondern mittels Name oder Adresse identifiziert werden können.*

Anschaulichkeit statt Implementierungseffizienz

Eine Programmiersprache kann nur die Möglichkeit anbieten, einfache Datenobjekte zu komplexeren zusammenzusetzen. Sie kann aber nicht erzwingen, daß zusammengesetzte Datenobjekte *eine* semantische Einheit bilden, von der eine anschauliche Abstraktion möglich ist (vgl. Operatordefinition). Ähnlich wie bei der Operatordefinition, so können auch bei der Definition zusammengesetzter Operanden aus Gründen der Implementierungseffizienz Datentypen bzw. Datenobjekte vereinbart werden, denen man keine anschauliche Abstraktion zuordnen kann. Dies hat manchmal die Konsequenz, daß aus Gründen der Implementierungseffizienz Operatoren definiert werden, deren Verhaltensbeschreibungen aus syntaktischen Gründen zusammengesetzte Operanden erfordern, obwohl sie von ihrer Aufgabe her nur auf einen (kleinen) Teil dieser Operanden zugreifen (müssen).

104) Genaugenommen werden keine Datenobjekte übergeben, sondern deren Werte.

Dadurch entstehen häufig Verständnisprobleme: Daß Komponenten komplexer Operanden nicht benötigt, aber dennoch mitgeführt werden, verwirrt die meisten Leser (zunächst) – insbesondere dann, wenn ein so definierter Operator ohne Änderung in einem neuen Kontext Wiederverwendung findet.[106)]

Eine Änderung der Definitionsstruktur zusammengesetzter Operanden erfordert i. a. auch eine Modifikation aller zugreifenden Komponenten. Meist müssen auch diejenigen Komponenten neu übersetzt oder sogar im Quelltext geändert[105)] werden, die nur auf nicht–geänderte Teile der Operanden zugreifen.[106)] Die Änderung der gefertigten Komponente (dieser Operationsmethode) ist nicht aus ihrer Aufgabe begründet und damit vermeidbar. Es liegt also eine informationell unbegründete und folglich unnötige Kopplung vor.

❍ *Werden Datenobjekte ohne eine saubere semantische Beziehung zueinander zu einem komplexen Datenobjekt zusammengefaßt, so erschwert man das Systemverständnis und koppelt möglicherweise informationell unabhängige aktive Komponenten über diese Datenobjekte miteinander, so daß sich die Änderbarkeit des Systems reduziert.*

Kopplung durch Restriktionen

Komplexe Datenobjekte zeichnen sich häufig dadurch aus, daß ihre Komponenten nicht eine beliebige Wertekombination aufweisen dürfen. D. h. nicht jede beliebige Wertekombination der Komponenten ist zulässig oder interpretierbar. Es liegen also *Restriktionen* in der Struktur komplexer Datenobjekte vor. Diese Restriktionen sind häufig nicht (nur) von der Bedeutung des jeweiligen Datenobjektes abhängig, sondern auch von dessen Codierung (siehe Beispiel 4.1). Diese Problematik wird durch die syntaktische Unterstützung zusammengesetzter Datenobjekte (Datentypen) weder gelöst noch vermindert. Möchte man das Verhalten aktiver Komponenten festlegen, die auf zusammenge-

105) z. B. wenn die Typdefinition nicht zentral gehalten wird, sondern für jede zugreifende Komponente (in deren Programmtext) getrennt abgelegt ist

106) vgl. [Myers_78] p. 45

Beispiel 4.1 Codierungsabhängige Restriktionen

Version 1 (in C):

```
typedef struct
{ int s[MaxLength]; /* TOP = s[nextTop - 1] */
  int nextTop;      /* 0<=nextTop<=MaxLength */
} IntStack_array;
  /* nextTop == 0         => empty Stack */
  /* nextTop == MaxLength => full  Stack */
```

Version 2 (in C):

```
typedef struct intListItem
{ int item;
  struct intListItem *next;
  struct intListItem *prev;
} IntListItem;

typedef struct
{
  IntListItem *bottom; /* bottom != 0
                          => bottom->prev == 0 */
  IntListItem *top;    /* top != 0
                          => top->next == 0 */
} IntStack_list;
  /* bottom->next->next...->next == top */
  /* top->prev->prev...->prev == bottom */
```

setzten Datenobjekten operieren, so müssen die Codierung und alle Restriktionen der Operanden bekannt sein und beachtet werden. Häufig werden diese Restriktionen auch in die Vorbedingung der auf zusammengesetzte Datenobjekte zugreifenden aktiven Komponenten aufgenommen; ansonsten sind sie implizit anzunehmen.[107] Restriktionen, die Operanden sowohl vor als auch nach jeder Operation erfüllen (müssen), werden üblicherweise als *Invarianten* bezeichnet (vgl. hierzu [Meyer_88] p. 123ff).

107) Ausgenommen hiervon sind möglicherweise Initialisierungsoperatoren und gekapselte Teiloperatoren.

- *Die Restriktionen auf komplexen Operanden sind nicht nur von der Bedeutung der Operanden, sondern auch von deren Codierung abhängig. Dadurch wird die Kopplung von Modulen, die auf dieselben komplexen Datenobjekte zugreifen, häufig stark über das informationell notwendige Maß hinaus erhöht.*

Kopplung aktiver Komponenten über komplexe Datenobjekte

Unterstützt die Programmiersprache die Definition komplexer Datentypen, so wird es möglich, ohne zusätzlichen Aufwand beliebig viele Exemplare dieses Typs zu inkarnieren. Dadurch wird man nicht mehr dazu verführt, um Implementierungsaufwand zu sparen, ein- und denselben Datenraum von verschiedenen Systemteilen zu benutzen, die informationell miteinander nicht in Kontakt stehen. Die Gefahr unnötiger Kopplung wird reduziert, die Systemverständlichkeit erhöht.

Allgemein ist die Kopplung aktiver Komponenten über den direkten Zugriff auf dieselben komplexen Datenobjekte aufgrund der Codierung der Datenobjekte immer größer als die informationell (semantisch) notwendige Kopplung. Das daraus resultierende Problem für die Änderbarkeit eines programmierten Systems kann dadurch entschärft werden, daß man eine kleine Menge aktiver Komponenten zur Verfügung stellt, die direkt auf die komplexen Datenobjekte zugreifen. Dabei muß es möglich sein, alle semantisch notwendigen Operationen auf den zugrundeliegenden komplexen Datenobjekten ohne direkten Zugriff nur mit Hilfe dieser kleinen Menge aktiver Komponenten zu realisieren. Es muß also ein "vollständiges" Repertoire an aktiven Komponenten bereitgestellt werden.

Greifen alle anderen aktiven Komponenten nicht mehr direkt auf diese komplexen Datenobjekte zu, sondern nur noch mittels der speziell dafür bereitgestellten Komponenten, so tritt an die Stelle der Kopplung über die Operanden die Kopplung über die auf die Operanden direkt zugreifenden aktiven Komponenten. Die Kopplung wird folglich nicht mehr bestimmt durch das Wissen über Name, Codierung und Restriktion der Daten, sondern durch das Wissen über die Schnittstelle (Name, Parameter, Vor- und Nachbedingungen) der aktiven direkt oder möglicherweise auch indirekt zugreifenden Komponenten. Die dadurch erzielte Entkopplung wird auch hier bestimmt durch die Beantwortung der Fragen: "Was kann geändert werden, ohne daß Folgeänderungen (in den direkt bzw. indirekt zugreifenden Komponenten) hervorgerufen werden?" – "Welchen Umfang haben eventuell notwendig werdende Folgeänderungen?"

❍ *Stellt man eine kleine Menge aktiver Komponenten zur Verfügung, die den indirekten Zugriff auf komplexe Datenobjekte erlauben, während alle anderen aktiven Komponenten höchstens indirekt (nämlich mittels dieser aktiven Komponenten) auf diese Datenobjekte zugreifen, so reduziert sich idealerweise die Kopplung zwischen den indirekt zugreifenden Komponenten auf kaum mehr als das informationell notwendige Maß. Die von ihnen zu beachtenden Restriktionen sind auf die Bedeutung der komplexen Operanden beschränkt. Allein die Kopplung zwischen den direkt auf ein komplexes Datenobjekt zugreifenden Komponenten ist codierungsabhängig erhöht, konzentriert sich aber auf wenige Paare speziell dafür bereitgestellter Komponenten.*[108] *Werden später z. B. aus Gründen des Laufzeitverhaltens oder des Speicherplatzbedarfs Änderungen in der Codierung der komplexen Datenobjekte notwendig, so sind davon nur die wenigen direkt zugreifenden Komponenten betroffen. Der damit verbundene Änderungsaufwand reduziert sich also erheblich.*

Diese Entkopplung kann nur dann erreicht werden, wenn alle Implementierer eines Systems nicht alle ihnen offenstehenden Möglichkeiten ausnutzen, sondern sich darauf beschränken, nur über die bereitgestellten Operatoren auf komplexe Datenobjekte zuzugreifen. Bei einem System, an dessen Realisierung viele Menschen beteiligt sind, ist es oft wünschenswert, Änderbarkeit nicht dadurch zu gefährden oder zu reduzieren, daß wenige Mitarbeiter sich der geforderten Beschränkung nicht freiwillig unterziehen. Deshalb werden Maßnahmen erforderlich, die die

108) Daher sollte das Repertoire an aktiven direkt zugreifenden Komponenten nicht zu groß gewählt werden. Inwieweit Komponenten bereitgestellt werden sollen, die zwar häufig benötigt werden, deren Wirkung aber auch durch das Zusammenspiel anderer Komponenten erreicht werden kann, ist von System zu System pragmatisch zu entscheiden.

Einhaltung der Zugriffsbeschränkungen sicherstellen, nämlich Abstraktion und Kapselung komplexer nichttemporärer Operanden.

4.1.2.4 Abstraktion und Kapselung nichttemporärer Operanden

Ordnet man jeder Operationsmethode genau eine aktive Komponente, einen sogenannten *Operationsakteur* zu, werden des weiteren alle temporären Operanden und ausschließlich die temporären Operanden einer Operationsmethode gekapselt, so daß alle weiteren Operanden global zugänglich sind, und modelliert man die Auftraggeber–Auftragnehmer–Kommunikation mittels eines eigens dafür zuständigen Akteurs, so erhält man Systeme, die man als *klassisch prozedural* bezeichnen kann (siehe Bild 4.1). Die Modifikation von temporären Operanden des Auftraggebers durch den Auftragnehmer kann in diesem Modell nicht direkt erfolgen, sondern muß hier als Aktion des Auftraggebers bei Auftragsende nachgebildet werden.

Im laufenden Abschnitt (4.1.2) wurde bisher die Kapselung ausschließlich temporärer Operanden behandelt. Im Rest dieses Abschnittes sollen nun Abstraktion und Kapselung nichttemporärer Operanden behandelt werden. D. h. der nichttemporäre global zugängliche Teil des Systemzustands wird zerlegt, und seine Bestandteile werden nicht mehr allen aktiven Komponenten zugänglich sein. Sollen Komponenten realisiert werden, die direkt auf (nichttemporäre) Operanden zugreifen, so muß der Zugriff programmiersprachlich erlaubt sein, und der Implementierer muß die Codierung der Operandenwerte kennen. Daher kann auf prinzipiell zwei unterschiedliche Weisen der Zugriff auf Datenobjekte verhindert werden – erstens, indem man den Zugriff (z. B. syntaktisch) nicht zuläßt – man erhält gekapselte Datenobjekte, die nicht global referenziert werden können –, und zweitens indem man die Codierung vor dem Implementierer anderer Komponenten verbirgt.

Ist ein direkter Zugriff auf nichttemporäre Operanden nicht möglich, so muß es aktive Systemkomponenten geben, die einen indirekten Zugriff auf diese Operanden ermöglichen. Wird die Codierung der nichttemporären Operanden (vor einem Teil des Systems) verborgen, so können die den indirekten Zugriff

Bild 4.1 klassisch prozedurales System – mit lokalen temporären Variablen

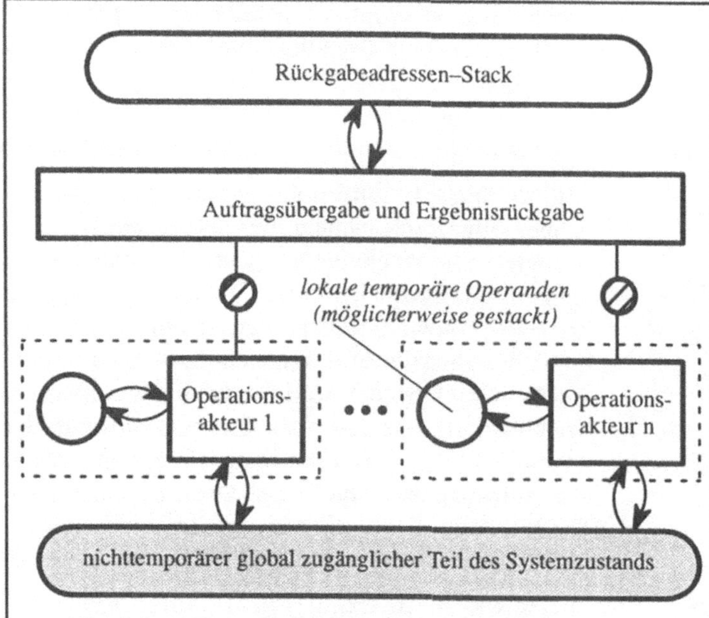

- Alle aktiven Komponenten sind gleichberechtigt.
- Alle lokalen Variablen sind temporär.
- Auf den nicht–transienten Systemzustand haben alle aktiven Komponenten Zugriff.
- Kommunikation zwischen den Komponenten geschieht über parametrisierte Auftrags–Rückmelde–Schnittstellen.

erlaubenden Komponenten nur dann verstanden und somit auch in das System eingebunden werden, wenn ihre Beschreibung die informationellen Werte der nichttemporären Operanden in Vor- und Nachbedingung erfaßt. Verbirgt man also die Codierung von nichttemporären Operanden, so müssen die Werte und Wertebereiche solcher Variablen und die Bedeutung der auf ihnen operierenden Komponenten unabhängig von ihrer Codierung, also abstrakt, beschrieben werden. Das Verbergen der Codierung erzwingt also die Definition *abstrakter Datenobjekte*.

Im Gegensatz zu Datenobjekten, deren Codierung innerhalb eines Systems nicht allgemein bekannt gegeben wird, erzwingen gekapselte Datenobjekte keine abstrakte Beschreibung ihres Wertebereiches und ihrer Zugriffsoperatoren. In praktisch vorkommenden Systemen sollten aber zusammengesetzte Datenobjekte nur dann gekapselt werden, wenn von ihnen eine anschauliche Abstraktion möglich ist. Eine Beschreibung dieser Abstraktion sollte aus Gründen der Systemverständlichkeit in die Gesamtdokumentation des Systems mit aufgenommen werden.

Von ihren Verwendungsmöglichkeiten her sind konkrete Datenobjekte, auf die bzw. auf deren Attribute der Implementierer keinen direkten Zugriff hat, für ihn gleich solchen Datenobjekten, deren Codierung er nicht kennt. In beiden Fällen kann die Komponente, die er realisiert, nur indirekt auf diese Datenobjekte zugreifen, nämlich mittels ausgezeichneter Operatoren, die der Implementierer dieser Datenobjekte dafür bereitgestellt hat. Deshalb ist es bei der Implementierung abstrakter Datenobjekte wichtig, (zumindest) ein minimales Repertoire an Operatoren bereitzustellen, so daß sich jede "wünschenswerte" Operation durch die Kombination der zur Verfügung stehenden Operatoren realisieren läßt.

❍ *Datenobjekte, deren Codierung nicht allgemein bekannt ist, und Datenobjekte, auf die oder auf deren Attribute kein allgemeiner direkter Zugriff möglich ist, stellen (zusammen mit der Beschreibung der auf ihnen direkt operierenden Komponenten) zwei unterschiedliche Realisierungsformen des theoretischen Konzepts eines abstrakten Datenobjektes dar.*

Daher werden beide Realisierungsformen im Rest dieser Arbeit unter dem Begriff *abstraktes Datenobjekt* zusammengefaßt.

Abstrakte Datenobjekte – Garanten von Invarianten und Änderbarkeit

Mit der Realisierung abstrakter Datenobjekte wird der nichttemporäre global zugängliche Teil des Systemzustands aufgespalten. Anstelle *eines* komplexen Datenraumes, auf den alle aktiven Komponenten Zugriff haben, entstehen viele kleine Datenräume, auf die jeweils nur wenige speziell dafür vorgesehene Komponenten zugreifen können. Daher kann die Einhaltung von Restriktionen auf einem komplexen abstrakten Datenobjekt (dessen Invarianten) durch die entsprechende Gestaltung der direkt zugreifenden Komponenten sichergestellt werden. Und nur die direkt zugreifenden Komponenten machen Annahmen über die Codierung der Werte. Dadurch erhält der Implementierer eines abstrakten Datenobjektes und der zugehörigen Operatoren die Freiheit, die Codierung "seiner" Datenobjekte zu ändern, ohne daß davon die Implementierung der auf diese Datenobjekte indirekt zugreifenden Komponenten geändert werden müßte. Voraussetzung hierfür ist selbstverständlich, daß sich die Schnittstellen der direkt zugreifenden Operatoren nicht ändern. Genaugenommen darf es zusätzliche direkt zugreifende Operatoren geben und die Schnittstelle der bestehenden Operatoren darf erweitert werden, z. B. durch zusätzliche Default–Parameter, eine Verallgemeinerung der Vorbedingung und / oder eine Konkretisierung der Nachbedingung.

❍ *Die Einführung abstrakter Datenobjekte gewährleistet die Änderbarkeit der Codierung ihrer informationellen Werte und ermöglicht es, die Invarianten der Struktur zusammengesetzter Datenobjekte sicherzustellen. Die Kopplung zwischen den indirekt zugreifenden Systemkomponenten kann nicht beseitigt, eventuell aber auf (kaum mehr als) das informationell notwendige Maß reduziert werden (vgl. Abschnitt 4.1.2.3).*

Typisierung abstrakter Datenobjekte

Programmiersprachen, die die Definition abstrakter Datentypen unterstützen (z. B. ADA), vereinen die Vorteile, die sich durch die Typisierung komplexer Datenobjekte ergeben (vgl. Abschnitt 4.1.2.3) mit den Vorteilen von Abstraktion und Kapselung, wie sie in diesem Abschnitt beschrieben sind:

- Komplexe Datenobjekte werden syntaktisch identifizierbar.
- Die anschauliche Abstraktion von Datenobjekt und zugehörigem informationellem Wertebereich kann programmiersprachlich zum Ausdruck gebracht werden.
- Die Redundanz der Aufbaubeschreibung komplexer Datenobjekte und der auf ihnen operierenden aktiven Komponenten kann reduziert werden. Es sind beliebig viele abstrakte Datenobjekte desselben Typs ohne zusätzlichen Aufwand inkarnierbar.
- Entkopplung kann sichergestellt werden.
- Es wird möglich, die Einhaltung von Restriktionen zu gewährleisten.

4.1.3 Einheiten der Kapselung und höhere Abstraktionen

Bisher wurden aktive und passive Komponenten getrennt voneinander betrachtet, wobei die aktiven Komponenten zwar komplexe, aber nur gleichartige Operationen ausführen können. Eine Zusammenfassung von aktiven *und* passiven Komponenten zu einer abgeschlossenen eigenständigen Einheit erlaubt im Vergleich dazu Abstraktionen auf höherer Ebene. Es entstehen permanent zustandsbehaftete aktive Komponenten, die – je nach Auftrag – unterschiedliche Operationen ausführen können.

Voraussetzung hierfür ist eine eindeutige Zuordnung von Datenobjekten und aktiven, zustandsfreien Komponenten zu einer abgeschlossenen Einheit, einer permanent zustandsbehafteten, aktiven Komponente. Die Abschirmung der enthaltenen Datenobjekte (durch die aktiven, zustandsfreien Komponenten) ist hierfür notwendig, aber nicht hinreichend (vgl. Bild 4.2).

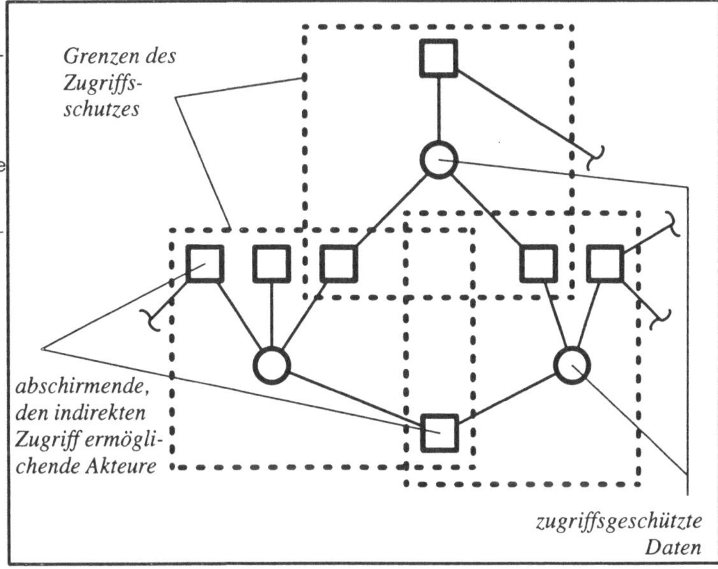

Bild 4.2 Ausschnitt aus einem Blockdiagramm: Trotz Abschirmung der Datenobjekte (Zugriffsschutz) ist keine Zerlegung in disjunkte abgeschlossene Einheiten möglich

Permanent zustandsbehaftete Akteure

Greifen die aktiven Komponenten, die auf einem abstrakten Datenobjekt operieren, außer auf temporäre lokale Operanden auf keine weiteren Datenobjekte direkt zu, so können abstraktes Datenobjekt und zugreifende (kapselnde) aktive Komponenten zu einer abgeschlossenen permanent zustandsbehafteten, aktiven

Systemkomponente zusammengefaßt werden.[109] Ihr Zustand kann nur durch die nach außen angebotene Operatoren–Schnittstelle geändert oder beobachtet werden. Ihre Kopplung mit anderen Systemkomponenten ist daher im wesentlichen bestimmt durch die Anzahl und "Schnittstellenbreite" der Operationsakteure, die für Aufträge von außen zuständig sind. Die untere Grenze der Kopplung wird durch die Interpretation der Systemkomponente und ihrer nach außen angebotenen Operatoren bestimmt.

- *Faßt man aktive Komponenten mit den komplexen Datenobjekten, auf denen sie operieren und die sie abschirmen, zu einer abgeschlossenen, permanent zustandsbehafteten, aktiven Komponente zusammen, so lokalisiert man damit die direkte Kopplung zwischen aktiven und passiven Komponenten (Codierungsinformation und codierungsabhängige Restriktionen) auf einen kleinen Bereich.*

Alle Operationsakteure einer permanent zustandsbehafteten, aktiven Komponente greifen auf denselben Datenraum zu, der häufig komplex ist und viel Codierungsinformation sowie codierungsabhängige Restriktionen enthält. Daher ist die Kopplung innerhalb einer permanent zustandsbehafteten, aktiven Komponente[110] im Verhältnis zur Kopplung zu anderen aktiven Komponenten relativ hoch.

Anschaulichkeit

- *Bilden abstraktes Datenobjekt und zugreifende Operatoren eine syntaktisch und semantisch abgeschlossene Einheit, so wird anschauliche Abstraktion in erhöhtem Maße ermöglicht und dadurch die Verständlichkeit des Systems erhöht.*

109) G. J. Myers bezeichnet solche ihren Zustand kapselnden Komponenten als "informational–strength modules" (siehe [Myers_78] p. 36ff), während in objektorientierten Systemen diese abgeschlossenen ihren Zustand kapselnden Einheiten als Objektakteure oder kurz als "Objekte" bezeichnet werden.

110) Dies betrifft die *Kohäsion eines Moduls*, auch *module strength* genannt (vgl. z. B. [Myers_78] p. 29ff).

Außer den einzelnen nach außen zur Verfügung stehenden Operatoren sollte auch die Bedeutung des gesamten abstrakten Datenobjektes beschrieben werden. Dies erhöht sicherlich die Redundanz der Gesamtdokumentation, erleichtert aber das Verständnis des Systems. Von besonderem Interesse sind einerseits die explizite Angabe der Invarianten eines abstrakten Datenobjektes und andererseits die Klassifizierung der möglichen Zustände eines abstrakten Datenobjektes und der Überführungsoperatoren bzw. Überführungsbedingungen z. B. in einem Zustandsdiagramm.

Modell

Ein System, dessen nichttemporären Datenobjekte als Teil genau eines permanent zustandsbehafteten Akteurs aufgefaßt werden können, wird durch Bild 4.3 erfaßt. Im Vergleich zu Bild 4.1 ist der nichttemporäre Systemzustand aufgeteilt in eine Menge gekapselter Datenobjekte und einen nichttemporären Rest, der noch immer global zugänglich ist. Aufgrund der Forderung nach der Abgeschlossenheit der permanent zustandsbehafteten Akteure greifen deren aktive Komponenten jedoch nicht auf den global zugänglichen Teil des nicht–transienten Systemzustands zu.

Wird der gesamte nichttemporäre Teil des Systemzustands durch abstrakte Datenobjekte erfaßt, so existieren keine global zugänglichen Datenobjekte mehr. Erhält das System zusätzlich die Fähigkeit der Strukturvarianz, so liegt ein rein objektorientiertes System vor (vgl. Kapitel 3, insbesondere Bild 3.2). Dabei wurde vorausgesetzt, daß die Kommunikation zwischen den permanent zustandsbehafteten aktiven Einheiten als Nachrichtenschnittstelle verstanden werden kann.

4.1.3.1 Objektakteure als Einheiten der Kapselung

Bild 3.2 erfaßt in erster Näherung Systeme, wie sie z. B. in der objektorientierten Programmiersprache Smalltalk–80 realisierbar sind. (Vernachlässigt wurden dabei insbesondere sogenannte *class variables* und *pool variables*.) Objektakteure vom selben Typ sind in diesem Bild perspektivisch hintereinander gezeichnet. Objektakteure verschiedener Typen liegen dagegen nebeneinander. Sicherlich wird man, um den Speicherplatzbedarf der

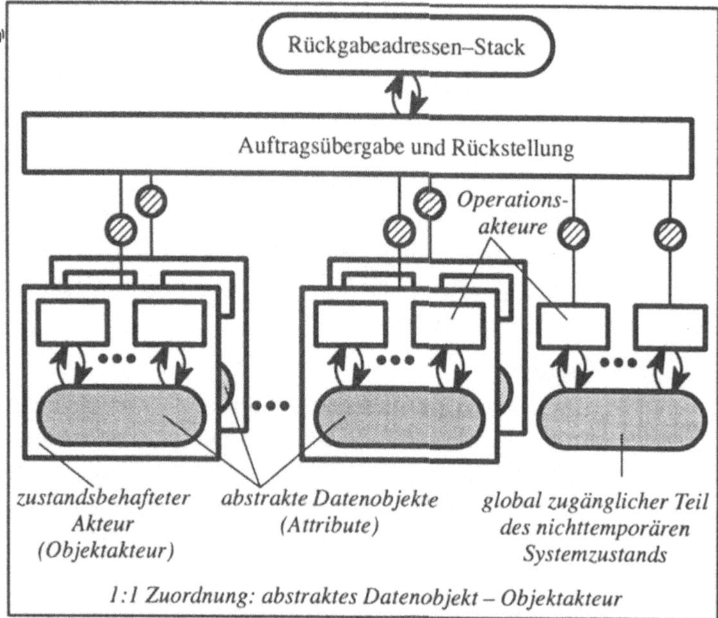

Bild 4.3 System, dessen nichttemporäre abstrakte Datenobjekte als Teile genau eines zustandsbehafteten Akteurs aufgefaßt werden können

Fertigungsdokumentation und des programmierten Systems nicht unnötig zu erhöhen, für alle Objektakteure desselben Typs gleiche Operationsakteure nicht mehrfach beschreiben und fertigen. Dennoch ist es semantisch wichtig, sie im Instanzennetz getrennt einzuzeichnen; denn sie können nur auf die Attribute eines Objektakteurs zugreifen. Möglicherweise notwendige Zugriffe auf die Attribute eines anderen Exemplars desselben Typs unterscheiden sich nicht vom Zugriff auf Attribute von Objektakteuren eines anderen Typs: Es müssen explizit Nachrichten an die anderen Objekte gesandt werden. Während im Modell nach Bild 3.2 ein anderer (wenn auch gleichartiger) Operationsakteur angesprochen wird, kann dies in der Realisierung eine Rekursion bedeuten.

4.1.3.2 Klassen als Einheiten der Kapselung

Anders sieht das Modell für objektorientierte Systeme aus, wie sie sich z. B. in der objektorientierten Programmiersprache C++ oder auch in ADA realisieren lassen. Einheit der Kapselung ist hier nicht der einzelne Objektakteur, sondern seine Klasse. Die Attribute eines Objektakteurs lassen sich direkt durch einen

Operationsakteur lesen und verändern, der als Reaktion auf eine Nachricht an einen anderen Objektakteur desselben Typs aktiviert wurde (siehe auch Bild 4.4). Die Attribute eines Objektakteurs können folglich von einem anderen Objektakteur derselben Klasse direkt gelesen und verändert werden. Offensichtlich widerspricht dies dem ursprünglichen Gedanken der objektorientierten Programmierung. Stattdessen wird die Geschwindigkeit des programmierten Systems erhöht.

Bild 4.4 Modell programmierter Systeme, bei denen die Objektklasse (und nicht der einzelne Objektakteur) die Einheit der Kapselung darstellt

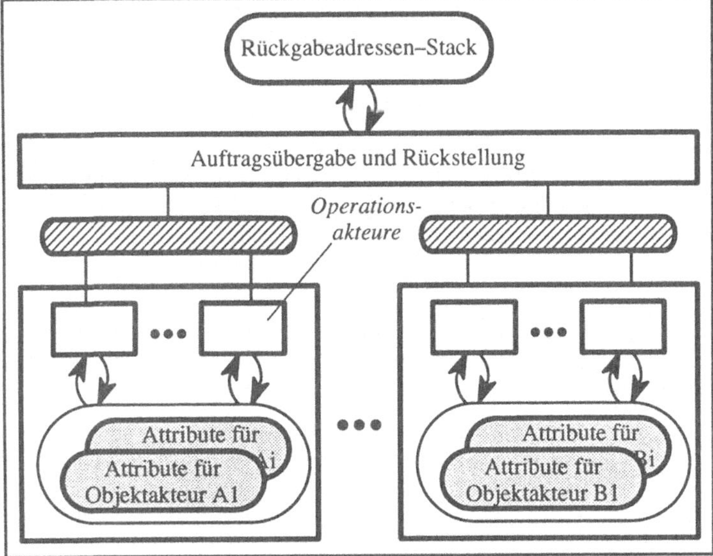

Welche Konsequenz hat dieses Modell aber auf die Änderbarkeit der so programmierten Systeme? Offenbar ist dieses Modell nicht ganz so homogen wie das Modell der klassisch objektorientierten Systeme; denn die Interaktionsmöglichkeiten zwischen zwei Objektakteuren desselben Typs unterscheiden sich von den Interaktionsmöglichkeiten zwischen zwei Objektakteuren unterschiedlicher Typen. Dies hat – nach meiner Einschätzung – aber keinen nennenswerten Einfluß auf die Verständlichkeit der programmierten Systeme.

Bei Entwurf und Implementierung eines abstrakten Datentyps werden Aufbau und Verhalten der gesamten Objektklasse und nicht nur einzelner abstrakter Datenobjekte beschrieben. Daher ist das Verbergen von Information gegenüber Exemplaren ein und derselben Klasse nicht praktikabel. Muß realisierungsspezifische Information im Laufe der Systementwicklung geändert werden, so sind davon ohnehin alle Exemplare der Klasse betroffen. Daher wird die Änderbarkeit nicht reduziert, wenn die Klasse die kapselnde Einheit darstellt. Auch die Restriktionen auf den Exemplaren können weiterhin durch die Klassenbildung sichergestellt werden. Somit ist auf die Änderbarkeit kein negativer Einfluß zu erwarten.

Vielmehr ist es möglich, die Änderbarkeit der programmierten Systeme zu erhöhen: Innerhalb einer Klasse kann auf die Daten zugegriffen werden, ohne daß hierfür global ansprechbare Operationsakteure beschrieben werden müßten. Dadurch wird die Möglichkeit, Objektakteure eines anderen Typs mit den Exemplaren eines gegebenen Typs zu koppeln, reduziert. Ähnlich wird es möglich, Operationsakteure bereitzustellen, die nur von Exemplaren der zu definierenden Klasse benutzt werden können.[111)]

❍ *Wird die Klasse von Datenobjekten und nicht das einzelne Datenobjekt gekapselt, so geht die Homogenität des klassisch objektorientierten Programmierstils verloren; jedoch können Entkopplung und damit Änderbarkeit in erhöhtem Maße dadurch sichergestellt werden, daß Zugriffsmöglichkeiten, die zwischen den Exemplaren einer Klasse nötig sind, nicht nach außen bereitgestellt werden müssen.*

4.1.3.3 Klassenübergreifende Einheiten der Kapselung

Das Konzept der Objektorientierung hat den Anspruch, eine besonders gute, d. h. genaue Abbildung des Problembereichs zu bewirken. Häufig wird dies damit begründet, daß alle programmiersprachlichen Konstrukte als "Objekte" betrachtet werden. Alle "Objekte" stehen dabei idealerweise gleichberechtigt nebeneinander und können prinzipiell Objekte in gleicher Weise ansprechen, falls sie deren Adresse und Schnittstelle kennen. Dies bewirkt eine Vereinfachung und damit erhöhte Verständ-

111) In Smalltalk–80 ist es dagegen prinzipiell nicht möglich, Operationsakteure zu kapseln. Auch Operationsakteure, die durch "private methods" beschrieben werden, können von beliebigen anderen Objektakteuren aktiviert werden.

lichkeit des Konzeptes, aber nicht eine notwendigerweise erhöhte Verständlichkeit der nach diesem Konzept programmierten Systeme.

Denn genau diese geforderte Homogenität widerspricht der Realität. Z. B. wird ein Mitarbeiter eines Unternehmens aufgrund der einzuhaltenden Dienstwege von seinem Vorgesetzten andere Nachrichten (Aufträge) erhalten können als von anderen Personen, wie Kollegen oder dem Leiter der Nachbarabteilung. So kann möglicherweise jeder Angestellte des Unternehmens ihm Mitteilungen zukommen lassen oder Anfragen an ihn richten, während seine direkten und indirekten Vorgesetzten ihm zusätzlich bestimmte Anweisungen erteilen können. Offensichtlich besitzt dieser Mitarbeiter unterschiedliche Schnittstellen zu den verschiedenen Angestellten des Unternehmens. Die Abbildung solcher Sachverhalte des Problembereichs auf programmierte Systeme wird von klassisch objektorientierten Programmiersprachen nicht unterstützt.[112)]

Die Abbildungsnähe zum Problembereich widerspricht offensichtlich einer homogenen gleichberechtigten Objektmenge. Vielmehr erfordert sie unterschiedliche Nachrichten–Schnittstellen der Objekte für unterschiedliche Absender(klassen).

Friend Classes in C++

Die Modellierung des Problembereichs zeigt, daß nicht alle Klassen bzw. deren Exemplare in gleicher Beziehung zueinander stehen. Es gibt z. B. Klassen, deren Exemplare sich in Aufbau und Verhalten vollkommen voneinander unterscheiden, die aber dennoch in engem Kontakt miteinander stehen (müssen), während zu den Exemplaren einer weiteren Klasse möglicherweise kein oder nur indirekter Kontakt existiert. So ist es vielleicht notwendig, um ein gewünschtes Zusammenspiel von Objekten unterschiedlicher Klassen zu erreichen, ohne die Möglichkeiten globaler Kopplung unnötigerweise zu erhöhen, daß Objektakteure einer Klasse Aufträge bearbeiten können, die nicht von Objektakteuren beliebiger Klassen erteilt werden dürfen.

112) Dies heißt nicht, daß die Programmierung eines entsprechenden Modells in klassisch objektorientierten Programmiersprachen nicht möglich wäre.

Durch den sogenannten "Friend–Mechanismus" ist es in der Programmiersprache C++ möglich, eine semantisch enge Beziehung zwischen den Exemplaren eng in Kontakt stehender Klassen bzw. zwischen den modellierten Objekten des Problembereichs auch syntaktisch zum Ausdruck zu bringen. Zu diesem Zweck erlaubt die Programmiersprache C++, mit der Aufbaubeschreibung der Objekte eine Menge "befreundeter" Klassen[113)], sogenannte *friends* anzugeben. Deren Exemplare haben – wie die Objekte der eigenen Klasse – dann unbeschränkten Zugriff auf die aktiven und passiven Komponenten der Exemplare der zu definierenden Klasse. Umgekehrt ist ein unbeschränkter Zugriff auf die Exemplare der befreundeten Klassen nur dann möglich, wenn auch die befreundeten Klassen die Exemplare der zu definierenden Klasse als "ihre Freunde" betrachten. "Freundschaft" spiegelt also *keine* symmetrische Beziehung wider.

Der Friend–Mechanismus in C++ erlaubt es somit, nicht nur die Grenzen der Kapselung über die Objekt– und Klassengrenzen hinaus zu stecken und damit unterschiedliche Schnittstellen zu einem "Objekt" einzuführen, sondern er durchbricht vor allem das Prinzip der Abgeschlossenheit. Dadurch kann die Verständlichkeit der programmierten Systeme stark reduziert werden. Klassen können nicht mehr als Einheiten losgelöst von anderen, ihren befreundeten Klassen verstanden werden.

So ist es prinzipiell möglich, ein riesiges zusammenhängendes Netz von befreundeten Klassen zu implementieren, wenn jede Klasse nur zwei bis drei befreundete Klassen kennt. – In der Praxis ist dies jedoch nicht üblich.

Dadurch daß bei der Beschreibung von Klassen die befreundeten Klassen mit angegeben werden müssen, erhalten nur die Exemplare solcher Klassen direkten Zugriff, die der Implementierer explizit hierfür vorsieht. Er selbst behält die Kontrolle über die Schnittstelle der Exemplare seiner Klassen. Es wird ihm durch den Friend–Mechanismus sogar möglich, die allgemeine Schnittstelle seiner Exemplare, d. h. die Schnittstelle zu nicht befreundeten Exemplaren zu verschmälern.

113) oder einzelner befreundeter Akteure (global oder member functions)

- *Der Friend–Mechanismus in C++ erlaubt es, dadurch daß Exemplare semantisch verbundener Klassen einen freien Zugriff erhalten können, den Zugriff anderer Objekte weiter einzuschränken.*[114] *Dabei wird erhöhte lokale Kopplung bei gleichzeitiger Sicherstellung globaler Entkopplung ermöglicht. Somit liegt es an der Implementierungsgruppe, dieses ambivalente Merkmal in angemessener Weise zur Erhöhung der Änderbarkeit der programmierten Systeme auszunutzen, so daß klassenübergreifende disjunkte Einheiten der Kapselung entstehen.*

4.1.3.4 Abstrakte Datentypen und abstrakte Datenobjekte in klassisch prozeduralen Programmiersprachen

- *Die Vorteile, die mit der objektorientierten Programmierung verbunden sind, können weitgehend auch mit klassisch prozeduralen Programmiersprachen erreicht werden.*

Beispiel 4.2 zeigt anhand der Schnittstellendefinition einer Realisierung des abstrakten Datentyps Stack, daß abstrakte Datentypen und abstrakte Datenobjekte auch in Programmiersprachen implementiert werden können, die allgemein als klassisch prozedural gelten.

Bis zur Verbreitung der objektorientierten Programmiersprachen wurden diese Möglichkeiten der klassisch prozeduralen Sprachen fast nicht genutzt. Dies mag darin begründet sein, daß bis zu dieser Zeit die Vorteile des objektorientierten Konzepts nicht allgemein bekannt und akzeptiert waren. Andererseits ist aufgrund der fehlenden Unterstützung objektorientierter Konzepte in klassisch prozedural programmierten Systemen die Implementierung sicherlich mit erhöhtem Aufwand verbunden. So erfordert es in der Programmiersprache C weniger Aufwand, ein einzelnes abstraktes Datenobjekt zu definieren, das syntaktisch nicht identifizierbar ist, als einen abstrakten Datentyp zu implementieren, von dem syntaktisch identifizierbare und benennbare Inkarnationen erzeugt werden können. Vermutlich nimmt auch die Programmiersprache verstärkten Einfluß auf die

114) Der Friend–Mechanismus kann auch zur Reduktion der Laufzeit eingesetzt werden, insbesondere durch den direkten Zugriff auf passive Komponenten.

Beispiel 4.2
Abstrakte Datentypen und abstrakte Datenobjekte in "prozeduralen" Programmiersprachen

```
typedef void * IntStack;
/* Die vorangehende Zeile ist nur für den Compiler
 * geschrieben. Sie wird nicht benötigt,
 * um den abstrakten Datentyp IntStack zu nutzen.
 */

typedef enum {false, true} boolean;

/*******************************************************/
/* Abstrakter Datentyp IntStack:                       */
/* Es können nur Ganzzahlen vom Typ "int"              */
/* auf diesen Stack gelegt werden.                     */
/* Die übergebenen Stacks selbst werden verändert, und */
/* eine Kopie ihres Identifikators wird zurückgegeben. */
/*******************************************************/

IntStack  emptyIntStack();
          /* Konstruktor eines leeren Stacks */
IntStack* pushIntStack(IntStack* stackToPushOn,
                       int       valueToPush);
          /* Modifier; RETURN = stackToPushOn */
IntStack* popIntStack(IntStack* stackToPopFrom);
          /* Modifier; RETURN = stackToPopFrom */
int       popInt(IntStack* stackToPopFrom);
          /* Modifier; redundant, aber häufig benötigt */
int       topInt(IntStack);
          /* reiner Zugriffsoperator */
boolean   isEmptyIntStack(IntStack);
          /* reiner Zugriffsoperator */
boolean   isFullIntStack(IntStack);
          /* reiner Zugriffsoperator */
int       sizeIntStack(IntStack);
          /* reiner Zugriffsoperator */
void      deleteIntStack(IntStack*);
/* Destruktor - Speicherplatzfreigabe:
 * deleteIntStack(IntStack *) darf für jeden Integer-Stack
 * maximal einmal aufgerufen werden. Danach ist mit
 * IntStack keine Stack-Struktur mehr verbunden. Daher
 * dürfen keine weiteren Stackoperationen auf einem
 * zerstörten Integer-Stack ausgeführt werden.
 */
```

Entwicklungskonzepte der späten Entwurfsphasen und trägt somit dazu bei, daß von der Programmiersprache nicht direkt unterstützte Konzepte seltener implementiert werden.

Nachdem nun die Vorteile objektorientierter Konzepte (allgemein) bekannt werden, darf man hoffen, daß die mit diesen Vorteilen verbundenen Teilkonzepte vermehrt auch in Fertigungsdokumenten Einzug finden, die in klassisch prozeduralen Programmiersprachen zu erstellen sind. Denn analog hierzu setzte sich das Konzept der strukturierten Programmierung, nachdem seine Vorteile allgemein akzeptiert waren, auch in Fertigungsdokumenten durch, die in Sprachen erstellt werden mußten, die – wie die Assemblersprachen – für die strukturierte Programmierung keine Unterstützung anbieten.

4.2 Hierarchische Klassifikation

Nachdem im vorangegangenen Abschnitt der Einfluß von Abstraktion und Kapselung auf Änderbarkeit insbesondere der Fertigungsdokumentation erörtert wurde, sollen nun positive und negative Einflußfaktoren der hierarchischen Klassifikation auf zu erwartende Änderungsaufwände betrachtet werden. Da die hierarchische Klassifikation auf der Verwendungsbeziehung zwischen Klassenbeschreibungen beruht, werden zunächst verschiedene Arten von Klassenbeschreibungen betrachtet (Abschnitt 4.2.1), damit anschließend die Kopplung zwischen Klassenbeschreibungen eingehend erörtert werden kann (Abschnitt 4.2.2).

4.2.1 Klassenbeschreibungen

Die Fertigungsdokumentation eines rein objektorientiert programmierten Systems besteht im wesentlichen aus der Beschreibung der Klassen der im System enthaltenen Objektakteure. Jede Klassenbeschreibung identifiziert dabei eine Klasse von Objektakteuren, indem die Gemeinsamkeiten der Mitglieder beschrieben werden. Eine hierarchische Klassifikation erlaubt es, Gemeinsamkeiten und Unterschiede zwischen Systemkomponenten detaillierter zum Ausdruck zu bringen als es durch eine einfache Klassifikation möglich ist. Hierarchische Klassifikation ist aber mit zusätzlichen Beziehungen zwischen den Klassenbeschreibungen verbunden. Um diese Beziehungen erörtern zu können, müssen zunächst die üblichen Arten von Klassenbeschreibungen betrachtet werden.

4.2.1.1 Erweiterte Klassenbeschreibungen

Klassenbeschreibungen legen zunächst Aufbau und Verhalten aller Mitglieder einer Klasse zumindest teilweise fest. In vielen objektorientiert programmierten Systemen werden jedoch die Attribute, die allen Mitgliedern einer Klasse gemeinsam sind, nur einmal für jede Klasse abgelegt. In programmierten Systemen mit Klassenakteuren eignet sich der zuständige Klassenakteur, solche Attribute aufzunehmen. Hierzu zählt insbesondere die Aufbaubeschreibung, die der Strukturvarianzverwalter zum Erzeugen oder Löschen von Objektakteuren benötigt. Der Klassenakteur hat des weiteren häufig die Fähigkeit, den Strukturvarianzverwalter bei der Erzeugung zu steuern. Hierzu besitzt er i. a. unterschiedliche z. T. parametrisierte Operationsakteure. In solchen Systemen (z. B. Smalltalk–80) beauftragt ein Akteur, der ein neues Exemplar eines bestimmten Typs benötigt, folglich nicht direkt den Strukturvarianzverwalter mit der Erzeugung eines derartigen Objektakteurs, sondern den für die entsprechende Klasse zuständigen Klassenakteur. Klassenakteure übernehmen hier also in Kooperation mit dem Strukturvarianzverwalter die zusätzliche Aufgabe der Objekterzeugung und Objektlöschung.

Da demnach die Beschreibung der Mitglieder einer Klasse und die Beschreibung des für diese Klasse zuständigen Klassenakteurs eng miteinander verbunden sind, scheint es sinnvoll, beide Beschreibungen zu einer Einheit zusammenzufassen, wie dies in vielen objektorientierten Programmiersprachen, so z. B. in Smalltalk–80, Objective C und C++, auch geschieht. Somit ergibt sich eine erweiterte Bedeutung für den Begriff der Klassenbeschreibung. Eine *erweiterte Klassenbeschreibung* umfaßt nicht nur die Beschreibung des Aufbaus der Klassenmitglieder und deren Nachrichtenempfangsschnittstelle, sondern auch den Aufbau und die Nachrichtenempfangsschnittstelle des Klassenakteurs. Im folgenden bezeichnet der Begriff der Klassenbeschreibung, wenn nicht anders gesagt, eine in diesem Sinne erweiterte Klassenbeschreibung.

4.2.1.2 Inkrementelle Klassenbeschreibungen

Ausgehend von einer zumindest teilweise vorliegenden Klassenbeschreibung können Subklassen dieser Klasse beschrieben werden. Dabei ist es wichtig, daß eine Subklasse all diejenigen Merkmale aufweist, die in anderen Klassenbeschreibungen von ihrer Oberklasse angenommen werden. Dies sind insbesondere Annahmen über Aufbau und Nachrichtenempfangsschnittstelle ihrer Mitglieder und gegebenenfalls des zuständigen Klassenakteurs. Um dies sicherzustellen und gleichzeitig Redundanz der Fertigungsdokumentation zu reduzieren, ist es üblich, eine Unterklasse dadurch zu beschreiben, daß man ihre direkten Oberklassen angibt und nur die darüber hinausgehenden Merkmale. (Eine Alternative hierzu wäre die Angabe der Oberklassen, die Kopie der Oberklassenbeschreibungen "per Hand" und das Anfügen der zusätzlichen Merkmalsbeschreibungen.)

Durch diese Technik wird eine Klassenbeschreibung aber in einzelne voneinander getrennte Teile zergliedert. Eine *inkrementelle* Klassenbeschreibung definiert eine Klasse durch Angabe der direkten echten Oberklassen und der darüber hinausgehenden Merkmale der Klassenmitglieder. Die *vollständige (totale) Beschreibung einer Klasse* und damit auch die Beschreibung einzelner Objektakteure einer Klasse verteilt sich auf die inkrementellen Klassenbeschreibungen aller Oberklassen. In Systemen mit verteilten Klassenbeschreibungen besitzen nur Klassen, die keine echten Oberklassen haben, *eine* zusammenhängende Klassenbeschreibung. Bei ihnen sind inkrementelle und vollständige (totale) Klassenbeschreibung identisch.

❍ *Indem Klassen nur inkrementell zu ihren direkten echten Oberklassen beschrieben werden, reduziert man mittels erhöhter Wiederverwendung die Redundanz der Dokumentation und erzwingt Konsistenz. Dies erleichtert es, die Gemeinsamkeiten und Unterschiede von Objektakteuren auszudrücken bzw. zu erkennen und verringert den Aufwand zur Durchführung von Änderungen (in Entwurfs- und Fertigungsdokumentation), sobald verstanden wurde, wo welche Änderung vorzunehmen ist (reduzierter Änderungsumfang). Gleichzeitig geht aber die Lokalität der Klassenbeschreibung verloren. Dadurch ergibt sich die Gefahr, daß das Systemverständnis erschwert wird und sich der Aufwand erhöht, den man benötigt, um zu erkennen, wo welche Änderungen durchgeführt werden müssen, um das gewünschte Resultat zu erzielen.*

Denn um die Merkmale eines Objektakteurs zu ermitteln, muß man die inkrementellen Klassenbeschreibungen all seiner Oberklassen durchsuchen. Üblicherweise erfordert dies den Zugriff auf viele verschiedene Dokumente. Um diesen "Lokalitätsverlust" auszugleichen, können Werkzeuge herangezogen werden, wie dies z. B. in der Programmiersprache Eiffel möglich ist.[115)]

4.2.1.3 Inkrementelle, erweiterte Klassenbeschreibungen

In den meisten heute üblichen objektorientierten Programmiersprachen müssen Subklassen zusammen mit den zuständigen Klassenakteuren inkrementell zu ihren direkten echten Oberklassen beschrieben werden. Da der Begriff der "Kopplung" die Beziehung zwischen zwei oder mehreren Beschreibungseinheiten charakterisiert, müssen zur Ermittlung der Kopplung eines objektorientiert programmierten Systems die Beziehungen zwischen den inkrementellen, erweiterten Klassenbeschreibungen betrachtet werden.[116)]

4.2.2 Die Kopplung zwischen inkrementellen Klassenbeschreibungen

Die Kopplung zwischen den inkrementellen Beschreibungen zweier Klassen A und B ergibt sich

a) aus der Beziehung zwischen den beschriebenen Klassen, wobei vier Beziehungstypen ($A=B$, $A\subset B$, $A\supset B$, $A\supset\subset B$) zu unterscheiden sind,
b) aus der Definition von Nachrichtenempfangsschnittstellen–Komponenten durch die eine Beschreibung und deren

115) mittels Kommando "`flat <name of class>`"

116) Die Tatsache, daß in der Praxis Aufbau– und Verhaltensbeschreibung der Operationsakteure zuweilen vom Rest der inkrementellen Klassenbeschreibung getrennt werden, hat keinen nennenswerten Einfluß auf die Kopplung der Fertigungsdokumentation.

Nutzung durch Operationsakteure, die in der anderen Beschreibung definiert sind, (Auftragskopplung)[117] und

c) aus der Zugriffsbeziehung zwischen objektlokalen Zustandskomponenten, die in der einen Beschreibung und Operationsakteuren, die in der anderen Beschreibung definiert sind (Datenkopplung).

Die Untersuchung der Kopplung zwischen den Teilen *einer* inkrementellen Klassenbeschreibung (A=B) unterbleibt im Rahmen dieser Arbeit, da der Aufwand für Änderungen, die sich auf *eine* inkrementelle Klassenbeschreibung beschränken, i. a. recht gering ist.

Stehen die beschriebenen Klassen nicht in einer Oberklassen–Unterklassenbeziehung (A⊃⊂B), so können Operationsakteure, die in der einen inkrementellen Beschreibung definiert sind, mit Operationsakteuren, die in der anderen inkrementellen Klassenbeschreibung definiert sind, nur über die Nachrichtenschnittstellen direkt kommunizieren. Insbesondere ist ein direkter Zugriff auf die Zustandskomponenten ausgeschlossen, die in der anderen Beschreibung definiert sind. Die Kopplung zwischen beiden Beschreibungseinheiten ergibt sich aus konkreten Auftraggeber–Auftragnehmer–Beziehungen unbeeinflußt von der Klassenhierarchie. (Besitzen beide Klassen eine gemeinsame Oberklasse, so muß die Kommunikation zwischen den Objektakteuren der einen und denen der anderen Klasse nicht ausschließlich über die Nachrichtenschnittstelle erfolgen.)

Die Kopplung zwischen inkrementellen Beschreibungen, die in einer Oberklassen–Unterklassen–Beziehung zueinander stehen (A⊂B oder A⊃B), wird durch drei Faktoren beeinflußt. Einerseits können die Operationsakteure, die in Subklassen definiert sind, die Leistung der Komponenten nutzen, die in Oberklassen definiert sind, entweder indem sie auf entsprechende Zustandskomponenten zugreifen oder indem sie entsprechenden Operationsakteuren Aufträge erteilen (Abschnitt 4.2.2.1). Andererseits macht die Oberklassenbeschreibung gegenüber potentiellen

117) Die Definition bzw. Erweiterung von Komponenten von Nachrichtenempfangs– bzw. Auftragsannahmeschnittstellen kann von einer anderen Klassenbeschreibung auch dann genutzt werden, wenn die definierende Beschreibung keinen Operationsakteur definiert, der für Aufträge des entsprechenden Typs zuständig ist (abstrakte Klasse).

Auftraggebern der Klassenmitglieder oder des Klassenakteurs Leistungszusagen, die auch in den Subklassenbeschreibungen beachtet werden müssen. Dadurch ergeben sich Forderungen der Oberklassenbeschreibungen an mögliche Subklassenbeschreibungen (Abschnitt 4.2.2.2). Drittens können Operationsakteure, die in einer Unterklasse definiert sind, aber auch Aufträge von Operationsakteuren bearbeiten, die in einer echten Oberklasse definiert sind (Abschnitt 4.2.2.3).

4.2.2.1 Leistungsnutzung durch Subklassen

Werden Objektakteure mittels einer zusammenhängenden Klassenbeschreibung definiert, so ist es – solange keine zusammengesetzten Objektakteure betrachtet werden – angebracht, den Aufbau von Objektakteuren prinzipiell homogen zu gestalten, so daß alle Operationsakteure eines Objektakteurs uneingeschränkt auf alle objektlokalen Zustandskomponenten desselben Objektakteurs zugreifen und alle anderen lokalen Operationsakteure einschließlich der Dienstakteure ansprechen können. D. h. alle Teile der implementierungsrelevanten Information über einen Objektakteur stehen der Beschreibung anderer Merkmale desselben Objektakteurs zur Verfügung.

Werden Klassen inkrementell beschrieben, mag dieses Konzept des homogenen Aufbaus von Objektakteuren (aus zwei verschiedenen Gründen) nicht immer wünschenswert sein. Kann jede implementierungsrelevante Information in jeder inkrementellen Subklassenbeschreibung genutzt werden, so eröffnet sich die Möglichkeit einer starken Kopplung von (inkrementellen) Subklassenbeschreibungen an die Oberklassenbeschreibungen: Z. B. wirkt sich die Änderung der Codierung einer Komponente des objektlokalen Zustands der Objektakteure einer Klasse auf die inkrementellen Klassenbeschreibungen aller direkten und indirekten Subklassen aus, in denen Operationsakteure definiert werden, die auf die Codierung dieser Komponente Bezug nehmen.

❍ *Die uneingeschränkte Verfügbarkeit implementierungsrelevanter Information durch die inkrementellen Klassenbeschreibungen aller Subklassen widerspricht dem Prinzip der Informationskapselung.*

Darüber hinaus besteht die Gefahr, daß die Informationskapselung auch gegenüber Objektakteuren durchbrochen wird, die keine Klassenmitglieder darstellen. Durch die inkrementelle Beschreibung zusätzlicher Subklassen können Klassenmitglieder Operationsakteure erhalten, die anderen Objektakteuren den indirekten Zugriff auf einzelne Komponenten des objektlokalen Zustands ermöglichen, auch wenn diese Komponenten in Oberklassenbeschreibungen definiert wurden und gegen den Zugriff fremder Objektakteure geschützt werden sollten. Solche Operationsakteure mögen z. B. für Nachrichten der Typen "`getComponentXYZ`" oder "`setComponentXYZ:`" zuständig sein. Möglicherweise muß später – aus welchen Gründen auch immer – die Codierung des objektlokalen Zustands derart geändert werden, daß unter Beibehaltung der Bedeutung das Setzen dieser einzelnen Komponenten nicht mehr eindeutig auf eine Zustandsänderung oder das Lesen der einzelnen Komponente nicht mehr durch Extraktion einer Information aus dem Zustand nachgebildet werden kann. In einem solchen Fall müssen außer den inkrementellen Klassenbeschreibungen der Subklassen, in denen Operationsakteure definiert werden, die direkt auf diese Komponenten zugreifen, auch die Beschreibungen all derjenigen Klassen geändert werden, deren Objektakteure indirekt auf die einzelnen Zustandskomponenten zugreifen.

Informationskapselung gegenüber inkrementellen Beschreibungen von Subklassen

Möchte man hierarchische Klassifikation nutzen, ohne das Prinzip der Informationskapselung einzuschränken, so dürfen inkrementelle Klassenbeschreibungen möglichst keine anderen Annahmen über Teile von Oberklassenbeschreibungen machen als Beschreibungen von Nicht–Subklassen. D. h. Operationsakteure dürfen nur auf solche Komponenten des objektlokalen Zustandsspeichers uneingeschränkt zugreifen und solche Operationsakteure aktivieren, die in derselben inkrementellen Klassenbeschreibung definiert wurden wie sie selbst. Andere Operationsakteure desselben Objektakteurs dürfen sie nur dann beauftragen, wenn diese auch für Nachrichten (externe Aufträge) zuständig sind.

Eine derart eingeschränkte hierarchische Klassenbeschreibung kann näherungsweise auch durch klassisch prozedurale Programmierung mittels *Delegation* von Aufträgen über die Nachrichtenschnittstelle (allgemeine Auftragsschnittstelle) realisiert werden. Dabei ergeben sich jedoch weitere Einschränkungen: Ein Objektakteur einer Subklasse als semantische Einheit verteilt sich auf die syntaktischen Einheiten des Stellvertreters und all seiner direkten und indirekten Delegierten. Die Adressen der Delegierten müssen vom Anwendungsprogrammierer explizit verwaltet werden, was mit einer Erhöhung des Entwicklungsaufwandes verbunden ist. Darüber hinaus muß die Schnittstellenbeschreibung der echten Oberklassen wiederholt werden, wodurch sich die Redundanz erhöht.

Wird das Prinzip der Informationskapselung uneingeschränkt verfolgt, so kann sich folgender Konflikt ergeben: Bei einer vorgegebenen Nachrichtenempfangsschnittstelle kann eine Subklasse nicht oder nur sehr aufwendig beschrieben werden. Durch Erweiterung der Nachrichtenempfangsschnittstelle aber reduziert man die Informationskapselung auch gegenüber allen anderen Klassen. Um die Informationskapselung und damit die Änderbarkeit einer Klassenbeschreibung zu erhöhen, ist es demnach sinnvoll, den inkrementellen Beschreibungen von Subklassen mehr Information über den Aufbau der Objektakteure anzubieten als anderen Klassenbeschreibungen, ohne ihnen jedoch die gesamte implementierungsrelevante Information offenzulegen.[118)]

- *Inkrementelle Beschreibungen von Subklassen sollten möglichst nicht auf objektlokale Zustandskomponenten Bezug nehmen, die in Beschreibungen von Oberklassen definiert sind.*

- *Es sollte möglich sein, mindestens drei Kategorien von Operationsakteuren innerhalb eines Objektakteurs zu unterscheiden. Zum einen muß es Operationsakteure geben, die für Aufträge von beliebigen anderen Operationsakteuren zuständig sind. Die zweite Kategorie von Operationsakteuren zeichnet sich dadurch aus, daß sie nur für Aufträge von Operationsakteuren zuständig*

118) Dies ist z. B. in den Programmiersprachen C++ (Schlüsselwort `protected`) und Trellis/Owl (Schlüsselwort `subtype-visible`) möglich. (siehe z. B. [Micallef_88] p. 21)

Bild 4.5
Beispiel für den prinzipiellen Aufbau eines inhomogen strukturierten Objektakteurs, der in vier Klassen enthalten ist

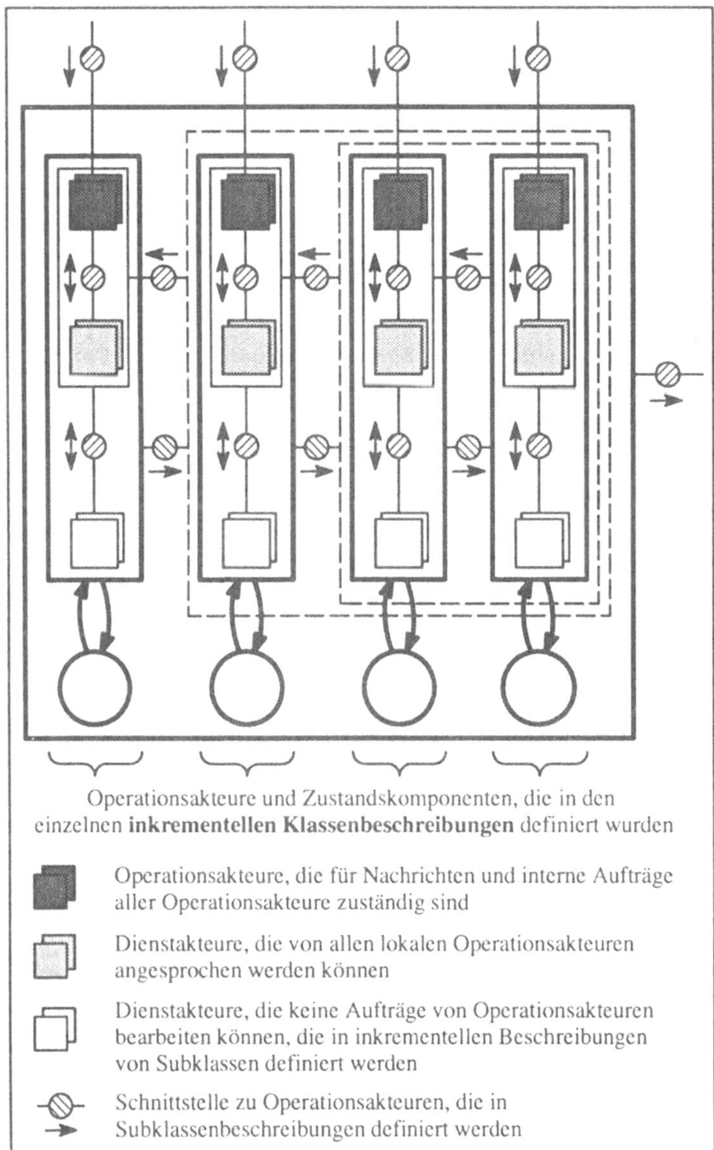

sind, die in Ober– oder Unterklassenbeschreibungen definiert sind. Dagegen bearbeiten die Operationsakteure der dritten Kategorie nur Aufträge von Operationsakteuren, die in derselben inkrementellen Klassenbeschreibung definiert sind wie sie selbst.

Falls die Auftragsannahmeschnittstelle eines Operationsakteurs eingeschränkt wird, legt die Kategorie des Operationsakteurs den Bereich fest, auf den sich direkte Folgeänderungen erstrecken können. Als Konsequenz dieser Kategorisierung der Operationsakteure verlieren die Objektakteure ihren homogenen Aufbau. Bild 4.5 zeigt den Aufbau eines Objektakteurs, dessen Aufbaubeschreibung über vier inkrementelle Klassenbeschreibungen verteilt ist. Seine Dienstakteure unterscheiden sich darin, von welchem lokalen Auftraggeber sie aktiviert werden können. Die Operationsakteure können nur auf die Komponenten des objektlokalen Zustands zugreifen, die in derselben inkrementellen Klassenbeschreibung definiert wurden, wie sie selbst.

4.2.2.2 Leistungsanforderung durch Oberklassen

Die Beschreibung der Modulverwendungsbeziehung, einer Beziehung zwischen Beschreibungseinheiten, wie sie aus der klassisch prozeduralen Programmierung bekannt ist, macht Aussagen über die Verwendung (Nutzung) zur Verfügung gestellter Leistungen. Mit der Verwendung einer zur Verfügung gestellten Leistung ist dabei üblicherweise keine Forderung an die Exportleistung der verwendenden Beschreibungseinheit verbunden. Wird dagegen eine Klasse als echte Subklasse anderer Klassen vereinbart, so muß die Subklassenbeschreibung sich in ihrer Exportleistung an die Vorgaben der echten Oberklassen halten. Zum Leistungsangebot der verwendeten Beschreibungseinheiten (Oberklassenbeschreibung) tritt eine Leistungsforderung an die verwendende Beschreibungseinheit (Unterklassenbeschreibung).

❍ *Jede Leistungszusage einer Klassenbeschreibung an mögliche Auftraggeber ihrer Mitglieder oder ihres Klassenakteurs ist zugleich eine Leistungsanforderung an alle Mitglieder der Klasse bzw. den Klassenakteur. Diese Leistungsanforderung muß von allen Subklassenbeschreibungen beachtet werden.*

Indem eine Klassenbeschreibung die beschriebene Klasse als Subklasse einer anderen Klasse definiert, macht sie die Zusage, alle Anforderungen zu erfüllen, die ihr durch die entsprechende Oberklassenbeschreibung vorgegeben werden. Dadurch kann eine Oberklasse nicht mehr in beliebiger Weise geändert werden, ohne daß auch mögliche Subklassenbeschreibungen modifiziert werden müßten. Durch hierarchische Klassifikation wird somit der Umfang möglicher *kompatibler Änderungen*[119] innerhalb einer Klassenbeschreibung stark eingeschränkt, solange man nicht sicher sein kann, daß die beschriebene Klasse in keiner anderen Beschreibungseinheit als Oberklasse vereinbart wird.

❍ *Eine Klassenbeschreibung läßt sich in den Grenzen kompatibel ändern, in denen ihr Leistungsangebot an verwendende Beschreibungseinheiten (inkrementellen Subklassenbeschreibungen und sonstige Klassenbeschreibungen) nicht eingeschränkt wird* ***und*** *die Leistungsanforderungen gegenüber potentiellen Subklassenbeschreibungen nicht erweitert werden. Hierarchische Klassifizierung schränkt somit die Menge möglicher kompatibler Änderungen einer Klassenbeschreibung ein.*

Prinzipiell sind drei Arten von Zusagen einer Klassenbeschreibung, die von anderen Klassenbeschreibungen genutzt werden können und damit als Leistungsanforderungen an Subklassen gelten, voneinander zu unterscheiden.

Dies sind zum einen Aussagen über die Komponenten des objektlokalen Zustands, auf die auch in Subklassenbeschreibungen definierte Akteure zugreifen können. In vielen objektorientierten Programmiersprachen ist es nicht möglich, in Subklassenbeschreibungen Aussagen über Zustandskomponenten zu machen, die in Oberklassenbeschreibungen definiert sind. Damit kann sich keine Forderung an Subklassen ergeben – außer der nach eindeutigen Komponentennamen innerhalb einer vollständigen Klassenbeschreibung, wie sie manche Programmiersprachen stellen[120]. In wenigen typprüfenden objektorientierten Programmiersprachen (z. B. Eiffel) ist es erlaubt, die Typaussage über eine Zustandskomponente in einer Subklasse zu konkreti-

119) Unter einer *kompatiblen Änderung* innerhalb einer Beschreibungseinheit sei eine Änderung dieser Beschreibungseinheit zu verstehen, die keine Folgeänderung außerhalb dieser Beschreibungseinheit erfordert – unabhängig davon, welche der nach außen bereitgestellten Information tatsächlich genutzt wird.

120) Smalltalk-80 z. B. stellt diese Forderung. In C++ dagegen ist dies nicht notwendig, da die Namen der Zustandskomponenten vom Compiler implizit durch den Namen der definierenden Klassenbeschreibung erweitert werden.

sieren. Dies ist aus semantischer Sicht sicherlich berechtigt und wünschenswert. In bestimmten Aufgabenbereichen kann dies zu einer besseren Abbildung zwischen Problembereich und Lösungsbereich führen. Andererseits wird aber die Kopplung zwischen Beschreibungseinheiten erhöht, wenn in einer Klassenbeschreibung die in einer Oberklassenbeschreibung gemachte Typaussage über eine Zustandskomponente konkretisiert wird. Denn dann kann eine Typaussage über eine Zustandskomponente nicht mehr innerhalb einer Klassenbeschreibung geändert werden, ohne eine mögliche Folgeänderung in Subklassenbeschreibungen notwendig zu machen – entweder in solchen Beschreibungen, die Operationsakteure definieren, die auf diese Zustandskomponenten zugreifen, oder in solchen, die die Typaussage der Oberklassenbeschreibung über diese Zustandskomponente konkretisieren.

❍ *Die direkten Folgeänderungen einer beliebigen Modifikation der Beschreibung einer Zustandskomponente eines Objektakteurs sind nur dann mit Sicherheit ausschließlich innerhalb der definierenden inkrementellen Klassenbeschreibung durchzuführen, wenn alle direkt zugreifenden Operationsakteure in derselben inkrementellen Klassenbeschreibung definiert sein müssen* ***und*** *in Subklassen die Typaussage über diese Zustandskomponente nicht konkretisiert werden kann.*

Die zweite Art von Zusagen einer Klassenbeschreibung, die von anderen Klassenbeschreibungen genutzt werden können, betreffen die Beziehungen zu anderen Klassen. Aussagen über Beziehungen zwischen Klassen beschränken sich in heutigen objektorientiert programmierten Systemen i. a. auf die Oberklassen–Unterklassen–Relation. Diese können in Subklassenbeschreibungen nicht modifiziert werden. Es können allenfalls Aussagen über weitere Oberklassen–Unterklassen–Beziehungen hinzukommen, die die Subklassen betreffen. Daher schränken Subklassen die Möglichkeit, Aussagen bezüglich der Oberklassen–Unterklassen–Relation zu ändern, nicht ein.

Die dritte Art von Zusagen einer Klassenbeschreibung, die von anderen Klassenbeschreibungen genutzt werden können und damit als Leistungsanforderungen an Subklassen gelten, betreffen die interne und die externe Auftragsannahmeschnittstelle.

Aussagen über Auftragsannahmeschnittstellen in Subklassenbeschreibungen dürfen die Aussagen von Oberklassenbeschreibungen nur konkretisieren (vgl. Abschnitt 3.2.3), wozu auch die Erweiterung der Schnittstelle durch zusätzliche Typen bearbeitbarer Aufträge zu zählen ist. Muß im Rahmen der Systementwicklung die von einer Klassenbeschreibung zugesicherte Auftragsannahmeschnittstelle konkretisiert werden, so kann dies dazu führen, daß eine diesbezügliche (in der ursprünglichen Version konkretisierende) Aussage einer Unterklassenbeschreibung keine Konkretisierung mehr darstellt. Daher kann eine Aussage über eine Auftragsannahmeschnittstelle wegen möglicher auftraggebender Akteure nicht eingeschränkt, aber (wegen der Forderung an die Subklassen) auch nicht konkretisiert werden.

Somit könnte die Menge der kompatiblen Änderungen innerhalb einer Oberklassenbeschreibung dadurch erweitert werden, daß man sicherstellt, daß in Subklassenbeschreibungen *keine* Operationsakteure definiert werden können, die für Aufträge zuständig sind, deren Bearbeitung die Oberklassenbeschreibung zusichert. D. h. Subklassenbeschreibungen dürften die durch eine Oberklassenbeschreibung zugesicherte Nachrichtenempfangsschnittstelle nicht dadurch konkretisieren, daß sie die Vorbedingung für Nachrichten eines Typs erweitern oder die entsprechenden Nachbedingungen einschränken, sondern ausschließlich indem sie weitere Typen von Nachrichten angeben, die die Exemplare der Subklassen zusätzlich zu denen bearbeiten können, die durch die Oberklassenbeschreibung angegeben sind. Insbesondere wäre es auch nicht möglich, in einer Oberklassenbeschreibung nur Vor– und Nachbedingung für Nachrichten eines Typs zu spezifizieren, ohne die bearbeitenden Operationsakteure zu definieren. All dies schränkt offensichtlich in starkem Maße die Möglichkeit ein, Subklassen zu definieren, reduziert auf diese Weise wieder die Änderbarkeit des gesamten Systems und ist damit nur in Sonderfällen wünschenswert.

Ein derartiger Sonderfall mag vorliegen, wenn der Implementierer einer Klasse sicher ist, daß in Subklassen keine Konkretisierung vorgenommen werden müssen. In der Praxis (C++ erlaubt dies durch den Mechanismus der non–virtual member functions) stellt man jedoch häufig fest, daß die Existenz eines solchen Falles fälschlicherweise angenommen wurde. Wurde diese Entscheidung bei der Entwicklung einer Bibliothek getroffen, auf deren Quelltexte der Anwendungsprogrammierer keinen Zugriff hat, so geht in dieser Hinsicht der Vorteil der hierarchischen Klassifikation verloren. (Da die durch den Mechanismus der non–virtual member functions gewonnene Freiheit, die Oberklasse und damit die Klassenbibliothek kompatibel ändern zu können, meines Wissens noch nie betont wurde, darf davon ausgegangen werden, daß dieser Effekt nicht beabsichtigt war. Stattdessen werden in C++ non–virtual member functions aufgrund ihrer statischen Bindung i. a. mit der verkürzten Laufzeit gegenüber virtual member functions, die dynamisch gebunden werden, begründet.)

Eine wichtige Ausnahme stellen aber die Schnittstellen von Dienstakteuren dar, die ausschließlich durch solche Operationsakteure direkt ansprechbar sein sollen, die in derselben Klassenbeschreibung definiert sind, wie die bearbeitenden Dienstakteure selbst. Hier ist es sicherlich häufig wünschenswert, eine Konkretisierung dieser Auftragsschnittstelle durch Subklassen auszuschließen, um dadurch alle Folgeänderungen, die durch Modifikation solcher Dienstakteure auftreten, auf *eine* inkrementelle Klassenbeschreibung beschränken zu können.

❍ *Die direkten Folgeänderungen einer beliebigen Modifikation einer Auftragsannahmeschnittstelle eines Operationsakteurs sind nur dann mit Sicherheit ausschließlich innerhalb der definierenden inkrementellen Klassenbeschreibung durchzuführen, wenn alle auftraggebenden Operationsakteure in derselben inkrementellen Klassenbeschreibung definiert sein müssen* ***und*** *in Subklassen keine spezielleren Operationsakteure für denselben Auftragstyp definiert werden können.*

4.2.2.3 Leistungsnutzung durch Oberklassen

Operationsakteure, die in einer Unterklasse definiert sind, können auch Aufträge von Operationsakteuren bearbeiten, die in einer echten Oberklasse definiert sind. Dafür ist es notwendig, daß eine Schnittstellenkomponente für den entsprechenden Auftragstyp schon in der Oberklasse definiert ist. Folglich ist die Unterklassenbeschreibung schon über die Leistungsanforderung der Oberklasse an diese gekoppelt.

Daher wird die Menge der kompatiblen Änderungen innerhalb einer Oberklasse nicht dadurch beeinflußt, daß Operationsakteure, die in einer Unterklasse definiert sind, Aufträge von Operationsakteuren bearbeiten, die in einer echten Oberklasse definiert sind, sondern dadurch daß in Subklassen Operationsakteure definiert werden können oder definiert werden müssen für Aufträge, deren Bearbeitung die Oberklasse zusichert.

4.3 Dynamische Bindung

Neben der Datenkapselung und der hierarchischen Klassifikation wird die dynamische Bindung als wesentliches Merkmal objektorientierter Programmiersprachen gesehen. Insbesondere in Zusammenhang mit der Bearbeitung polymorpher Operanden wird der dynamischen Bindung eine wesentliche Reduktion des Implementierungs- und Änderungsaufwandes nachgesagt. In Abschnitt 3.2.5 wurde schon erläutert, daß dynamische Bindung auch ohne die Existenz polymorpher Objektakteure nützlich sein kann. Aufgabe dieses Abschnittes ist es, Vor- und Nachteile aufzuzeigen, die mit der dynamischen Bindung bzw. indirekten Methodenidentifikation hinsichtlich des Qualitätsmerkmals Änderbarkeit verbunden sind.

Üblicherweise wird, wenn von statischer oder dynamischer Bindung die Rede ist, implizit vorausgesetzt, daß auftraggebender und auftragnehmender Operationsakteur durch denselben Abwickler realisiert sind. Wie in Abschnitt 3.2.5 beschrieben, stellt die dynamische Bindung – als Gegenstück zur statischen Bindung – eine mögliche Realisierungsform der indirekten Identifikation der Methode des auftragnehmenden Operationsakteurs durch die Beschreibung des auftraggebenden Operationsakteurs dar. Deshalb wird im folgenden der allgemeinere Begriff der indirekten Identifikation anstelle der dynamischen Bindung genutzt werden.

4.3.1 Universalität durch indirekte Methodenidentifikation

Manchmal werden Operationsakteure benötigt, die Teilaufträge, mit denen derselbe Zweck verfolgt wird, abhängig vom Systemzustand an unterschiedliche Operationsakteure delegieren. Die Aufgabe, derartige Operationsakteure zu beschreiben, kann auf zwei unterschiedliche Arten gelöst werden – entweder programmgesteuert mittels Fallunterscheidung oder datengesteuert durch indirekte Identifikation. Im folgenden sei dabei der in der Praxis häufig auftretende Sonderfall betrachtet, daß der zu beschreibende Operationsakteur eine Operation auf einem Operanden eines nicht vollständig bestimmten Typs durchführen lassen möchte, wobei der hierfür zu beauftragende Operationsakteur außer von dem Zweck der gewünschten Operation auch vom Typ des Operanden abhängt.

Direkte Identifikation der Beschreibung des zu beauftragenden Operationsakteurs

Bei der rein programmgesteuerten Lösung enthält die Beschreibung des auftraggebenden Operationsakteurs eine Fallunterscheidung, in der der Typ des Operanden gegen eine Menge in der Methode des beauftragenden Operationsakteurs explizit gegebener Typen verglichen wird, so daß eine direkte Identifikation der Methode des zu beauftragenden Operationsakteurs durch die Beschreibung des auftraggebenden Operationsakteurs möglich wird.[121)]

Die Operationsmethode des auftraggebenden Operationsakteurs muß also alle möglichen Operandentypen und die zugehörigen Operationsmethoden explizit identifizieren. Genau dies schränkt aber die Änderbarkeit der Fertigungsdokumentation stark ein. So

121) Ist eine solche Fallunterscheidung dagegen in einer vorgegebenen Systemkomponente enthalten, so kann diese Lösung aus Sicht der Beschreibung des auftraggebenden Operationsakteurs nicht als programmgesteuert bezeichnet werden, da die zugehörigen Programmanweisungen nicht in dessen Methode enthalten sind. Hier liegt vielmehr eine indirekte Identifikation des zu beauftragenden Operationsakteurs durch die Methode des auftraggebenden Operationsakteurs vor: Unmittelbar wird nur der Operand identifiziert, dessen Typinformation für den weiteren Identifikationsschritt benötigt wird.

ist es z. B. nicht möglich, die betrachtete Operandenklasse um eine Subklasse zu erweitern, ohne auch die Operationsmethoden der indirekt auf diese Operanden zugreifenden Operationsakteure zu ändern. In diesen Operationsmethoden müssen alle Fallunterscheidungen, die den konkreten Typ des aktuellen Operanden und die zugehörige Operationsmethode bestimmen, um den neuen Operandentyp erweitert werden.

Indirekte Identifikation der Beschreibung des zu beauftragenden Operationsakteurs

Im Fall der indirekten Identifikation der Methode des zu beauftragenden Operationsakteurs durch die Beschreibung des auftraggebenden Operationsakteurs werden mögliche Operandentypen und zugehörige Operationsmethoden in der Beschreibung des auftraggebenden Operationsakteurs nicht explizit genannt, sondern entweder zur Systembauzeit bestimmt[122] oder zur Systemlaufzeit aus dem Systemzustand ermittelt. Die Beschreibung des auftraggebenden Operationsakteurs identifiziert nur den Auftragstyp und den bzw. die Operanden direkt. Dabei ist es erforderlich, daß man aus dem Systemzustand zum Zeitpunkt der Auftragsdelegation zu dem gegebenen Operanden und dem gewünschten Operationstyp den "passenden" Operationsakteur ermitteln kann. Im Fall der objektorientiert programmierten Systeme wird der Operand über die Adresse des Objektakteurs identifiziert, der für die Bestimmung eines geeigneten Operationsakteurs zuständig ist. Diese Forderung ist also in objektorientiert programmierten Systemen gleichbedeutend mit der Forderung, daß der Objektakteur den Auftrag bearbeiten kann, bzw. einen für diesen Auftragstyp zuständigen und geeigneten Operationsakteur besitzt. Damit ist üblicherweise jedoch keine Einschränkung gegenüber der direkten Identifikation verbunden, da auch dort das System einen geeigneten Operationsakteur besitzen muß.

❍ *Enthält eine Fertigungsdokumentation viele Operationsmethoden von Akteuren, die häufig auf Operanden eines nicht vollständig bestimmten Typs zugreifen müssen, wobei die Menge*

122) Dabei verhält sich der auftraggebende Operationsakteur so, als wäre eine entsprechende Fallunterscheidung explizit in seiner Beschreibung enthalten.

der Operandentypen im Laufe der Systementwicklung möglicherweise geändert werden muß, so kann durch indirekte Identifikation der Methode des zu aktivierenden Operationsakteurs der zu erwartende Änderungsaufwand deutlich gesenkt werden. Einerseits kann auf eine explizite Fallunterscheidung verzichtet werden, wodurch der Implementierungsaufwand sinkt und sich die Verständlichkeit erhöht. Andererseits können der Fertigungsdokumentation weitere Operandentypen und für deren Bearbeitung zuständige Operationsakteure hinzugefügt werden, ohne daß die Beschreibungen der auftraggebenden Operationsakteure hierfür geändert werden müssen. Die indirekte Identifikation der Methode des zu beauftragenden Operationsakteurs erlaubt folglich, auftraggebende Operationsakteure universeller, d. h. auf höherem Abstraktionsniveau zu beschreiben.[123] *Durch die erhöhte Ausdrucksmächtigkeit ist es möglich, die Redundanz der Fertigungsdokumentation weiter zu reduzieren.*

Standardakteure

Das Prinzip der indirekten Identifikation der Methode des zu beauftragenden Operationsakteurs durch die Beschreibung des auftraggebenden Operationsakteurs erlaubt es, Aufträge an "unbekannte" Operationsakteure zu erteilen. Der auftraggebende Akteur erwartet die Adresse des zu beauftragenden Operationsakteurs an einem bestimmten Ort, oder er selbst identifiziert den zu beauftragenden Operationsakteur indirekt und überläßt die direkte Identifikation einer anderen Systemkomponente. Die Beschreibungseinheit, die auch die Beschreibung des auftraggebenden Akteurs enthält, stellt sicher, daß mindestens ein zur Bearbeitung fähiger Operationsakteur gefertigt wird, und daß dessen Adresse an dem entsprechenden Ort liegt, falls nicht durch eine andere speziellere Systemkomponente die Adresse eines spezielleren Operationsakteurs dort abgelegt wurde.[124] In Anlehnung an Default–Parameter kann dieser standardmäßig zu aktivierende Operationsakteur als *Default–Akteur oder*

123) Man denke z. B. an abstrakte Oberklassenbeschreibungen.

124) Dadurch wird es möglich, auftragnehmende Akteure zeitlich nach dessen Auftraggebern zu beschreiben. Würde diese Auftragnehmerbeschreibung gänzlich fehlen, so würde ein anderer Akteur die entsprechenden Aufträge erhalten.

Standardakteur bezeichnet werden. Ist die Beschreibung des auftraggebenden Akteurs in einer größeren Beschreibungseinheit enthalten, die auch die Beschreibung des Standardakteurs enthält (oder die selbst eine Beschreibungseinheit verwendet, die diese Beschreibung enthält), so kann diese Beschreibungseinheit genutzt werden, ohne daß Operationsakteure beschrieben werden müßten, die von Akteuren der Beschreibungseinheit beauftragt würden. Daher kann man die Beschreibungseinheit als abgeschlossen (closed) bezeichnen. Zugleich besteht aber die Möglichkeit, falls die Anwendung es erfordert, speziellere Operationsakteure in der Anwendungsdokumentation zu beschreiben, die die Aufgaben der Standardakteure übernehmen. Die Beschreibungseinheit ist also für eine Erweiterung bzw. Spezialisierung offen (open). Daher kann man dieses Prinzip in Anlehnung an Bertrand Meyer auch als "open–closed principle" bezeichnen (vgl. [Meyer_88] p. 23ff).

Durch hierarchische Klassifikation und insbesondere durch indirekte Identifikation wird dieses Prinzip von objektorientierten Programmiersprachen unterstützt. Das open–closed–Prinzip ist aber keine Konsequenz der objektorientierten Programmierung. Unix–Systeme z. B. kennen Signalverarbeitungsakteure (signal handlers) für verschiedene Signalarten. Auch hier wird standardmäßig zu jeder Signalart die Beschreibung eines Signalverarbeitungsakteurs durch die Betriebssystem–Bibliothek vorgegeben. Dennoch hat der Anwendungsprogrammierer die Möglichkeit, eigene Signalverarbeitungsakteure zu beschreiben, die die Aufgabe der Standardakteure übernehmen und an deren Stelle vom Betriebssystem aktiviert werden. Auch dies wird durch indirekte Identifikation erreicht.[125)]

Die direkte Identifikation, wie sie in der klassisch prozeduralen Programmierung üblich ist, erlaubt dagegen entweder die Beschreibung einer offenen oder einer abgeschlossenen Beschreibungseinheit. D. h. entweder ist die Bibliothek nutzbar, ohne daß Operationsakteure in der Anwendungsdokumentation

125) C–Laufzeit–Bibliotheken z. B. erlauben es dem Anwendungsprogrammierer, selbstdefinierte Signalverarbeitungsakteure mittels der signal–Funktion

```
void (*signal(int sig,void(*func)(int)))(int);
```

einzusetzen.

beschrieben werden müssen, deren Existenz die vorgegebene Beschreibungseinheit fordert, aber selbst nicht sicherstellt (abgeschlossen). Dann können Akteure, die in der Bibliothek beschrieben werden, keine Aufträge an Akteure erteilen, die durch die Anwendung beschrieben sind. Eine "Anpassung" einer vorgegebenen Beschreibungseinheit durch den Anwendungsprogrammierer ist nicht möglich.

Oder die vorgegebene Beschreibungseinheit erwartet, daß die Anwendung bestimmte Operationsakteure beschreibt, die durch ihren Namen eindeutig identifiziert werden (offen). In diesem Fall ist die vorgegebene Beschreibungseinheit aber nicht nutzbar, ohne daß Operationsakteure in der Anwendungsdokumentation beschrieben werden müssen, deren Existenz die vorgegebene Beschreibungseinheit fordert, aber selbst nicht sicherstellt.

Das open–closed–Prinzip, das durch indirekte Identifikation der Beschreibung des zu aktivierenden Operationsakteurs erreicht wird, ermöglicht es, Beschreibungseinheiten bereitzustellen, die universeller einsetzbar sind und sich leichter anpassen lassen. Dadurch kann die Änderbarkeit des Systems erhöht werden.

4.3.2 Verständnisprobleme durch dynamische Bindung

Identifiziert die Beschreibung einer aktiven Komponente die Beschreibung eines zu beauftragenden Operationsakteurs indirekt, und ist der Zweck der Auftragsbeschreibung nicht eindeutig der enthaltenden Beschreibungseinheit zu entnehmen, so steht der Entwickler, der die Beschreibung des Auftraggebers verstehen will, vor einer ähnlichen Aufgabe wie der Programmabwickler: Er muß aus dem Systemzustand zum Zeitpunkt der Auftragsdelegation zu den gegebenen Operanden und dem gewünschten Operationstyp die Beschreibung des "passenden" Operationsakteurs ermitteln. Für klassisch objektorientiert programmierte Systeme bedeutet dies: Zunächst muß der konkrete Typ des unter der Empfängeradresse angesprochenen Objektakteurs bestimmt werden. Hierzu sind (in den inkrementellen Klassenbeschreibungen des Auftraggebers) zunächst die Definition der die Empfängeradresse aufnehmenden Variablen und gegebenenfalls alle Zuweisungen an diese Variable zu untersuchen. Anschließend müssen die zu diesem Typ gehörenden inkrementellen

Klassenbeschreibungen (einschließlich der Oberklassenbeschreibungen) nach der konkretesten Operationsmethode für den gegebenen Nachrichtentyp durchsucht werden (vgl. [Lejter_et_al_92] p. 1046f). Dies zeigt, daß durch die indirekte Methodenidentifikation, wozu auch die dynamische Bindung zählt, der Aufwand beträchtlich erhöht wird, den man zum Verständnis von Beschreibungen benötigt. Auch die Phase der Programmverifikation ist von diesen Problemen betroffen. Insbesondere wird ein "Walkthrough" durch den Programmtext stark erschwert. Die hier beschriebene Problematik kann zumindest bei streng typprüfenden Programmiersprachen durch flache Klassenhierarchien etwas entschärft werden.

4.4 Granularität im Widerspruch

Die Untersuchung des Einflusses der dynamischen Bindung auf die Änderbarkeit der Fertigungsdokumentation hat Widersprüche zwischen den Forderungen nach Universalität und Verständlichkeit offengelegt. Aber auch Datenkapselung und hierarchische Klassifikation, die als wesentliche Elemente des objektorientierten Konzeptes überwiegend geschätzt werden, erfahren in der Praxis durch ihren negativen Einfluß auf die Verständlichkeit der Fertigungsdokumentation zunehmend Kritik.

Ausgehend von der eigenen Erfahrung, persönlichen Gesprächen und nicht–veröffentlichten Erfahrungsberichten wage ich folgende These, die anschließend erläutert werden soll:

- *Datenkapselung bei sehr kleinen Datenräumen und hierarchische Klassifikation erhöhen den Aufwand, ein objektorientiert programmiertes System ausgehend von seinen inkrementellen Klassenbeschreibungen zu verstehen, wogegen der Aufwand zur Durchführung der Änderungen sinkt, sobald verstanden wurde, wo welche Änderungen durchzuführen sind.*

4.4.1 Zerlegung der Systemfunktionalität

Die Programmentwicklung eines informationellen Systems besteht üblicherweise nicht darin, vorgegebene Elementaroperationen in die Zuständigkeit von Akteuren zu legen – es sei denn, man ist gerade mit einer speziellen Re–Engineering Aufgabe betraut. Dennoch kommen Programmierer im Laufe der Programmentwicklung immer wieder in eine Situation, in der sie bottom–up strukturieren, also modellieren müssen, indem sie Elementaroperationen Akteuren zuordnen. Unabhängig von der Häufigkeit solcher Situationen hilft diese Sichtweise, die Ursachen der Verständnisprobleme zu erörtern, die bei größeren klassisch objektorientiert programmierten Systemen häufig auftreten. Hierfür ist es ausreichend, den Begriff *Elementaroperation* intuitiv zu erfassen.

Es gibt zwei prinzipiell voneinander zu unterscheidende Kriterien, die Zuständigkeit für Elementaroperationen auf Akteure zu verteilen. Bei der *funktionalitätsorientierten* Aufteilung tritt die Frage in den Vordergrund: "Tragen die Elementaroperationen zur selben Funktionalität bei?" Bei der *datenorientierten* Aufteilung stellt man sich die Frage "Betreffen die Elementaroperationen dasselbe Datenobjekt oder gleichartige Datenobjekte?"

Da es in klassisch prozedural programmierten Systemen nur einen einzigen nichttemporären Datenraum gibt, der zudem allen Akteuren zugänglich ist, zeichnet sich die klassisch prozedurale Programmierung durch die rein funktionalitätsorientierte Aufteilung der Elementaroperationen aus. Idealerweise entstehen dabei "functional strength modules", also Module, die eine einzelne spezifische Funktionalität besitzen ("a module that performs a single specific function", siehe [Myers_78] p. 35).

In der klassisch objektorientierten Programmierung tritt vor die funktionalitätsorientierte Aufteilung die datenorientierte Aufteilung der Elementaroperationen. Zwei Elementaroperationen werden dann demselben Akteur (Objektakteur) zugeordnet, wenn in ihnen auf denselben statischen Datenraum direkt zugegriffen wird.[126)] Somit wird Datenkapselung erzielt, und es läßt sich leicht sicherstellen, daß die Restriktionen der objektlokalen Zustandsvariablen eingehalten werden. Es existiert kein globaler Datenraum mehr, sondern nur noch viele kleine lokale

126) Es bleibt die Freiheit der Zuordnung von Operationen, in denen auf keinen statischen Datenraum direkt zugegriffen wird. Operationen, in denen auf verschiedene statische Datenräume zugegriffen wird, sind dagegen nicht als elementar zu bezeichnen.

statische Datenräume. Innerhalb der durch die datenorientierte Aufteilung entstehenden Einheiten (Objektakteure) werden die Elementaroperationen nochmals funktionalitätsorientiert auf Operationsakteure aufgeteilt.

Bei klassisch objektorientiert programmierten Systemen ergeben sich durch die daten– *und* funktionalitätsorientierte Aufteilung der Elementaroperationen sehr kleine Beschreibungen der einzelnen Operationsakteure.[127)] Dies bewirkt eine sehr geringe Kopplung zwischen den einzelnen Operationsakteuren. Zugleich ergeben sich jedoch sehr viele Operationsakteure, die miteinander in einem Netz verbunden sind. Die große Anzahl von Operationsakteuren mit sehr kleiner Funktionalität erschwert das Verständnis dafür, wie innerhalb solcher Systeme eine gewisse Funktionalität erreicht wird oder zu welchem Zweck eine bestimmte Operationsmethode benötigt wird. Aufgrund der Datenkapselung muß die Bearbeitung einer semantisch abgeschlossenen Aufgabe immer dann unterbrochen werden, wenn eine Operation auf einem Datenraum nötig ist, auf den der aktuelle Akteur keinen direkten Zugriff hat. Die Granularität, d. h. die Zersplitterung des Systems wird größer, je kleiner die Datenräume der Objektakteure werden. Durch die Technik der inkrementellen Klassenbeschreibungen und der damit verbundenen Datenkapselung innerhalb von Objektakteuren, wird die Granularität nochmals stark erhöht. Die Erledigung einer semantisch abgeschlossenen Aufgabe muß auch dann unterbrochen werden, wenn auf einen Teil des objektlokalen Zustands zugegriffen werden soll, dessen Implementierung von der Oberklasse verborgen wird oder erst durch die Subklasse spezifiziert wird. Aber auch durch die freiwillige, d. h. nicht durch die Datenkapselung erzwungene, Beauftragung von Dienstakteuren, die in Oberklassenbeschreibungen definiert sind, wird die Bearbeitung einer semantisch abgeschlossenen Aufgabe häufig unterbrochen.

127) Dies sind meist weniger als zehn Abwickleranweisungen (siehe z. B. [Wilde_et_al_93] p. 77f und Figure 2) Extrema wie Dummy–Akteure (z. B. "`void f() {}`") oder Umleitungs–Akteure (z. B. "`int g(p1,p2){return f(p1,p2);}`" sind dabei keine Seltenheit.

- *Bei klassisch objektorientiert programmierten Systemen ergeben sich durch die daten– und funktionalitätsorientierte Aufteilung der Elementaroperationen sehr kleine Beschreibungen der einzelnen Operationsakteure. Die Granularität, d. h. die Zersplitterung des Systems wird größer, je kleiner die Datenräume der Objektakteure werden. Durch die Technik der inkrementellen Klassenbeschreibungen und der damit verbundenen Datenkapselung innerhalb von Objektakteuren, wird die Granularität nochmals stark erhöht.*

Aufgrund der hohen Granularität des Systems ist die Nachverfolgung von Methoden ohne entsprechende Werkzeuge (wie Browser) kaum noch realisierbar, und selbst mit diesen Werkzeugen ist es i. a. sehr schwierig, das Zusammenspiel zwischen den verschiedenen Akteuren zu verstehen.

- *Daher ist bei klassisch objektorientiert programmierten Systemen eine gute Entwurfsdokumentation noch wichtiger als bei klassisch prozedural programmierten Systemen. Dies gilt insbesondere für Systeme, bei denen die Fertigungsdokumentation einen Umfang besitzt, der es nicht mehr erlaubt, daß die Entwicklung von einer einzigen Person durchgeführt wird.*

Häufig löst eine einzelne Nachrichtensendung eine "Lawine" von Folgeaufträgen aus, so daß jemand, der sich allein aufgrund der Fertigungsdokumentation in ein objektorientiert programmiertes System einarbeiten möchte, leicht den Überblick über die Zusammenhänge der Nachrichtensendungen verliert. Es entsteht ein Schneeball–Effekt mit hoher dynamischer Kopplung, bei dem das Verständnis für die Kooperation der einzelnen Objektakteure bzw. Operationsakteure verlorengeht. Die mangelnde Systemverständlichkeit ist aber häufig mitverschuldet durch schlechte Dokumentation. Einerseits sind die Vor– und Nachbedingungen der einzelnen Nachrichtensendungen häufig nicht ausführlich genug beschrieben. Zweitens erschwert die Abstraktheit der in Oberklassen definierten Nachrichtentypen das Verständnis dafür, inwieweit sich der Systemzustand durch die Bearbeitung eines Auftrags ändert. Und drittens erfordert die Kooperation verschiedenartiger Objektakteure eine klassenübergreifende Beschreibung (z. B. in der Entwurfsdokumentation).

4.4.2 Verlust der Anschauung durch Abstraktion

❍ *Die Möglichkeit, Vor– und Nachbedingungen für Auftragstypen zu spezifizieren, die in Beschreibungen von Subklassen konkretisiert werden (insbesondere durch die Konkretisierung der Nachbedingung), birgt die Gefahr, "Seiteneffekte" zu implementieren.*

Ist die Nachbedingung eines Auftragstyps einer Subklassenbeschreibung konkreter als die Nachbedingung desselben Auftragstyps einer Oberklassenbeschreibung, so leisten Exemplare der Subklasse bei der Bearbeitung derartiger Aufträge mehr als durch die Oberklassenbeschreibung zugesichert. Gelingt es dem Entwickler, der die Fertigungsdokumentation dieses Systems verstehen will, nicht, den konkretesten Typ des Adressaten eines derartigen Auftrags zu bestimmen, oder ist die Konkretisierung der Leistung nicht dokumentiert, so erledigt der adressierte Akteur nicht–dokumentierte oder nicht–ersichtliche Aufgaben; d. h. bei der Bearbeitung derartiger Aufträge treten "Seiteneffekte" auf.

Beispielsweise werden in vielen objektorientiert programmierten Systemen Objektakteure eingesetzt, die durch andere Objektakteure beobachtet werden. Dabei sollen zu beobachtende Objektakteure möglichst unabhängig von ihren Beobachtern beschrieben werden, um sie ändern zu können, ohne Folgeänderungen in anderen Klassenbeschreibungen durchführen zu müssen. Sie sollen daher möglichst wenig über ihre Beobachter wissen. Andererseits muß der Beobachter gegebenenfalls eine Zustandsänderung des Beobachtungsgegenstands nachvollziehen. Üblicherweise wird diese Aufgabenstellung so gelöst, daß der Beobachter aus Sicht der zu beobachtenden Objektakteure nur Nachrichten eines Typs versteht. Eine entsprechende Nachricht dient dann dazu, dem Beobachter das Ereignis zu melden, daß sich der Zustand des zu beobachtenden Objektes geändert hat. Jede weitere Kommunikation zwischen beiden Akteuren geht vom beobachtenden Objektakteur aus. Wie der Beobachter auf eine solche Änderungsereignis–Meldung reagiert, ist durch die Dokumentation dieses Nachrichtentyps *nicht* festgelegt, sondern hängt ausschließlich vom konkreten Typ des Beobachters ab. Daher kann die Wirkung einer Änderungsmeldung durch den zu beobachtenden Akteur i. a. seiner Klassenbeschreibung (d. h. der Klassenbeschreibung des zu beobachtenden Akteurs) nicht entnommen werden, ohne die Kopplung wieder einzuführen, die man gerade vermeiden wollte.[128)] Fast jegliche Aussagekraft von Anweisungen, wie der zur Meldung von Änderungsereignissen, geht dabei verloren. Aus derartigen Konzepten resultieren einerseits Entkopplung und Universalität, andererseits aber auch Probleme beim Versuch, Systemzusammenhänge zu verstehen.

Da andererseits der Bezeichner eines Auftragstyps die Bedeutung eines Auftrags erkennen lassen soll, erfordert die Generalisierung einer Auftragsschnittstelle häufig auch eine Generalisierung der Bezeichner des entsprechenden Auftragstyps. Dabei besteht die Gefahr, zu viel Aussagekraft zu verlieren. Der Verlust an Aussagekraft ist insbesondere dort auffällig, wo aus der Beschreibung des Auftraggebers der konkrete Typ des Empfängers hervorgeht, so daß in diesem Fall auch der Bezeichner des Auftragstyps viel aussagekräftiger hätte gewählt werden können.

Stacks und Queues z. B. besitzen die Gemeinsamkeiten, daß man ihnen ein Element an einer implizit gegebenen Position hinzufügen kann, falls entsprechender Platz vorhanden ist, und ihnen ein Element entnehmen kann, falls sie überhaupt Elemente enthalten. Man kann ihnen folglich eine gemeinsame Oberklasse zuordnen, deren Exemplare die Aufträge `add:`, `get`, `isFull` und `isEmpty` verstehen. Dadurch ist es möglich, Redundanz zu vermeiden und heterogene Mengen von Stacks und Queues einfacher zu bearbeiten (vgl. [Meyer_90] p. 79 und p. 82). Hierunter leidet jedoch die Aussagekraft. Während die Wirkung einer `pop`–Operation auf einem nicht–leeren Stack allgemein bekannt ist, kann die Aussage, daß eine `get`–Operation auf einem nicht–leeren Stack ausgeführt wird, zu Verständnisproblemen oder zur Unsicherheit führen, da die übliche Sprachgewohnheit verletzt wird. Was aber schlimmer ist: Zu Stacks und Queues fehlt ein gemeinsames Verhaltensmuster. Die zusammengesetzte

128) Daher steht der Entwickler häufig vor Fragen wie "Was bewirkt die Nachricht `observer.update()` ?".

Anweisung `objID->add:(objID->get)` bewirkt bei einem nicht–leeren Stack keine Veränderung, wobei eine Queue mit mehr als einem Element eine Zustandsänderung erfährt.

4.4.3 Kooperation verschiedenartiger Objektakteure

Viele Entscheidungen und Konzepte des Entwurfs spiegeln sich nicht in der Beschreibung einer einzelnen Klasse wider. Dies gilt insbesondere für Entwurfsentscheidungen, die die Kooperation von Exemplaren verschiedener Klassen betreffen, wobei eine Klassenbeschreibung ohne die Beschreibung der mit ihren Exemplaren kooperierenden Akteuren nicht verstanden und sinnvoll genutzt werden kann. Beschreibungen derart kooperierender Akteure müssen zusammen mit dem Kooperationsmechanismus erklärt und verstanden werden. Als bekanntes Konzept mag man hier das model–view–controller–Paradigma betrachten, wie es z. B. in Smalltalk–80 angewandt wird (siehe z. B. [Krasner_Pope_88]).

I. a. erfahren solche Kooperationskonzepte Wiederverwendung innerhalb eines Systems durch Subklassifikation. Dabei ergeben sich häufig parallele Teilhierarchien. Deshalb ist auch die Struktur der Klassenhierarchie leichter zu verstehen, wenn man die in der Fertigungsdokumentation beschriebenen Kooperationsmechanismen verstanden hat und dadurch diese Parallelen erkennt.

❍ *Zum Verständnis der Kooperationsmechanismen zwischen verschiedenartigen Objektakteuren (objektorientiert programmierter Systeme) ist eine Dokumentation notwendig, die über die Fertigungsdokumentation hinausgeht.*

Wie die Dokumentation der Kooperation verschiedenartiger Objektakteure gestaltet sein muß, damit sie das Systemverständnis erleichtert, kann im Rahmen dieser Arbeit nicht erörtert werden. Hier sind Folgearbeiten sicherlich notwendig.

5 Ausblick

Diese Arbeit hat gezeigt, wie durch die Gestaltung der Fertigungsdokumentation nach objektorientierten Konzepten der zu erwartende Änderungsaufwand beeinflußt wird. Die Vielfalt von Entwurfsmethoden, die zur Zeit als objektorientiert angepriesen werden, macht deutlich, daß die Gestaltung der Entwurfsdokumentation objektorientiert programmierter Systeme noch der Reife bedarf. Eine intensive Untersuchung der Einflüsse objektorientierter Konzepte auf die Änderbarkeit der Entwurfsdokumentation mußte daher nachfolgenden Arbeiten überlassen bleiben.

Im Bereich der Programmiersprachen ist der objektorientierte Ansatz sicherlich in der Hinsicht ausbaubar, daß sich Problembereiche "natürlicher" auf Sachverhalte im programmierten System abbilden lassen. Dazu zählt einerseits die Möglichkeit, typisierte Beziehungen zwischen Objektakteuren aufbauen zu lassen, abzufragen oder wieder zu entfernen. Dadurch wird zugleich der Abstand der objektorientierten Programmiersprachen zu objektorientierten Datenbanksystemen verringert.

Andererseits scheint es mir wert, den Gedanken der Komposition von Objektakteuren intensiver zu verfolgen. Es sollte möglich sein, (variante) Strukturen aus Objektakteuren zu höheren Objektakteuren zusammenzufassen und diese Komposition auch programmiersprachlich auszudrücken, um der mit der Datenkapselung und der hierarchischen Klassifikation verbundenen Zersplitterung der Systemfunktionalität entgegenzuwirken. Dabei muß man sich sicherlich der Frage nach der Adressierbarkeit der enthaltenen Objektakteure durch Akteure außerhalb des kapselnden Objektakteurs sowie der nach der Existenzabhängigkeit der Komponentenakteure an den Kompositionsakteur widmen.

Literaturverzeichnis

Im folgenden sind diejenigen Schriften genannt, die der Autor im Zusammenhang mit der Erstellung der vorliegenden Arbeit studiert hat und aus denen er – zum Teil bewußt, aber möglicherweise auch unbewußt – Gedankengut übernommen hat.

[Agha_86] G. Agha:
An Overview of Actor Languages
in: SIGPLAN Notices vol. 21(10), October 1986, pp. 58–67

[Barth_Welsch_88] Gerhard Barth, Christoph Welsch:
Objektorientierte Programmierung;
in: Informationstechnik it 30 (1988)6, S. 404–421
R. Oldenbourg Verlag, München

[Bar–David_92] Tsvi Bar–David:
Practical Consequences of Formal Definitions of Inheritance
in: JOOP July/August 1992, pp. 43–49

[Bauer_85] F. L. Bauer: Warum abstrakte Datentypen?
in: Informatik–Spektrum (1985) 8, S. 29–36

[Baumgartner_90] Robert Baumgartner:
Objektorientierte Verhaltensmodelle:
Anforderungen und potentielle Möglichkeiten für das Software–Engineering
in: Arbeitsgemeinschaft für Datenverarbeitung:
"EDV in den 90er Jahren:
Jahrzehnt der Anwender –
Jahrzehnt der Integration"
Wien, März 1990

[Boehm_Brown_Lipow_76] B. W. Boehm, J. R. Brown, M. Lipow:
Quantitative Evaluation of Software Quality
in: 2nd International Conference on Software Engineering,
San Fransisco, California 1976

[Boehm_et_al_78] B. W. Boehm, J. R. Brown, H. Kaspar, M. Lipow, G. J. MacLeod, M. J. Merrit:
Characteristics of Software Quality
North–Holland Publishing Company, The Netherlands 1978

[Bollay_92] Denison Bollay:
Code Reuse: How to Reduce Maintenance Costs by a Factor of 10
in: JOOP, July/August 1992, pp. 64–67

[Booch_86] Grady Booch:
Object–Oriented Development
in: IEEE Transactions on Software–Engineering Vol. 12 No. 2, pp. 211–221, February 1986

[Booch_91] Grady Booch:
Object–Oriented Design with Applications
The Benjamin/Cummings Publishing Company, Inc., California 1991

[Booch_94] Grady Booch:
Object–Oriented Analysis and Design with Applications; 2nd ed.
The Benjamin/Cummings Publishing Company, Inc., California 1994

[Brockhaus_14_72] Brockhaus–Enzyklopädie:
in 20 Bd. – 17. Aufl., Mannheim 1972 (14. Band)

[Brockhaus_14_91] Brockhaus–Enzyklopädie:
in 24 Bd. – 19. Aufl., Mannheim 1992 (14. Band)

[Brockhaus_17_92] Brockhaus–Enzyklopädie:
in 24 Bd. – 19. Aufl., Mannheim 1992 (17. Band)

[Cardelli_Wegner_85] L. Cardelli and P. Wegner:
On understanding Types, Data Abstraction and Polymorphism
in: Computing Surveys Vol. 17, No. 4 ACM, N.Y. pp. 471–522, December 1985

[Carnap_66] Carnap, Rudolf:
An introduction to the philosophy of science. – New York : Basic Books, 1966. – XII, 300 S.

[CCITT_88]	Recommendation Z.100: CCITT Specification and Description Language SDL CCITT, 1988. The Blue Book
[Champeaux_Faure_92]	Dennis de Champeaux, Penelope Faure: A comparative study of object–oriented analysis methods in: JOOP (Journal for Object Oriented Programming) March/April 1992 pp. 21–33
[Cox_86]	Brad J. Cox: Object–Oriented Programming – An Evolutionary Approach Addison–Wesley, USA 1986
[Cox_90]	Brad J. Cox: Planning the Software Industrial Revolution in: IEEE Software November 1990, pp. 25–33
[Cox_Hunt_86]	Brad Cox, Bill Hunt: Objects, Icons and Software–ICs – Object–oriented programming can make it easier to create iconic user interfaces – in: BYTE, August 1986, pp. 161–176
[Cox_Novobilski_91]	Brad J. Cox, Ph. D. and Andrew J. Novobilski, MSCSE: Object–Oriented Programming – An Evolutionary Approach Addison–Wesley, 2nd Ed., USA 1991
[Czihak_et_al_92]	G. Czihak, H. Langer, H. Ziegler (Hrsg.): Biologie, Springer–Verlag, Berlin Heidelberg New York 5. Auflage 1992
[Dadam_89]	Dr. rer. nat. Peter Dadam: Aspekte des Einsatzes und der Weiterentwicklung von relationalen und objektorientierten Datenbanken eingeladener Vortrag, Professorenkonferenz 1989, Fernmeldetechnisches Zentralamt der Deutschen Bundespost Telekom in Darmstadt, 29. November 1989
[Dic_Comp_90]	Dictionary of Computing 3. Edition Oxford University Press 1990
[Dyke_Kunz_89]	R. P. Ten Dyke and J. C. Kunz: Object–Oriented Programming in: IBM Systems Journal, Vol. 28, NO 3, 1989 pp. 465–478

[Enc_Sc&Tech_2_87] Mc Graw–Hill:
Encyclopedia of Science & Technology,
Vol. 2, 6th ed., USA 1987

[Enc_Sc&Tech_14_87] Mc Graw–Hill:
Encyclopedia of Science & Technology,
Vol. 14, 6th ed., USA 1987

[Gebhardt_Ameling_89] Reinhold Gebhard, Walter Ameling:
Aspekte und Perspektiven zur Anwendung der objektorientierten Programmierung bei der Entwicklung großer Softwaresysteme;
in: Angewandte Informatik 10/89 S. 429–435
Friedrich Vieweg & Sohn Verlagsgesellschaft mbH

[Ghezzi_Jazajeri_89] Carlo Ghezzi, Mehdi Jazajeri:
Konzepte der Programmiersprachen
Begriffliche Grundlagen, Analyse und Bewertung
R. Oldenbourg Verlag München Wien 1989
Originaltitel: Programming Language Concepts, 2nd Ed.
John Wiley & Sons, Inc. 1987

[Ghezzi_et_al_91] Carlo Ghezzi, Mehdi Jazajeri, Dino Mandrioli:
Fundamentals of Software Engineering
Prentice Hall, Englewood Cliffs, NJ (USA) 1991

[Gilb_89] Tom Gilb:
Principles of Software Engineering Management
Addison–Wesley, Great Britain 1988, reprinted 1989

[Goldberg_Robson_83] Adele Goldberg, David Robson:
Smalltalk–80 – The Language and its Implementation
Addison–Wesley Publishing Company, 1983
(Reprinted with corrections, July 1985)

[Harris_91] Warren Harris:
Contravariance for the Rest of Us
in: JOOP, Nov./Dec. 1991 pp. 10–18

[Helm_et_al_90] Richard Helm, Ian M. Holland and Dipayan Gangopadhyay:
Contracts: Specifying behavioral compositions in Object–Oriented Systems
in: ECOOP/OOPSLA '90 Proceedings
October 21–25, 1990

[Hesse_et_al_84] Wolfgang Hesse, Hans Keutgen, Alfred L. Luft, H. Dieter Rombach:
Ein Begriffsystem für die Softwaretechnik – Vorschlag zur Terminologie
in: Informatik–Spektrum (1984) 7: S. 200–213
Springer–Verlag 1984

[Joseph_et_al_91] John V. Joseph, Satish M. Thatte, Craig W. Thompson, David L. Wells:
Object–Oriented Databases: Design and Implementation
Proceedings of the IEEE Vol. 79, No. 1, January 1991

[Kim_90a] Won Kim:
Oject–Oriented Databases: Definition and Research
in: IEEE Transactions on Knowledge and Data Engineering
Vol. 2, No. 3, September 1990

[Kim_90b] Won Kim:
Research Directions in Object–Oriented Databases
in: Proceedings of the Ninth ACM SIGACT–SIGMOD–SIGART Symposium on Principles of Database Systems

[Korson_McGregor_90] Tim Korson, John D. McGregor:
Understanding Object–Oriented: A Unifying Paradigm
in: Communication of the ACM,
September 1990, Volume 33, No. 9, pp. 40–60

[Krasner_Pope_88] Glenn E. Krasner, Stephen T. Pope:
A Cookbook for Using the Model–View–Controller User Interface Paradigm in Smalltalk–80
in: JOOP August/September 1988 pp. 26–49

[Lejter_et_al_92] Moises Lejter, Scott Meyers, P. Reiss:
Support for Maintaining Object–Oriented Programs
in: IEEE Transactions on Software Engineering, Vol 18. No. 12, December 1992, pp. 1045–1052

[Lex_Phy] Richard Lenk, Walter Gellert (Hrsg.)
Fachlexikon ABC Physik : ein alphabet. Nachschlagewerk in 2 Bd. /
[Hrsg.: Richard Lenk ...]. – Thun [u.a.] : Deutsch
2. Aufl. nur hrsg. von Richard Lenk. – Lizenzausg. d. Brockhaus– Verl., Leipzig

[Lientz_Swanson_80] Bennet P. Lientz, E. Burton Swanson:
Software Maintenance Management
Addison–Wesley, Reading, Massachusetts 1980

[Lozinski_91] Christopher Lozinski:
Why I Need Objective–C
in: Journal of Object–Oriented Programmming
September 1991, pp. 21–28

[McCall_et_al_77] J. A. McCall, P. K. Richards, and G. F. Walters:
Factors in Software Quality.
General Electric, Command and Information Systems,
Technical Report 77CIS02,
Sunnyvale, California, 1977

[Meyer_88] Meyer, Bertrand:
Object–Oriented Software Construction
Prentice Hall International (UK) Ltd.
Great Britain, 1988

[Meyer_90] Meyer, Bertrand:
Tools for the New Culture: Lessons from the Design of the EIFFEL Libraries
in: Communication of the ACM,
September 1990/Volume 33, No. 9, pp. 68–88

[Meyer_92] Meyer, Bertrand:
EIFFEL – The Language
Prentice Hall International (UK) Ltd.
Great Britain, 1992

[Micallef_88] Josephine Micallef:
Encapsulation, Reusability and Extensibility in Object–Oriented Programming Languages
in: JOOP (Journal for Object Oriented Programming)
April/May 1988

[Myers_78] Glenford J. Myers:
Composite/Structured Design
Van Nostrand Reinhold Company Inc.
New York 1978

[Odell_92] James J. Odell:
Modelling Objects Using Binary– and
Entity–Relationship Approaches
in: Joop, June 1992, pp. 12–18

[OMG_93] OMG:
The Common Object Request Broker: Architecture and
Specification
OMG Document Number 93.xx.yy, Revision 1.2 Draft 29
December 1993

[Ortner_85] E. Ortner:
Semantische Modellierung
– Datenbankentwurf auf der Ebene der Benutzer
in: Informatik–Spektrum, 1985, 8: S. 20–28

[Osborn_89] Sylvia L. Osborn:
The Role of Polymorphism in Schema Evolution in an
Object–Oriented Database
in: IEEE Transactions on Knowledge and Data
Engineering
Vol. 1, No. 3, September 1989

[Pascoe_86] Geoffrey A. Pascoe:
Elements of Object–Oriented Programming
in: BYTE, 11 (8) 136–159
August 1986

[Pepper_et_al_82] P. Pepper, M. Broy, F. L. Bauer, H. Partsch, W. Dosch
und M. Wirsing:
Abstrakte Datentypen: Die algebraische Spezifikation
von Rechenstrukturen
in: informatik–Spektrum (1982) 5, S. 107–119

[Rombach_84] H. Dieter Rombach:
Quantitative Bewertung von
Software–Qualitäts–Merkmalen auf der Basis
struktureller Kenngrößen
Dissertation, Universität Kaiserslautern 1984

[Rombach_Basili_87] H. D. Rombach, V. R. Basili:
Quantitative Software–Qualitätssicherung – Eine
Methode zur Definition und Nutzung geeigneter Maße
in: Informatik–Spektrum (1987) 10: S. 145 – 158

[Rösner_83] Wolfgang Rösner:
Das Datengitter–Modell und seine Konsequenzen für den Entwurf informationsverarbeitender Systeme mit großen Datenbasen
Dissertation, Universität Kaiserslautern 1983

[Rumbaugh_92] James Rumbaugh:
An Object or not an Object?
in: Joop, June 1992, pp. 20–25

[Schmitz_et_al_83] Paul Schmitz, Heinz Bons, Rudolf van Megen:
Software–Qualitätssicherung,
Testen im Software–Lebenszyklus
2., durchges. Aufl. –
Braunschweig [u.a.]: Vieweg, 1983. – VIII, 205 S.: Ill.
(Programm Angewandte Informatik)

[Schulze_6_89] Hans Herbert Schulze:
Computer–Enzyklopädie
Band 6, Rowohlt Taschenbuch Verlag GmbH, Hamburg 1989

[Seewaldt_88] Thomas Seewaldt:
Die Abbildung zwischen der Beschreibung informationeller Systeme und der Modulstruktur von Programmen großer sequentieller imperativ programmierter Abwicklersysteme
Dissertation Universität Kaiserslautern 1988

[SMT–Basic] SIEMENS:
Programmieranleitung SMT–Basic
Personalcomputer SICOMP PC 16–11

[Snyder_86] Alan Snyder:
Encapsulation and Inheritance in Object–Oriented Programming Languages
in: SIGPLAN Notices, vol 21 (11), September 1986

[Stefik_Bobrow_86] Mark Stefik, Daniel Bobrow:
Object–Oriented Programming: Themes and Variations
in: AI–Magazine Volume 6 Nr. 4, Winter 1986, pp. 40–62
reprinted in: Gerald E. Peterson (Edt.):
Tutorial:Object–Oriented Computing
Vol. 1, Computer Society Press 1987,
pp. 182 – 204

[Stroustrup_91] Bjarne Stroustrup:
The C++ Programming Language
2nd Edition
Addison–Wesley Publishing Company, 1991

[Todtenhöfer_87] Dr. R. Todtenhöfer:
Objektorientierte Programmierung
Vorlesung WS 1987/88

[Unland_Schlageter_89] R. Unland, G. Schlageter:
An Object–oriented Programming Environment for Advanced Database Applications
in: JOOP (Journal for Object Oriented Programming)
May/June 1989, pp. 7–19

[Wegner_87] Peter Wegner:
Dimensions of Object–Based Language Design
in: OOPSLA 1987 Conference Proceedings
SIGPLAN, Vol. 22 (1987), No. 12, pp. 168–182

[Wendt_91] Siegfried Wendt:
Nichtphysikalische Grundlagen der Informationstechnik
Interpretierte Formalismen
2. Auflage; Springer–Verlag, Heidelberg 1991

[Wendt_93] Siegfried Wendt:
Defizite im Software Engineering
in: Informatik–Spektrum Band 16 Heft 1 Februar 1993,
S. 34–38
Springer–Verlag, Berlin, Heidelberg, New York

[Wilde_et_al_93] Norman Wilde, Paul Matthews, Ross Huitt:
Maintaining Object–Oriented Software
in: IEEE Software, January 1993, pp. 75–80

[Wilde_Huitt_92] Norman Wilde, Ross Huitt:
Maintenance for Object–Oriented Programs
in: IEEE Transactions on Software Engineering, Vol 18.
No. 12, December 1992, pp.1038–1044

[Willmer_85] Willmer, Heidemarie:
Systematische Software–Qualitätssicherung anhand von Qualitäts– und Produktmodellen
Berlin, Heidelberg [u.a.]: Springer, 1985. –
VII, 162 S. : graph. Darst.
(Informatik–Fachberichte ; 97)
Zugl.: Karlsruhe, Univ., Diss., 1984

[Winkler_90] Jürgen F. H. Winkler:
Object–CHILL – Eine objektorientierte Erweiterung von CHILL
In: Tagungsband TOOL90, pp. 272–280
Hrsg.: Prof. Dr.–Ing. Werner Zorn, Univ. Karlsruhe
Deutschland 1990

[Wirfs–Brock_Johnson_90] Rebecca J. Wirfs–Brock, Ralph E. Johnson:
Surveying Current Research in Object–Oriented Design
in: Communication of the ACM,
September 1990/Volume 33, No. 9, pp. 104–124

[Wix_Balzert_87] Barabara Wix, Helmut Balzert (Hrsg.):
Softwarewartung
Bibliograph. Institut – Wissenschaftsverlag
Mannheim, Wien, Zürich 1987

[Wolczko_92] Mario Wolczko:
Encapsulation, Delegation and Inheritance in Object–Oriented Languages
in: Software Engineering Journal, March 1992,
pp. 95–101

[Young_83] Stephen J. Young:
An Introduction to ADA
John Wiley and Sons Limited
West Sussex, England 1983

Index

-E-

-F-

-G-

-H-

-I-

-K-

-L-

-M-

-N-

-S-

-T-

-U-

-V-

-W-

Objektorientierte Softwaretechnik

von Walter Hetzel-Herzog

1994. XII, 293 Seiten. (Zielorientiertes Software-Development; hrsg. von Fedtke, Stephen) Gebunden.
ISBN 3-528-05341-0

Aus dem Inhalt: Objektorientierung als Verbesserung bisheriger Modularisierungs- und Modellierungstechniken in der Software-Produktion – Relevanz und Nutzenpotential der Objektorientierung für die betriebliche Anwendungsentwicklung – Das Betriebsführungssystem IBIS als Beispiel für den Einsatz objektorientierter Software-Techniken in einem erfolgreich durchgeführten Anwendungsprojekt – Objektorientierte Modellierung von Geschäftsprozessen und Herleitung anwendungstechnischer Objekte – Client-Server-Architektur und Integration in die bereits existierende DV-Landschaft – Beschreibung und Verwendung von C++-Klassenbibliotheken (Implementierung von grafischen Benutzeroberflächen und Anbindung objektorientierter Systeme an relationale Datenbanken – Kurzvorstellung und Diskussion objektorientierter Analyse und Entwurfsmethoden.

Das Buch zeigt, wie Objektorientierung auch heute schon mit Erfolg in die betriebliche DV integriert werden kann. Es beschreibt den erfolgreichen Einsatz objektorientierter Softwaretechniken bei der Erstellung eines Betriebsführungssystems für die Chemie-Produktion, an der der Autor selbst beteiligt war. Es wird der gesamte Lebenszyklus des Projekts behandelt. Das Themenspektrum reicht deshalb von der objektorientierten Modellierung von Geschäftsprozessen bis hin zur Verwendung von Klassenbibliotheken bei der Erstellung grafischer Benutzeroberflächen oder bei der Anbindung relationaler Datenbanken. Das Buch bietet mit seiner ganzheitlichen Herangehensweise an das Thema Objektorientierung eine gute Orientierungshilfe für alle Leser, die vor dem ersten beherzten Schritt in die Richtung Objektorientierung stehen. Es ist gleichzeitig ein Dokument über den derzeitigen Stand der Objektorientierung in der industriellen Praxis.

Über den Autor: Dipl.-Inform. Walter Hetzel-Herzog ist als Berater und Projektleiter im Geschäftsbereich Prozeßindustrie bei der Gesellschaft für Prozeßsteuerungs- und Informationssysteme (PSI) tätig.

Objektorientierte Programmierung mit Smalltalk/V

von Sven Tietjen und Edgar Voss

1994. XII, 332 Seiten mit Diskette. Gebunden.
ISBN 3-528-05447-6

Aus dem Inhalt: Theorie der objektorientierten Programmierung anhand eines vollständigen, durchgängigen Beispiels – Grundlagen und Grundkonzepte der Objektorientierung und der objektorientierten Programmierung – Die Sprache Smalltalk und das Smalltalk-Entwicklungssystem in der verbreitetsten Version Smalltalk/V von Digitalk Inc.: Erklärung der syntaktischen Grundelemente und Vorstellung der umfangreichen Entwicklungswerkzeuge – Grundlegender Aufbau des Smalltalk-Systems und Programmierstrategien in Smalltalk: Vermittlung der Zusammenhänge der Systemkomponenten und Darstellung des Vorgehens beim Programmieren in Smalltalk – Analyse einer konkreten Problemstellung sowie objektorientierte Modellierung und Strukturierung in Klassen – Implementierung eines durchgängigen Beispiels in mehreren Schritten: Erlernen des schrittweisen Aufbaus und Testens eines Smalltalk-Programms – Kennenlernen der wichtigsten im System bereits vorhandenen Klassen und Methoden.

Das Buch richtet sich an Studenten, Softwareentwickler und Entscheidungsträger, die effizient Smalltalk erlernen wollen, die Programmentwicklung mit Smalltalk planen oder sich darüber informieren wollen. Das Konzept einer gezielten Einführung in die wesentlichen Elemente sowie ein durchgängiges Beispiel gewährleisten ein schnelles Erlernen des Systems und damit den kurzfristig produktiven Einsatz. Das Buch verdeutlicht darüber hinaus auch die wesentlichen Vorteile von Smalltalk gegenüber anderen Entwicklungssystemen. Es stellt somit eine wichige Hilfe für strategische Entscheidungen hinsichtlich der Softwareentwicklung dar.

Über die Autoren: Dipl.-Inform. Sven Tietjen und Dipl.-Inform. Edgar Voss besitzen beide mehrjährige Berufserfahrung im Umgang mit objektorientierten Technologien. Sie arbeiten in der Schulung der objektorientierten Programmierung mit Smalltalk und in der Durchführung von Projekten und der Erstellung von Softwareprodukten mit verschiedenen Smalltalk-Dialekten und darauf aufsetzenden Werkzeugen.

Verlag Vieweg · Postfach 15 46 · 65005 Wiesbaden